# 나는 부동산으로 아이 학비 번다

# 나는 부동산으로 아이 학비 번다

이주현(월천대사) 지음

알키

# 아이와 나를 위해 집을 이용하라

처음 이 책을 펼쳐든 당신에게 묻고 싶다. 이 책이 혹시 당신에게 있어 첫 번째 재테크 및 투자서인가? 아마도 아닐 것이다. 자본주의 시대를 살아가는 우리는, 특히 대한민국에서 살아가는 이들은 어떻게 하면 더 많은 돈을 벌어 평생 돈 걱정 없이 살 수 있을까를 고민한다. 적극적으로 재테크 정보를 찾아다니지 않는다 해도, 우리는 자연스럽게 여러 투자 정보를 듣게 되는 환경에 놓여 있다.

그런데 만약 책으로 재테크를 공부하는, 그것도 부동산 투자에 대한 정보를 얻고 공부하려는 당신이라면 보통의 사람들보다 적극적인 재테커(재테크를 열심히 하는 사람들을 이르는 말)이거나 이제부터라도 재테크를 해야겠다고 결심한 예비 재테커일 가능성이 크다. 나 역시 그랬다.

내가 재테크에 열의를 쏟기 시작한 건 아이가 생기고 나서부터다. 어릴 적 나의 부모님은 늘 돈 버느라 바쁘셨다. 무남독녀였던 나는 정서적으로 항상 외로웠다. 아무도 없는 집의 현관문을 열쇠로 따고 들어가, 그 서늘한 집안 공기를 마주하는 게 싫었다. 더 싫은 건 냉장고에서 엄마가 해놓고 간 음식들을 꺼내 혼자 저녁을 먹는 것이었다. 그래서 난 늘 동네 골목에 마지막까지 남는 아이였다. 같이 놀던 친구들이 하나둘씩 엄마의 부름을 받아 집으로 들어가면 마지막에 홀로 남거나 마지막 친구네 집으로 따라 들어갔다. 눈치도 없이, 친구네서 저녁을 먹고 엄마가 퇴근하는 시간까지 놀기도 했다.

유독 한 친구 집에 자주 놀러가곤 했는데, 그 집은 아이가 셋이나 되는 데다 3대가 모여 사는 대가족이었다. 형제도 없고 부모님도 늘 집에 없던 나는 항상 북적대는 그 집안 분위기가 그렇게 좋았던 것 같다. 하지만 어느 날 내가 밤이 늦었는데도 집에 가지 않으니, 친구네 할머니가 "이놈의 지지배! 하루가 멀다 하고 오노. 내일은 느그 집에 가서 밥 무라" 하며 농담처럼 말씀하셨는데, 그게 비수가 되어 마음에 꽂혔다. 아직도 그 할머니의 말씀이 또렷이 기억나는 걸 보니, 어린 마음에도 정말 서러웠던가 보다.

이런 어린 시절의 기억 때문인지, 나는 곁에서 늘 함께해주지 못할 바에야 아이를 낳지 않는 것이 현명하다고 생각했다. 학교에서 돌아오는 아이를 따뜻하게 맞이하고 이렇게 저렇게 연구해서 만든 간식을 먹이고, 어떤 날에는 아이의 친구들을 잔뜩 불러 모아 재밌게 놀고 맛있는 음식도 해주는 모습이 내가 생각하는 이상적인 엄마의 모습이었다.

하지만 내 직업은 아이가 깊은 잠에 빠져든 한밤중에야 퇴근할 수 있는 학원 강사였다. 내 일을 포기하지 않고서는 내가 원하던 엄마가 될 수 없을 게 분명했다. 결국 나는 사랑하는 남자에게 청혼을 받던 날, "우리, 아이 없이 버는 만큼 둘이 즐기며 살자"라고 약속했다. 그러니 어느 날 갑자기 우리 부부에게 찾아온 '아이'가 얼마나 큰 충격으로 다가왔겠는가?

20대부터 30대 초반까지 파산한 엄마의 빚을 갚느라 허덕이며 살던 나는, 그에 대해 보상이라도 받으려는 듯 버는 족족 여행을 다니고 쇼핑을 하며 살았다. 돈에 관심이 없었던 건 아니다. 그 관심이란게 '소비' 쪽에 치우쳐 있었다는 게 문제였다. 하지만 엄마가 된 뒤로 그 관심은 소비에서 '투자'로 진화(나는 이를 분명 '진화'라고 본다)했다.

## 당신에게 맞는 재테크 방식은 따로 있다

재테크와 관련된 다양한 정보를 찾고 수많은 책을 읽었다. 보통의 사람들처럼 나도 어떻게 하면 돈을 더 많이 모을 수 있을지, 어떻게 하면 그 돈을 크게 불릴 수 있을지를 고민했다. 내 아이만큼은 최고의 환경에서 원하는 대로 교육을 받게 하고 싶었고, 그러면서도 부부의 노후를 걱정할 필요가 없었으면 했다. 이러한 바람이 과한 것일까? 어쩌면 대한민국 평균 가정의 부모들이 원하는 삶이 아닐까?

미래에 대한 두려움은 간절함으로 바뀌었고, 간절함은 열정으로 바뀌었다. 그래, 한번 재테크를 제대로 해보자 다짐하며 나는 닥치는 대로 책을 읽었다. 그런데 일반 재테크서의 내용은 대개 두 가지 중 하나였다.

하나, 절약형 재테크. 무조건 아껴야 부자가 된다고 말하는 책들은 버는 것보다 중요한 건 모으는 것이라며, 지출을 막는 다양한 방법들을 소개했다. 풍차 돌리기와 통장 쪼개기, 가계부 쓰기 등 그들의 성공담을 읽다 보면 경이롭기까지 했다. 꼼꼼하고 세심하게 자산을 관리해온 그들이 존경스러웠으나 솔직히 따라 할 자신이 없었다.

쓰는 맛에 흠뻑 취해본 경험이 있었던 탓인지 생활에 꼭 필요한 건 아니라고 해도 가끔 마시는 스타벅스 커피를 포기할 수 없었고, 불규칙적인 생활 패턴상 도시락을 싸다니며 일할 수도 없었다. 특히나 육아와 일로 바쁜 와중에 각종 포인트를 일일이 체크해가며 장을 보고 쇼핑해야 한다니, 도무지 나에게는 맞지 않는 방법 같았다. 아니, 좀 더 솔직해지자면, 그렇게 무조건 아끼며 살기가 싫었다. 막연한 미래를 위해 현재의 사소한 즐거움까지 포기하고 싶지 않았던 것이다. 현명한 소비를 해야 한다는 데는 동감하지만, 허리띠를 졸라매면서까지 생활하는 건 내가 바라던 삶의 모습이 아니었다. 이러한 방식으로 경제적 자유를 얻은 이들이 대단한 건 사실이지만, 그러한 방법들이 내 삶의 방식까지 뜯어고칠 만큼 내게 큰 영향을 주진 못했다.

재테크서의 또 다른 유형은 전문가형 재테크. 세상엔 정말 다양한 고수와 전문가들이 많았고 그 나름의 성공 방식이 있었다. 각종 경제 이론과 예측, 전문적인 시각이 접목된 내용은 무식한 나에게는 너무 어려웠다. 어떻게 논리는 이해할 수 있다고 해도 내 개인적인 삶에 적용할 방법이 없었다. 그런 책을 읽고 마지막 책장을 덮을 때면, "역시 재테크는 아무나 하는 게 아니군"이란 말이 절로 나와 힘까지 빠졌다.

그러다 우연한 계기에 부동산 투자를 접했다. 분명, 달랐다. 절약형 재테크처럼 나의 소비욕구를 무조건 억누른 채 살 필요가 없었고, 전문가형 재테크처럼 나를 위축시키지도 않았다. 특히나 부동산에 대한 공부가 깊어지면서, 지난 10년간 내가 사교육 현장에서 보고 들은 내용을 접목해 '학군 부동산 투자법'이라는 새로운 영역을 개척할 수 있었다.

학군 투자는 평범한 아이 엄마라면, 또 자녀교육에 어느 정도 관심을 갖고 있는 이라면 누구나 해볼 수 있는 방법이다. 소형 아파트 하나 마련할 전세금도 없이 월세로 신혼생활을 시작한 나 같은 사람도 할 수 있었으니 말이다. 어느 정도의 종잣돈과 대출만 현명하게 활용해도 시작이 어렵지 않다.

다만, 이 책을 읽은 후 학군을 접목한 부동산 투자에 적극적으로 뛰어들고 싶다면, 반드시 다음 두 가지 고정관념을 깨야 한다.

첫째, 부동산 투자는 돈 많은 사람들이나 하는 것이라는 고정관념이다. 내가 이 투자 방식으로 책 한 권을 집필하게 된 것은 이미 어느 정도 부를 갖춘 이들을 위해서가 아니다. 자녀에게 최고의 교육을 시키고 싶지만 단지 노후에 대한 불안 때문에 전전긍긍하고 있는 보통의 엄마들, 그들에게 희망을 주고 싶었다. 자식의 교육을 위해 세 번이나 이사했다는 맹자의 엄마처럼, 이왕이면 좋은 교육 환경에서 아이를 교육시키고 노후에 대한 걱정 없이 살 수 있는 방법을 알려주는 게 목적이다. 허리띠를 과하게 동여맬 필요도 없고, 경제 전반에 대한 어려운 공부를 하지 않아도 된다.

둘째, 대출은 무조건 위험하다는 고정관념이다. 일단 부동산 투자를 하다 보면 '대출도 자산이다'라는 말을 실감하게 될 것이다. 대출금이 자산 형성과 더 높은 수익을 위한 레버리지 역할을 톡톡히 하는 것은 물론이다. 특히 가진 종잣돈에 대출금을 더해 일단 부동산을 마련하면 그 대출금을 갚기 위해서라도 소비를 줄이고 열심히 일하게 된다. 생각해보라. 그저 3,000만 원을 모으겠다고 마음먹고 매달 월급 중 얼마를 저축하는 것과 이미 대출금이 3,000만 원인 상태에서 빚을 갚아나가는 것 중 어느 것이 목표를 이루기까지 속도가 붙겠는가?

무엇보다 좋은 건, 대출금을 모두 갚고 나면 그 부동산이 온전히 내 자산이 된다는 점이다. 적당한 대출은 빚이 아니라 원동력이 된다는 것을 해보면 알게 될 것이다.

## 🏠 아이 그리고 나를 위한 투자

지난해 봄, 우리 부부는 조금 무리해서 이사를 감행했다. 아이가 유치원에 입학할 나이가 되어 소위 말하는 좋은 학군 지역에 터를 잡기 위해서였다. 아이를 유치원에 입학시키며 학군 지역의 치열한 경쟁을 몸소 체험했다. 방과 후 수업 경쟁률만도 2:1! 그 경쟁을 뚫지 못해 아이가 유치원에서 돌아온 이후 스케줄을 짜는 데 우리 부부는 물론 친정엄마와 시부모님까지 총동원됐다.

이제 겨우 다섯 살짜리 아이의 하루 일정을 짜는 일에 이렇게까지 해야 하는 걸까? 안타깝고 답답한 마음도 들지만 결국 좋은 환경에서 아이를 교육시키고 편안한 노후를 맞이하기 위한 과정이라 생각하기로 했다. 무엇보다 아이가 초·중·고등학교를 졸업할 때까지 이사 걱정 없이 거주할 수 있는 '내 집'이 생겼다는 안정감이 모든 불편을 상쇄하고도 남는다!

다음 목표는, 아이가 초등학교에 입학하기 전까지 월세를 가져다

주는 똘똘한 부동산을 마련하는 것이다. 이 수익으로 자녀교육비를 충당하다가 20년 후에는 부부의 노후자금으로 운용할 수 있을 것이다. 자녀교육과 노후를 위한 부동산 투자, 이는 아이가 처음 내게 온 순간부터 시작되어 지금까지 이어지고 있다. 현재의 나는 처음 세운 목표를 달성한 것은 물론, 그 이상으로 이뤘다(어쩌다 이렇게 책까지 쓰게 되지 않았는가).

다른 유명한 고수들처럼 나 이렇게 성공했다, 나 몇 채 마련했다고 결론을 내고 싶지는 않다. 지금도 나의 투자는 현재 진행형이기 때문이다. 하지만 지금처럼 앞으로 3년만 더 노력한다면 내가 늘 꿈꿔왔던 것처럼, 수업을 마친 아이가 돌아오면 집에서 따뜻하게 맞이할 수 있는 엄마가 될 수 있을 것 같다.

그때쯤이면, 사람들도 나를 통해 '부동산을 수단으로 아이 학비를 버는 엄마'가 될 수 있다는 걸 알게 될 것이다. 재테크에 무지하고 관심조차 없던 평범한 여자가 엄마가 되고 부동산을 공부해 자녀교육비와 노후자금까지 해결하고 있다는 사례가 많은 이들에게 희망과 용기가 되었으면 좋겠다.

대한민국에서 자녀를 키우는 부모라면, 지금의 교육 현실을 외면할 수 없다. 지금의 방향이 올바르냐 아니냐는 두 번째 문제다. 중요한 것은 지금 처한 현실에서 현명한 방법을 찾는 것이 아닐까? 나는 육아와 자녀교육으로 허리가 휘는 우리 세대 학부모들에게 말하고 싶다. 자녀교육을 위한 투자가 내 노후자금을 갉아먹는 원흉이 아니라, 노후를 더욱 풍성하게 만들어주는 발판이 될 수 있다고. 적어도 대한민국에서만큼은 학군이 부동산 가치에 미치는 영향을 무시할 수 없다. 그러니 학군을 보는 안목을 키워라. 좋은 학군의 부동산이야말로 상승장엔 날개가, 하락장엔 든든한 버팀목이 되어줄 것이다.

이주현

# CONTENTS

CONTENTS

**1장**

# 엄마이기에
# 부동산을
# 공부합니다

내 마음 깊숙이 자리 잡고 있던
'돈'에 대한 두려움이
어느 순간 공포로 다가왔다.

나의 온라인 활동명은 '월천대사'이다. 처음 부동산에 입문하면서 월세만으로 월 1,000만 원은 벌겠다는 야심찬 뜻을 담아 지은 닉네임이다. 지금은 이 이름을 달고 전국을 누비며 부동산 강의를 하고 있지만, 불과 10년 전, 아니 5년 전만 해도 내가 이렇게 될 것이라고는 나는 물론 주변의 누구도 상상하지 못했다.

　'엘'이라는 닉네임을 달고 생활하던 시절에 나는 부동산 투자는 부자들, 그러니까 소위 말하는 '복부인'들이나 하는 것이라고 생각했다. 부동산은커녕 재테크의 'ㅈ'자도 모르는 평범한 30대 여성이었던 나는, 돈 때문에 비참하고 힘들었던 20대 삶에 대해 보상이라도 받겠다는 듯 결코 적지 않았던 벌이를 호텔과 항공사에 갖다 바치는 '소비

족'에 가까웠다.

각종 신용카드의 혜택을 모두 파악한 뒤 이를 하나라도 놓칠세라 철마다, 아니 단 며칠의 휴가라도 주어지면 바로바로 검색하고 클릭하며 비행기 티켓을 끊고, 다양한 나라의 호텔 스테이를 즐겼다. 마치 비행기와 호텔을 이용하기 위해 일하는 사람 같았다.

동지들도 많았다. 우리는 세계적인 호텔 체인 브랜드 정보를 공유하고, 신용카드로 포인트 쌓는 법을 연구했다. 세상에 이렇게 신나고 재미있는 세계가 또 있을까 싶었다.

그러던 내가 그 뜨거운 열정을 별안간 '부동산'에 쏟아 붓게 된 건 그야말로 천지가 개벽할 만한 사건이었다. 그러나 세상에 이유 없는 변화가 있을 리 없다. 내가 재테크, 그러니까 경제에 관심을 갖고 돌변하게 된 건 내 마음 깊숙이 자리 잡고 있던 '돈'에 대한 두려움이 어느 순간 공포로 다가왔기 때문이었다.

# 철없던 날들의
# 고해성사

## 01

나는 대한민국 평범한 중산층 가정에서 태어났다. 학창 시절을 돌이켜보면 경제적으로는 여유가 있었던 것 같다. 내가 중학생이던 시절, 그러니까 88 서울 올림픽을 지나며 누리게 된 국가적 경제 부흥의 혜택을 우리 집도 어느 정도 본 탓이리라.

큰 부자는 아니었지만 맞벌이를 하셨던 부모님 덕분에 그럭저럭 환경 좋은 동네에서 유복한 학창 시절을 보냈다. 벌이가 좋았지만 그만큼 바빴던 부모님은 하나밖에 없는 딸이 먹고 싶어 하는 것, 갖고 싶어 하는 것에 대해 거절하는 법이 없었다. 나는 막연히 내 인생이 이렇게 평탄한 삶의 연속일 거라고 생각했다. 대학교에 들어가고 1997년 IMF 위기가 닥치기 전까지는.

대한민국이 휘청거리던 그 시기, 우리 집도 예외가 아니었다. 외환위기가 닥치기 직전 아빠가 돌아가셨기에 가족이라곤 작게 사무실을 운영하던 엄마와 나 둘뿐이었다. 'IMF 여파로 파산했다'는 흔한 사례가 우리 모녀에게 해당했다. 버티고 버티던 엄마는 결국 회사를 처분하며 빚잔치를 해야 했다. 직원들의 퇴직금을 주고 경비 처리까지 하고 나니, 우린 그야말로 빈털터리가 됐다. 엄마와 아빠가 평생 모은 돈으로 장만한 집까지 처분한 것은 물론이었다.

당시 대학교를 졸업하고 회사에 갓 들어간 나에겐 집안을 일으킬 만한 돈도, 능력도 없었다. 집까지 처분했는데도 해결하지 못한 빚은 그나마 직장인이었던 내가 짊어져야 할 몫이었다. 20대의 푸르른 청년의 꿈과 욕구를 억누른 채, 나는 당시 유행이던 직장인 5년짜리 저축을 해약하고 월급은 받는 족족 빚 갚는 데 융통했다. 하지만 그것으로도 모자라 받을 수 있는 만큼의 현금서비스를 모두 받아 계속 돌려막기를 했다.

절망적인 건 그렇게 열심히 갚기만 하면 점차 줄어들 것이라 여겼던 빚이 당최 줄어들 기색이 보이지 않았다는 것이다. 당시 돈을 갚아야 할 금융기관이 총 다섯 곳이었는데, 두 곳에 돈을 갚고 나면 현금서비스까지 받아 준비해간 돈이 모두 바닥나기 일쑤였다.

게다가 카드사 현금서비스라는 것에는 참 희한한 셈법이 적용됐다. 분명 500만 원을 빌렸는데, 갚아야 할 때는 지난달에 빌려 쓴 금액 500만 원과 이달에 돌아온 금액 500만 원을 더한 총 1,000만 원에 이자까지 더해서 갚아야 하는 것이다. A 카드사에서 빌린 돈을 갚기 위해 B 카드사에서 대출을 받고, 다시 C 카드사에서 돈을 빌려 B 카드사 빚을 갚다 보니 처음 시작은 500만 원이지만 대환할 때는 두 배를 갚게 되는, 이 현금서비스 돌려막기의 시스템을 당시엔 몰랐던 것이다.

현금서비스는 금리만 높은 게 아니라 구조적으로도 되갚을 때 배로 힘들게 되어 있다. 이것도 모르고 순진하게 카드 현금서비스를 이용해 빚을 갚으려 했던 나는 통장이 바닥났는데도 오늘 당장 빚을 갚아야 하는 금융사가 세 곳이나 남았던 어느 날, 빈 통장만 들고 은행 바닥에 주저앉아 펑펑 울었다.

하루하루를 사는 게 아니라 버텨내는 날들이 그 후로도 몇 년간 지속됐다. 낮에는 대학에서 토익 강의를 하고 저녁에는 영어 학원에 출근하며 악착같이 빚을 갚았다. 기회가 닿으면 학생 개인 교습도 했고, 번역 아르바이트 일이 들어오면 마다않고 도맡아 밤을 새워가며 일했다. 숨 가쁘게 일상이 흘러갔지만, 언제부터인가 성실하고 꼼꼼하게 학생들을 지도하는 수업 방식으로 입소문이 났다. 그 덕분에 나는 모 사립초등학교 엄마들 사이에 실력 있는 영어 교사로 알려지기 시작했다.

##  월세 60만 원짜리 신혼집

그 사이 평생 결혼할 수 없을 것 같았던 나는 겨울 스포츠 동호회에서 우연히 만난 남자와 사귄 지 무려 3개월 만에 상견례를 하고 심지어 6개월 만에 결혼을 했다. 시댁 형편도 비슷했다. 나도 가난했고 남편도 넉넉지 않았기에 '사랑' 하나만으로 결혼을 결심하면서 서로 이렇게 약속했다.

"남들이 하는 것 모두 하며 살 수는 없어. 당신과 내가 먹고살 만큼의 돈벌이는 하니 아이만 없다면 그럭저럭 살아갈 수 있을 거야."

자녀가 없다면 소비에 크게 구애받을 일이 없지 않을까 생각했던 것이다. 결혼 당시 우리 부부에겐 시부모님이 어렵게 마련해주신 현금 3,000만 원이 전부였다. 내가 일하는 생활 반경을 고려하여 강동구 인근에서 집을 찾았다. 본의 아니게 강제 임장(현장에 직접 나가서 부동산을 보는 행위)을 하게 된 것이다. 강동구, 송파구, 광진구 인근의 아파트와 빌라를 보러 다녔지만 시간이 지날수록 분명해지는 건 돈 3,000만 원으로는 방 한 칸 구하기도 힘들다는 것이었다. 나이 서른이 넘어서 마주하게 된 현실이었다. 허름하기 그지없는 30년 된 벽돌집 빌라 전세도 8,000만 원이었다. 그러던 와중 부동산 중개소 사장이 귀가 번쩍 뜨이는 제안을 했다.

"새댁, 월세는 생각 없어?" 그래, 월세는 생각도 못 하고 있었다. "월세는 얼만데요?" 묻지 말았어야 했다. "보증금 6,000만 원에 월 60만 원 정도면 33평 새 아파트에도 살 수 있지." "정말이요?" 혹하지 말았어야 했다. 하지만 연일 낡고 허름한 집만 보던 나는 눈이 튀어나올 것만 같았다. 넓은 평수에 게다가 새 아파트라니! 당시 강일동은 새로운 택지지구에 입주가 시작되어 많은 물량 덕에 세가 저렴하던 시기였다. 그래서 나는 지금이라면 절대 보지도 않았을 선택지를 택하고 말았다. 완성되지도 않은 비포장도로를 한참 지나야 겨우 단지가 나오는 새 택지지구의 아파트를 신혼집으로 택한 것. 그것도 월세로!

한편, 강남 엄마들 사이에서 믿을 만한 교사로 알려진 덕분에 나는 생각보다 빨리 자리를 잡고 동네 학원가에 작은 공부방을 운영하게 됐다. 당시 믿을 건 나의 성실함 하나였다. 가장 예뻐야 할 나이에 눈과 귀를 막고 욕망을 철저히 억눌러왔던 나는 그 지긋지긋한 IMF의 잔해였던 엄마의 빚을 청산하게 된 날, 남편에게 선포했다.

"여보! 나 이제 우리 연금 부을 돈과 보험료, 최소한의 저축할 돈 빼고는 정말 돈을 원 없이 써버릴 거야!"

그간의 고생을 낱낱이 알았기에 남편 역시 내 뜻을 지지했다. 물론 우리가 '딩크족Double Income, No Kids (의도적으로 자녀를 두지 않는 맞벌이 부부)'이었기에 가능한 일이었다.

선포 이후 내가 처음 한 행동은 온라인 여행 카페에 가입한 것이었다. 호텔 프로모션이나 멤버십 프로그램을 이용해 다른 이들이 한 번

갈 수 있는 여행 경비로 두세 번 여행을 갈 수 있는 노하우를 공유하는 카페였는데, 우리 부부에겐 별천지이자 신세계였다! 국내·외를 가리지 않고 우리는 시간이 날 때마다 열심히 여행을 다녔다. '패밀리 세일' 시기엔 줄까지 서가면서 엄청나게 쇼핑을 해댔다. 한 곳에서 열 벌이 넘는 옷을 사오는가 하면, 세일 스케줄이 겹칠 때는 물건을 정가의 70~80%로 저렴하게 판매하는 쇼핑 장소를 순회하며 하루를 보내기도 했다. 무엇이든 한번 시작하면 끝을 보는 성격인지라, 여행은 물론 패밀리 세일 쇼핑에서도 끝판왕이 되어야만 했다.

결과는 너무나 의외였다. 분명 남들에 비해 알뜰하게 여행도 가고 쇼핑을 하고 있다고 생각했는데, 통장 잔고는 늘 바닥이었던 것이다. 알뜰하게 소비하는(그렇게 착각하게 만드는) 방법이 결국 과하게 돈을 소비하게 만드는 굴레였던 것이다. 결혼 후 3~4년이 흘러 그만큼 우리도 나이를 먹었지만, 우리 부부의 자산은 신혼 초와 달라진 게 없었다.

## ⌂ 큰일이다, 아이가 생겼다

월세로 살던 신혼집을 나오게 된 건 결혼한 지 2년 만이었다. 우리는 계약을 연장해 더 오래 살고 싶었지만 집주인은 집을 비워달라고 했다. 이후에야 알게 된 것이지만, 택지지구는 특성상 입주 시기엔 아파트의 월세나 전세가격이 시가보다 많이 저렴해도 2년쯤 지나면 그 주변 아파트 시세와 어깨 맞추기가 시작돼 가격이 큰 폭으로 상승한다. 그 동네도 2년이 지난 시점에는 아파트 전세가격이 처음에 비해 1억 원 정도 오른 상태였다. 이를 꿈에도 생각하지 못했던 우리는 월세 계약 기간 만기 시점이 돼서야 부랴부랴 인근을 돌며 적당한 집을 구하기 시작했고 엄청난 좌절감을 맛봐야 했다. 택지지구 내 인근 단지는 이미 넘볼 수도 없이 높은 장벽을 치고 있었던 것이다. 어제까지 생활하던 '우리 동네'가 이렇게 비싼 동네였나? 부동산 시세 상승의 마술을 어렴풋이 경험한 사건이었다. 우리는 결혼 전처럼 다시 보금자리를 찾기 위해 그나마 익숙한 강동구의 길동과 성내동, 암사동, 송파구의 마천동, 오금동의 부동산을 샅샅이 뒤졌다.

당시 우리의 재산은 월세 보증금과 쥐꼬리 만한 저축액, 남편의 마이너스 통장까지 다 합쳐서 1억 원이 될까 말까였는데, 그 돈으로 서울의 쓰리룸 빌라를 원했으니 어디 구하기가 쉬웠겠는가. 빌라 전세도 그렇게 비쌀 줄 몰랐다.

발만 동동 구르고 있던 중요한 순간, 혜안을 제시하는 부동산 중개사가 또 등장했다.

"새댁, 대출을 좀 끼고 집을 아예 매입하는 건 어때?"

수중에 돈 1억 원 겨우 있는 처지에 서울 한복판에 집을 장만한다니, 생각도 못 한 일이었다. "대출은 얼마까지 받을 수 있는데요?" "아파트라면 시세의 60% 정도까지 나오고, 대단지 아파트라면 KB 시세의 70%까지는 나오지." 당시엔 KB 시세가 뭔지도 몰랐다. "정말이요?" 눈이 번쩍 뜨였다.

대출을 받아도 둘이 생활할 만한 빌라 전세조차 구할 수 없던 우리는 그렇게 부동산 중개사의 안내에 따라 내 집을 구했다. 전세 살<sup>live</sup> 집만 보다가 살<sup>buy</sup> 집을 보러 다니니 새로운 세계였다(사실 전세자금 대출을 받는다 해도 가격이 맞지 않는 데다 물건도 없어 전셋집을 구할 수 없는 상황이었다. 전셋집이 없어 집을 사게 되었지만, 이제 와 보니 결과적으로 정말 잘한 선택이었다). 전셋집을 구할 땐 그렇게 집이 없더니, 집을 매입한다고 하니 쓰리룸 신축빌라부터 24평형 아파트까지 선택폭이 넓어졌다. 심지어 은행은 집값의 60~70%까지 빌려준다고 했다(지금은 집값의 80%까지도 대출을 받을 수 있다)! 사고 싶은 대단지의 아파트는 가격이 너무 높아 포기하고, 친정엄마의 집과 가까운 나홀로 아파트를 정말 '딱 맞춘 가격'에 계약했다. 어쩌다 유주택자가 된 것이다.

우리 아니, 나는 들떴다. "남편, 내 이름으로 된 등기가 생기니 너무 좋지?" 그런데 남편의 반응은 달랐다. "아니." "아니, 왜? 안 좋아?" "응, 나는 이 집이 갚아야 할 빚이라는 생각이 들어서 마음이 무거워. 이자도 많이 나오고." 우리 형편에 좀 무리이긴 했다. 대출을 최대한으로 받아도 집 계약을 하고 나면 이사 비용도 빠듯할 정도였으니. 상황이 이렇다 보니 신혼집에 어울릴 법한 인테리어는 생각할 수도 없었다. 그렇다고 연식이 오래된 아파트에 그냥 들어갈 수도 없었다. 방법은 하나였다. 취미가 있어서가 아니라 그저 돈을 아끼기 위해 인테리어를 셀프로 하는 것. 그렇게 나는 어쩌다 셀프 인테리어를 하게 됐다. 그 낡은 나홀로 아파트를 살고 싶은 집으로 변신시키기 위해 나는 한 달 동안 올수리 직시공을 했다.

　나의 첫 집은 내 손길이 닿지 않은 곳이 없이 나름, 아름답게 재탄생했다. 그럼에도 불구하고, 올수리로도 극복할 수 없는 문제가 있었으니 오래된 연식의 이 아파트는 애초 기본 설계에 허점이 많았다는 것이다. 증축된 아파트라 꼭대기 두 층은 계단식으로 설계가 되어 있었는데, 때문에 발코니 천장이 시멘트 대신 섀시와 유리로 되어 있었다. 비라도 내리는 날이면 섀시와 유리창에 떨어지는 후두둑 빗방울 소리가 요란했다. 도시가 아닌 어느 시골 처마 밑에 서 있나 싶을 정도로 운치가 있긴 했지만 발코니 안으로 새 들어오는 빗물과 역류하는 하수구 냄새에 여간 괴로운 게 아니었다.

　하지만 이 허술했던 첫 집은 따뜻한 기억으로 남아 있다. 해가 들지 않아 늘 어둡고 겨울엔 수면양말 없이는 발이 시려서 살 수 없던 이전 전셋집에 비해 항상 오후 늦게까지 해가 들어와 정말 따뜻하고 밝은 분위기였기 때문이다. 무엇보다 그곳에 살면서 좋은 일이 많이 생기기도 했는데, 그 좋은 일의 화룡점정은 바로 우리 부부에게 찾아온 '아기'였다. 응, 아기라고? 잠깐, 우린 딩크족이었는데?

##  종잣돈이 되고 만 출산자금

　어려웠던 20대 시절에 대한 보상심리로 소비에 열중하는 철딱서니 없는 여자와 내 집 마련을 위한 대출에도 벌벌 떠는 소시민 남자가 우리 부부의 현주소였다. 이 시대의 맞벌이 부부 대부분이 그렇듯, 나는 이전 세대들처럼 돈 몇 푼에 벌벌 떨며 쥐어짜면서까지 아끼며 궁색하게 살고 싶지 않았다. 그저 연금을 넣고 소소하게 저축을 하면 되는 것 아닌가. 하루하루 사는 게 바빠서 따로 재테크를 공부할 여유도 없었다.

　그런 우리 인생에, 계획에도 없던 아이가 덜컥 생긴 것이다. 사교육 시장에 10년 이상 몸담아왔던 나는 아이가 그냥 스스로 자라는 게 아니라는 걸 누구보다 잘 알고 있었다. 어디 깊은 산골에 들어가 살지 않는 이상, 우리나라에서는 아이가 공부를 잘하면 잘하는 만큼, 못하면 못하는 만큼, 또 중간이면 그 정도만큼 교육비를 투자해야 한다. 자녀교육에 어느 정도의 비용이 들어갈지 속속들이 알고 있는 상황이라 생명이 잉태되었다는 기쁨에 이어 돈 걱정이 따라붙었다. 게다가 우리에겐 갚아야 할 대출이 잔뜩 끼어 있는 오래된 나홀로 아파트 한 채가 전부이지 않은가!

　이처럼 뜻하지 않은 임신은 당황과 기쁨, 걱정을 함께 안겼다. 비로소 우리는 우리의 현실을 객관적으로 되돌아봤다. 경제적인 도움을 기대할 수 없는 양가, 대출이 잔뜩 낀 연식 오래된 나홀로 아파트 한 채, 게다가 나이도 적지 않았다. 마흔을 바라보는 나이에 부모가 되는 셈이었다. 단순히 계산해봐도 아이가 대학생일 때 나와 남편은 60대가 된다(세상에!). 그때쯤이면 우리 둘 다 직업이 없을 가능성이 크다. 소위 말하는 SKY 출신도 아니고 공무원도 아닌, 평범한 월급쟁이인 우리의 미래는 늘 불안했다. 남편이 다니는 회사는 갈수록 정년 나이가 낮아지는 분위기였고, 학원에서 강사로 일하던 나 역시 독립해서 따로 학원을 열지 않는 한, 잘해야 50대 중반까지 일할 수 있을 것이다. 아이를 갖게 되면서 강제로 철이 들어야 하는 상황이 도래한 것이었다.

사실 엄마가 된 나를 재테크의 세계로 강렬하게 이끌어준 동기는 따로 있었다. 바로 학원 강사라는 나의 직업이었다. 학생들의 하교시간 이후부터 일을 할 수 있는 직업 특성상, 나는 엄마로서 아이와 함께 있어줄 시간적 여유가 많을 수 없었다. 결국 나는 아이가 잠들고 나서야 퇴근해서 집으로 돌아올 가능성이 크다. 남의 아이를 가르치느라 정작 내 아이에겐 소홀해지기 쉬운 것이다.

아이가 어릴 때는 비교적 늦은 출근 덕분에 오전 시간 아이와 충분히 시간을 보낼 수 있다는 게 장점이지만, 아이가 어린이집이나 유치원에 갈 나이가 되면 아이와 함께할 수 있는 시간이 현저히 줄어든다. 아이에게 엄마가 필요 없어질 때가 있을 리 있겠느냐만은, 어찌 됐든 아이가 엄마를 필요로 하는 시기에 다른 엄마들처럼 곁에 많이 있어 주지 못하게 될 거라 생각하니 태어나지도 않은 뱃속의 아이가 안쓰러웠다. 그리고 이 안쓰러운 마음이 나를 더 조급하게 만들었다.

무엇보다 사교육 종사자로서의 경험을 돌이켜보니, 아이들이 가장 힘들어하는 때는 처음으로 '학교'라는 시스템을 접하게 되는 초등학교 1학년 때인 것 같았다. 그러니 최소한 그때라도 아이가 학교에 들어가서 새로운 정규 교육 과정에 잘 적응할 수 있도록 도와주고 싶었다.

결론은 간단했다. 아이가 여덟 살이 되어 초등학교에 입학하는 해, 그 1년만큼은 일을 완전히 쉬고 아이에게 전념할 수 있도록 자체 육아휴직이 가능한 재무구조를 갖춘다! 비로소 우리 부부의 재테크 의지는 활활 불타올랐다. 의지가 중요한 거 아냐? 우리 이제부터 제대로 재테크를 하는 거야. 그래 의기투합은 했는데, 재테크는 어떻게 하는 거지? 남편, 혹시 주식 좀 해?

혹시나 했는데, 역시나였다. 함께 여행 다니기 바쁘고, 대출융자를 무조건 '빚'이라고 인식하는 남편의 재테크 성적은 나와 비슷했다. 남편은 주식의 'ㅈ'자도 몰랐다. 이제부터 주식 투자 공부라도 해야 하나? 처음 재테크를 생각할 때 주식 투자를 떠올린 건 아무래도 심리적으로 진입장벽이 낮아서였던 것 같다. 비교적 적은 금액으로도 시작할 수 있으니까. 무엇보다 우리 입장에서 부동산 투자는 꿈꿀 수조차 없는 분야라는 생각이 강했다. 부동산 투자는 애초에 '금수저'이거나 오랜 시간 종잣돈을 많이 모은 이들이나 시도할 수 있는 그들만의 리그라고 생각한 것이다.

더욱이 우리에겐 전세 난민으로 살며 강제 임장을 다니고, 어쩌다 엄청난 대출을 지렛대 삼아 겨우 나홀로 아파트 한 채를 마련한 전력이 있다. 그러니 주택이란 아무리 평수가 작고 가격이 저렴하다고 해도 억 소리 나는 게 아닌가 하는 생각이 지배적이었던 것이다. 상가 같은 건 더더욱 오르지 못할 나무였다. 결국 재테크에 대한 열정만큼은 남부럽지 않았던 나도 겨우 주식 사이트나 기웃거리고 고작 저축성보험에 대한 정보만 캐면서 시간을 보냈다.

그러던 내게 한줄기 빛 같은 사건이 생겼다. 부동산 세계에 눈을 뜨게 해준, 그야말로 내 인생의 터닝 포인트가 된 일이었다. 아이러니컬하게도, 이 일은 나의 소비욕구를 끝도 없이 자극시켜주었던 여행 카페에서 시작됐다. 내가 자주 가던 여행 카페 회원인 CM 님이 몇몇 회원을 대상으로 '어떻게 월급보다 많은 월세 수익을 얻게 되었는가?'라는 주제로 미니 세미나를 열었던 것이다. 나는 실제 투자 경험을 기반으로 한 세미나 내용이 너무 좋았다는 소식을 우연히 접했다.

'뭐? 월세가 월급보다 많이 나온다고? 그게 가능하다면 우리 아이가 학교 들어갈 때쯤엔 내가 일을 쉬어도 문제없겠네.' 혹할 수밖에 없는 이야기였다. 나는 그것이 어떻게 가능한지 대충이나마 듣고 싶어서 세미나를 들었다는 회원을 수소문해 붙잡고 이것저것 질문했다.

"음, 그분은 오피스텔을 사서 월세를 받는대요. 투자는 대출을 받아서 한대요. 화폐가치, 인플레이션 어쩌고 하시는데 하여튼 늦기 전에 꼭 부동산 공부를 시작하라고 하시더라고요. 좀 어려운 내용이라 자세히는 설명 못 하겠고 한번 직접 물어보세요."

대출을 받아서 부동산에 투자해 부자가 된다고? 듣고 보니 더 궁금했다. 그는 평범한 직장인인데 따로 온라인 투자 카페 같은 곳에서 활동하지 않는 분이라 연락하기가 쉽지 않았다. 하지만 궁금한 건 참지 못하는 성격 덕에 다양한 루트로 그를 찾았고 다행히 수소문 끝에 그분의 연락처를 받아 통화를 할 수 있었다.

나는 그런 세미나를 한 번만 더 해주실 수 없느냐고 부탁했다. 그분은 마침 경기도로 발령이 나는 바람에 출퇴근 시간이 길어져 당분간은 시간 내기가 힘들다고 했다. 나는 포기하지 않았다. 한 달여를 조르고 기다린 끝에야 겨우 나는 그분에게 강의에 대한 확답을 받아낼수 있었다. 그리고 10여 명 정도의 지인들을 모아 마침내 고대하던 그의 이야기를 들었다.

# 투자를
# 결심하다

## 02

아, 일찍이 아메리카 신대륙을 발견했던 콜럼버스의 마음이 이랬을까? 그야말로 내 경제관이 송두리째 흔들리는 시간이었다. 지금 생각해보면 당시 그분의 이야기가 부동산에 대해 조금이라도 공부하고 투자해본 사람에게는 특별히 신선할 게 없는 기본적인 내용이었을지도 모르겠다.

나는 부자가 되려면 그저 많이 벌어야 한다고만 생각했다. 또 돈을 많이 벌게 돼도 이를 행복한 경험을 쌓는 데 소비하는 게 최고라고 생각했다. 그러니 '부동산'이라는 단어 자체도 낯설던 내게 그분이 하는 말이 얼마나 다른 세계의 이야기처럼 들렸겠는가?

그의 논리는 간단했다. 금수저가 아닌 이상 직장인들은 회사에서 주는 월급만으로 평생 돈 걱정 없이 살기 힘들다. 이러한 월급쟁이들이 재산을 늘릴 수 있는 가장 좋은 방법이 바로 부동산 투자다. 현금의 가치는 인플레이션 때문에 해마다 하락하지만 그럴수록 실물자산의 가치는 오히려 더 증가하기 때문이다.

그런데 월급쟁이가 한두 푼도 아닌 억 소리 나는 부동산에 어떻게 투자할 수 있을까? 바로 월급 중 일부와 보너스 등의 부수입을 모아 비교적 적은 금액으로 투자할 수 있으면서도 매매 거래가 활발한 오피스텔이나 소형 아파트를 구입하면 된다. 물론 대출을 활용해야 한다. 그렇게 하면 그 부동산을 통해 월세 수익을 얻는 동시에 부동산 시세 차익까지 누릴 수 있다. 오피스텔과 소형 아파트 챗수를 차차 늘려서 월세 수익을 꾸준히 늘리다 보면 머지않아 월급보다 더 든든한 고정 수입이 생긴다는 것이다. 대출 프로그램을 잘만 활용하면 큰돈이 없어도 시작할 수 있다는 점이 가장 매력적이었다.

그분의 처음 목표는 월세가 매일 통장에 들어오게 하는 것이었다고 했다. 그 목표는 이미 초과 달성했는데, 목표를 달성하게 된 시점이 생각보다 빨리 오더라는 그의 고백이 나를 더욱 매혹시켰다. 우리 둘 다 여행을 즐긴 건 동일한데, 그분은 많은 돈을 벌고 나서 즐긴 것이었고, 나는 돈을 모으기도 전에 즐기는 데 돈을 다 써버린 셈이었다.

그 모임 이후, 내게도 구체적인 목표와 계획이 생겼다. 우리 부부 중 한 사람의 월급을 모아서 전세나 대출을 이용해 1년에 1채씩 부동산을 매입하는 것! 아이가 초등학교에 입학하기까지는 7년이 남아 있으니 그때쯤 되면 부동산 자산이 총 7채 정도 될 것이다. 1채당 월세가 30만~60만 원이 나온다고 가정하면, 그때쯤이면 210만~420만 원의 월세 수익이 생길 것이었다. 만약 그 사이 여건이 더 좋아져 대출금까지 갚아나간다면 갚는 만큼 월세 수익은 더욱 많아질 테니, 마음 편히 일을 쉬면서 아이를 집에서 돌볼 수 있을 것 같았다. 상상만 해도 벌써 들뜨고 행복해졌다. 마음먹은 것은 바로 행동으로 옮기고 마는 나. 그것이 나의 장점이자 단점이기도 한데, 일단 나는 투자에 나서기로 했다. 필요한 건 씨드머니Seed Money, 곧 종잣돈이었다.

학원 강사에겐 출산 휴가가 따로 있지 않다. 따라서 아이 출산에 필요한 각종 비용과 출산 이후 최소한 3개월 정도 일을 하지 못할 것에 대비해 나는 임신 초기부터 한 사람의 월급을 모으고 있었는데, 그게 2,000만 원 정도였다. 그 출산 준비금이 첫 투자 종잣돈으로 당첨됐다. 거기에 신랑의 마이너스 통장으로 확보한 자금을 보태, 나는 8개월 만삭의 몸으로 '부동산'이란 세계에 첫발을 내디뎠다. 무거운 몸을 이끌고 부동산을 투어하다 보니, 중개소 사장님들도 "아이고 새댁, 몸조리나 잘하지 그 몸으로 무슨 집을 보러 다녀?" 하시며 안쓰러워했다. 하지만 그런 염려와 달리 확실한 목표가 있었던 나는 전혀 힘들지 않았고 오히려 발걸음이 가벼웠다.

그렇게 해서 처음 계약한 오피스텔이 내게 첫 출산에 버금가는 기

뿜을 안겨주었다. 뱃속의 아이는 아직 태어나지 않았지만 그 작고 소박한 첫 오피스텔을 얻었을 때 스스로 참 대견하고 감격스러웠다. 물론 그 첫아이 덕에 난 진짜 내 아이를 세상에 내놓고도 산후조리를 4주밖에 하지 못한 채 일터로 컴백해야 했다. 완전히 회복되지 않은 몸을 이끌고 아이들을 가르쳐야 하는 일이 무척 고되고 종종 서럽기도 했지만, 그 시절에 내린 결정을 후회하진 않는다.

다만 조금 더 일찍 내게 부동산 세계를 알려준 그분을 만났다면 얼마나 좋았을까, 아이가 없던 신혼 시절에 좀 더 돈을 아껴서 부동산 투자를 시작했다면 얼마나 좋았을까 생각했을 뿐이다. 만약 그랬더라면 아이를 낳고도 출산 휴가를 충분히 가질 수 있었을 것이고 아이와 좀 더 오랜 시간 함께하며 어린이집에 보낼 시기도 늦출 수 있었을 테니 말이다. 보다 젊었을 때 일찍 부동산 투자를 시작하지 못한 것이 아쉽긴 하지만, 그때라도 그분을 만나지 못하고 똑같이 살았다면 나는 지금도 대한민국의 평범한 맞벌이 부부들처럼 그저 연금을 위안삼고 적금으로 재테크를 하며 대출금 상환에 매진하며 살았을 것이다.

아들의 태몽은 우리 시어머니가 꾸셨다. 황금색 볏단을 와락 껴안는 꿈이었다고 한다. 돈복을 타고 났는지 아들 덕에 엄마 아빠가 철이 들었고, 단순히 소비하는 생활에서 벗어나 자산을 증식해가는 부동산에 눈을 뜨게 되었다.

##  친구 따라 오피스텔

나의 처음 투자 계획은 단순했다. 오피스텔 월세 수익으로 부동산 투자에 성공한 그분의 영향을 받은 탓에, 일단 오피스텔에 집중하기로 했다. 소형 평형의 오피스텔은 아파트나 상가에 비해 매매가격도 낮았고, 대출을 잘만 활용하면 큰돈 없이도 투자를 할 수 있어 만만해 보이기도 했다. 오피스텔을 1년마다 1채씩 구입해 아이가 취학하기 전까지 총 7채의 오피스텔을 보유하고 여기서 나오는 월세 수익을 누리는 것. 참 그럴 듯한 계획이었다. 실제 계획한 대로, 아니 그보다 더 빠른 시간 안에 목표 달성에 이르렀다.

지인에게서 추천받아 구입한 나의 첫 오피스텔은 생각보다 괜찮은 입지에 가격도 적당했다. 이어서 시세보다 저렴하게 분양하는 오피스텔 물건 하나가 중도금을 무이자로 제공한다고 해서 보험 약관 대출을 이용해 계약해버렸다. 1년은커녕 투자를 결심한 때부터 얼마 안 돼 오피스텔을 2채나 소유하게 된 것이다. 보험 대출까지 받아가며 투자한 상황이라 당장은 허리띠를 졸라매고 한 사람의 월급 중 저축액을 늘려가야 했다.

하지만 목표로 세운 월세 수익이 들어오기만 하면 일을 쉬고 아이와 함께 시간을 보낼 수 있을 거란 희망이 있으니 오히려 신이 났다. 신기한 것은, 일단 빚이 생기고 나니 자연스럽게 쓸데없는 소비를 줄이게 되고 빚부터 우선으로 갚게 되더라는 것이다. 자산도 늘고 강제 저축도 하게 되는 일석이조의 효과였다. 소비를 줄이고 여윳돈이 생길 때마다 오피스텔에 투자하니, 1년에 1채가 아니라 1년에도 몇 채씩 늘어났다.

나는 투자를 할 때마다 처음 강의를 해주셨던 CM 님께 연락해 입지 조건이나 투자 가치 등에 대해 질문하며 의지했다. 그렇게 괜찮은 물건을 좀 추천해달라고 졸라대고 찾아본 물건에 대해 이것저것 문의하는 나 때문에 그분도 참 귀찮으셨을 것이다. 온전히 그분 덕분에 나는 차츰 오피스텔 투자를 늘려갈 수 있었고 결국 만 2년 만에 오피스텔 6채를 마련하게 되었다.

오피스텔의 경우 임차인은 대개 월세로 들어온다. 따라서 좋은 입지의 투자 가치 있는 오피스텔을 고를 수 있는 안목만 있다면, 공실 없이 매달 꼬박꼬박 월세를 받을 수 있다. 또한 오피스텔을 전문으로 취급하는 부동산 중개소 소장들은 부동산 관리까지 일사천리로 해주므로 매입한 이후에는 내가 크게 신경 쓸 일도 없다. 회사를 다니는 직장인 투자자나 관리에 신경 쓸 여유가 없는 이들에게는 참으로 좋은 투자 상품인 셈이다.

하지만 투자 당시에는 몰랐으나, 오피스텔은 부동산 투자처로서 치명적인 단점이 있었다. 바로 웬만해서는 큰 시세 차익을 보기 힘들다는 점이었다. 게다가 시간이 지나 오피스텔의 연식이 오래되면 에어

컨이나 빌트인 냉장고 등 내부 집기들이 노후해 수선 및 교체가 필요하고, 여기에 드는 비용이 적지 않다. 생각보다 훨씬 빠르게 목표로 삼았던 수준 이상의 성과를 내며 부동산 자산가가 되었음에도 생각보다 실질적인 수익이 많지 않다고 느끼게 된 것도 이 때문이었다.

지인들의 경험과 지식에만 의지해오던 나는 부동산의 다양한 투자 분야에 대해 호기심이 발동했다. 결국 이러한 갈증을 견디다 못해 스스로 우물을 파기로 했다. 전반적인 부동산 투자에 대해 본격적으로 공부하기로 한 것이다. 나는 투자 관련 도서들을 찾아 닥치는 대로 읽었고, 다양한 부동산 재테크 카페에 가입해 각종 정보들을 찾았다.

공부하면서 지켜보니 오피스텔 투자는 매달 월세가 통장에 들어오는 재미가 쏠쏠하지만 시세 변동은 거의 없고, 아파트 투자는 상승장이 되면 하루가 멀다 하고 가격이 올라 시세 차익을 누릴 수 있다는 것이 특징이었다. 이것이 바로 수익형 부동산과 시세 차익형 부동산의 차이였다. 특히 부동산 시장의 사이클에 따라 인기 있는 상품이 달라지는데, 부동산 상승기엔 시세 차익형 부동산이, 하락기나 금리가 저렴할 때는 수익형 부동산이 인기였다.

안타깝게도 내가 오피스텔 투자에 열을 올리던 시절은 부동산 상승기장이었다. 당연히 오피스텔보다는 시세 차익형 아파트가 대세인 시기였다. 머리를 한대 얻어맞은 것 같았다. 그렇게 오피스텔 투자에 쏟아 부은 돈으로 똘똘한 아파트를 몇 채 구입했더라면 수익률이 훨씬 올랐을 것 아닌가? 다른 사람이 주는 정보와 지식에만 의지해 그저 편하게 부동산 투자를 하려고 했던 나의 잘못이었다. 이제부터라도 스스로 공부한 지식과 손품과 발품으로 얻어낸 정보를 통해 투자를 해야겠다고 결심했다.

그 사이 누워만 있던 아이가 기어 다니다 마침내 걸어 다니기 시작했다. 이때부터 내가 살고 있는 나홀로 아파트에 대한 고민도 시작됐다. 각종 장난감과 옷 등 아이의 짐이 늘어나자 살고 있는 아파트가 너무 좁게 느껴졌고, 아파트 뒤 작은 찻길에 죽 늘어서 있는 '백합' '수채화' '장미' 같은 간판을 단 한 칸짜리 술집들도 자꾸 신경 쓰였다. 아이가 어리긴 했지만 애가 커서 이런 길을 지나 학교에 다닐 거라 상상하니 갑갑했다.

꽤 긴 시간 사교육계에 몸담아오며 여기저기서 주워들은 게 많았던 터라, 이런 동네의 어린이집에 아이를 보내고 싶지 않았다. 부부 둘이 살기에는 큰 문제없는 아파트라고 해도 자녀가 있는 가정에서는 그리 좋은 입지가 아닐 수 있다는 걸 경험으로 알게 된 것이다. 결국, 여러 가지 고민 끝에 우리 부부는 다음과 같은 결론을 내렸다.

첫째, 지금보다 좀 더 넓고 좀 더 환경이 좋은 지역으로 이사를 한다. 둘째, 지금까지의 투자 방식에서 벗어나 시세 차익을 얻을 수 있는 부동산에 투자한다. 그런데 어떻게?

방법은 매우 과감했다. 우리의 첫 집이었던 나홀로 아파트를 매도

하고 대신 이율이 낮은 전세자금 대출을 받아 괜찮은 환경의 보다 넓은 아파트를 찾아 들어간 뒤, 남은 돈으로 시세 차익형 아파트에 투자하는 것이었다. 좀 무모한 결정인 것 같기도 했다.

하지만 숱하게 읽은 부동산 투자서들의 저자들이 그랬듯, 다소 공격적인 투자를 해보기로 결심한 것이다. 또다시 세입자살이를 시작하며 생활비를 더욱 줄여 대출이자까지 감당해야 했지만, 정확한 목표가 있으니 부동산 공부가 재미있었고, 공부를 하면서 알게 된 사람들과의 만남도 즐거웠다.

### ● 대출이자 감당하는 법

과감한 부동산 투자를 결정하기 전, 반드시 고려해야 할 것 중 하나가 대출이자다. 대출금액이 클수록 매달 감당해야 하는 이자 역시 많아진다. 따라서 이를 계산해 감당할 수 있는 규모인지 아닌지를 매우 객관적으로 따져봐야 한다.

차트도 어렵고 데이터도 복잡하기만 해서 대충 '감'으로 투자해온 아줌마 '감 투자자'로서 나는 관심 있는 부동산이 생겨 투자하고 싶을 때 고민만 하다가 한 가지 방법을 떠올리게 됐다.

이른바 '카드 내역 형광펜 칠하기 전법'인데, 아주 효과가 좋다. 일반적인 가정에서 생활비 관리는 여자들이 하기에 우리만 씀씀이를 줄여도 어느 정도의 재테크 종잣돈을 마련할 수 있다(생활비 관리를 남편이 맡을 경우 아내와 합의가 필요하다).

*준비물 : 3개월 동안 지출한 생활비 카드명세표, 세 가지 색상의 형광펜, 계산기 애플리케이션

**카드 내역 형광펜 칠하기 전법**

① 3개월 동안의 지출명목이 적힌 카드명세표를 모두 출력한다.

② 커피값이나 꼭 필요하지 않던 외식, 충동적 쇼핑 같은 항목에,

➡ 핑크색 형광펜으로 하이라이트

③ 없어도 생활하는 데 전혀 문제가 없지만 소비한 항목에,

➡ 하늘색 형광펜으로 하이라이트

④ 접대성 외식이나 필수 생활비만 남는다.

⑤ ②번 항목의 금액을 모두 더해 해당 월별로 정리하고 ③번 항목도 같은 방법으로 총계를 낸다.

⑥ ⑤번 항목 월별 지출의 평균값을 낸다.

⑦ 평균값의 지출 금액 외의 돈, 특히 ②번의 지출 금액 정도는 굳건한 의지만 있어도 저축하거나 대출이자로 감당할 수 있는 금액이다.

이러한 방식으로 계산하면 내가 감당할 수 있는 이자 비용이 어느 정도인지 알 수 있다. 다만, 대출 이자율은 '연 5%'로 넉넉히 잡고 계산하라. 일단 그렇게 잡아두면 금리가 오른다고 해도 크게 걱정할 필요가 없다. 오른다고 해도 3%대였던 것이 단기간에 5%로 급등하지는 않기 때문이다.

자, 이제 새어나가는 돈을 투자 종잣돈으로 전환했으니, 실거주용 똘똘한 내 집 마련에 도전해보자. 커피와 쇼핑 대신 내 집을 갖는 것이다!

## 아파트에 학군 더하기

아파트 투자를 시작한 이후에도 첫해에는 실수가 많았다. 공부가 부족하기도 했고 온라인과 오프라인 투자 모임에서 듣게 되는 각종 정보를 걸러내는 노하우도 없었다. 이 정보에도 귀가 솔깃, 저 정보에도 귀가 솔깃했고 마음은 급한데 어떤 이야기를 믿어야 할지 몰라서 혼란스럽기만 했다.

결국 내가 아파트 투자에 뛰어 들겠다고 마음먹었을 때는 이미 25평짜리 아파트 가격이 한껏 상승한 후였다. 심지어 전 고점을 회복한 단지도 있었는데, 단기간에 가격이 급상승한 소형 아파트를 뒤늦게 매수하려니 생각이 복잡했다. 지금 구입하면 추격 매수가 아닐까? 꼭지에 사는 건 아닐까? 부동산 상승기가 계속 이어질까? 투자에 대한 기본기가 없으니 어떤 것도 확신할 수 없고, 마음만 불안했다.

그래서 눈을 돌려본 곳이 33평형의 아파트였다. 25평이 이렇게 최고점을 찍었으니 곧 33평도 오르지 않을까? 아직까지는 덜 오른 것 같은데? 아직까지 가격이 덜 오른, 상대적으로 저평가된 평형대 아파트를 찾다 보니 중형 아파트가 눈에 들어온 것이다. 다만 중형 아파트는 소형에 비해 손 바뀜이 자주 일어나는 것도 아니고 대세는 소형이라고 하니 마음이 오락가락하여 선뜻 매입하기가 겁났다.

그래서 곰곰이 생각해보았다. 33평 아파트에는 어떤 사람들이 살까? 다양한 사람들과 정보들에 이리저리 휘둘리던 내가 보다 근본적인 부분에 대해 고민하게 된 것이다.

신혼부부들이 찾는 집의 조건은 직장 출퇴근 용이성이다. 결국 이들은 역세권 아파트를 구해 살다가 아이를 하나 낳게 되면 어린이집 인근이나 대단지를 선호할 것이다. 그러다 아이가 유치원에 들어가야 할 때쯤엔 자녀교육과 연관 지어 지역을 고려하게 된다. 또래집단이 형성되는 시기인 만큼 아무 지역에서나 살고 싶지 않은 것이다. 결국 빠르면 유치원 입학 시기, 그다음엔 초등학교 입학 시기, 늦어도 아이가 초등학교 고학년에 올라갈 때는 교육 환경이 좀 더 나은 지역으로 이동하려고 할 것이다. 아이가 하나라면 25평 소형 평수도 방만 3개라면 불편하지 않겠지만, 둘째가 생기고 아이들이 각방을 사용해야 할 정도로 성장하면 방마다 침대와 장롱 등을 넣어줘야 하니 자연스럽게 더 큰 평수를 찾게 된다. 바로 그 시기가 40대 가장의 아이들이 초등학교 고학년 이상이 되는 시기가 아닐까? 여기에까지 생각이 미쳤다. 이 시기는 아이의 중학교 학군이 결정되는 상당히 중요한 시기다. 따라서 학교 배정에 유리한 특정 단지로 들어가고 싶어 하는 '욕망'이 커지게 마련이다.

그래, 학군이었다! 결국 경기부침에도 크게 흔들리지 않으면서 대기 수요가 풍부하고, 꾸준히 그 가치가 올라가는 부동산은 바로 학군이 좋은 부동산인 것이다. 지난 10년간 사교육 현장에 몸담고 있으면서 이러한 욕망에 휩싸인 학부모들을 얼마나 많이 만나왔던가? 학군에 대한 이야기라면 누구보다 자신이 있었다. 그리하여, 나의 아파트 투자 키워드는 학군과 부동산이 되었다. 그리고 이를 토대로 나만의 부동산 투자법을 연구하기 시작했다.

| 서울시 구별 아파트 평당 가격 |

(단위 : 만 원/3.3㎡)

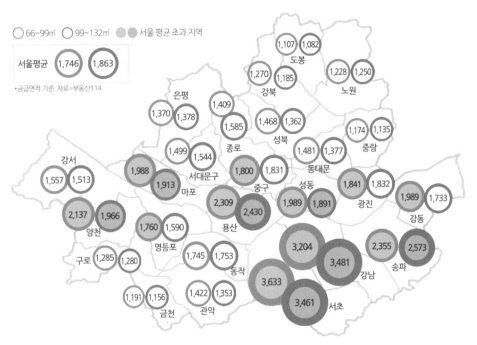

자료원 : 부동산 114, 〈MK 부동산〉 2017년 2월 기사

## | 2017년도 서울시 주요구 일반 고등학교의 서울대 진학 학생 수 |

| 강남구 | | 서초구 | | 양천구 | | 노원구 | | 송파구 | |
|---|---|---|---|---|---|---|---|---|---|
| 학교명 | 명 | 학교명 | 명 | 학교명 | 명 | 학교명 | 명 | 학교명 | 명 |
| 휘문고 | 34 | 세화고 | 24 | 강서고 | 17 | 대진고 | 12 | 보인고 | 11 |
| 단대부고 | 28 | 서울고 | 22 | 양정고 | 13 | 서라벌고 | 7 | 보성고 | 7 |
| 숙명여고 | 18 | 세화여고 | 14 | 한가람고 | 6 | 청원고 | 6 | 잠신고 | 7 |
| 현대고 | 16 | 반포고 | 14 | 목동고 | 6 | 대진여고 | 6 | 징신여고 | 5 |
| 중동고 | 16 | 상문고 | 11 | 신목고 | 6 | 용화여고 | 4 | 창덕여고 | 5 |
| 중산고 | 14 | 양재고 | 9 | 진명여고 | 6 | 영신여고 | 4 | 오금고 | 4 |
| 경기고 | 14 | 서초고 | 8 | 양천고 | 4 | 불암고 | 4 | 영동일고 | 4 |
| 영동고 | 11 | 서문여고 | 5 | 금옥여고 | 2 | 재현고 | 4 | 배명고 | 3 |
| 경기여고 | 9 | 동덕여고 | 4 | 신서고 | 1 | 혜성여고 | 2 | 잠실여고 | 2 |
| 개포고 | 9 | 언남고 | 1 | 백암고 | 1 | 노원고 | 1 | 영파여고 | 2 |
| 진선여고 | 8 | 계 | 112 | 광명여고 | 1 | 상계고 | 1 | 가락고 | 2 |
| 은광여고 | 8 | 10개교 평균 | 11.2 | 광영고 | 0 | 청원여고 | 1 | 문정고 | 2 |
| 압구정고 | 6 | | | 계 | 63 | 월계고 | 1 | 방산고 | 1 |
| 중대부고 | 6 | | | 12개교 평균 | 5.3 | 상명고 | 1 | 잠실고 | 1 |
| 청담고 | 5 | | | | | 수락고 | 0 | 잠일고 | 1 |
| 세종고 | 3 | | | | | 염광고 | 0 | 문현고 | 0 |
| 계 | 205 | | | | | 계 | 54 | 계 | 59 |
| 16개교 평균 | 12.8 | | | | | 16개교 평균 | 3.4 | 16개교 평균 | 3.7 |

| 강동구 | | 광진구 | | 서대문구 | | 마포구 | | 성동구 | |
|---|---|---|---|---|---|---|---|---|---|
| 학교명 | 명 | 학교명 | 명 | 학교명 | 명 | 학교명 | 명 | 학교명 | 명 |
| 배재고 | 13 | 광남고 | 10 | 이대부고 | 7 | 숭문고 | 5 | 한대부고 | 5 |
| 한영고 | 13 | 대원고 | 6 | 인창고 | 4 | 광성고 | 2 | 무학여고 | 1 |
| 상일여고 | 4 | 동대부여고 | 3 | 명지고 | 4 | 서울여고 | 2 | 성수고 | 1 |
| 동북고 | 4 | 건대부고 | 3 | 중앙여고 | 2 | 경성고 | 1 | 덕수고 | 1 |
| 명일여고 | 3 | 대원고 | 2 | 충암고 | 2 | 상암고 | 1 | 경일고 | 0 |
| 둔촌고 | 2 | 광양고 | 0 | 한성고 | 1 | 홍익사대여고 | 0 | 계 | 8 |
| 강일고 | 2 | 자양고 | 0 | 가재울고 | 0 | 계 | 11 | 5개교 평균 | 1.6 |
| 광문고 | 1 | 계 | 24 | 계 | 20 | 6개교 평균 | 1.8 | | |
| 성덕고 | 1 | 7개교 평균 | 3.4 | 7개교 평균 | 2.9 | | | | |
| 강동고 | 1 | | | | | | | | |
| 선사고 | 0 | | | | | | | | |
| 계 | 44 | | | | | | | | |
| 11개교 평균 | 4.0 | | | | | | | | |

자료원 : 베리타스 알파, 고덕사랑 에이맨

1장

엄마이기에 부동산을 공부합니다

내 생각은 맞아떨어졌다. 서울시의 평균 아파트 가격을 초과하는 아파트가 위치한 지역이 좋은 학군으로 소문난 지역과 겹치는 것이다. 대한민국 교육만의 독특한 시스템 그리고 아무리 변화시키려고 애써도 본질적으로는 전혀 변하지 않는 교육정책의 변천사, 이를 받아들이는 학부모들과 학생들의 심리와 태도, 비정상적으로 보이는 지역 편중성과 과열된 분위기들까지, 내가 10여 년간 보고 느낀 것들이 현실 부동산의 가치에 지대한 영향을 미치고 있었다.

특히나 나의 고객이기도 했던 학부모들의 공통적인 이사 패턴은 학군 투자에 관한 연구에 매우 중요한 자료가 됐다. 결국 부동산 투자를 하기 위해 내가 10여 년간 사교육계에 몸담아야 했던 건 아니었을까? 이런 운명론적인 생각을 하게 될 정도로 학군과 부동산은 교묘하게도 깊은 관련이 있었다. 적어도 대한민국에서는 말이다.

## 🏠 대한민국 부동산을 이해하라

나만의 프레임으로 부동산에 대해 꾸준히 공부를 해나가던 어느 날, 부동산 고수들과 함께하는 부동산 스터디에서 그동안 해왔던 연구를 발표할 기회가 생겼다. 나는 영어 강사로 일한 경험을 토대로, 부동산 투자를 학군에 대입해 '학군으로 아파트 투자하기'라는 사례를 발표했다.

반응은 기대 이상이었다. 그날 이후 부동산 관련 학원과 기업체로부터 같은 주제로 강의를 해달라는 요청이 이어졌다. 영어 강사 '엘쌤'에서 부동산 강사 '월천대사'로, 타이틀이 바뀌는 순간이었다. 내 강의에는 특히 자녀를 둔 엄마들이 열광했는데 점차 입소문을 타기 시작해 일반적인 부동산 투자와 교육에 관심이 많은 아빠들까지 내 강의를 찾았다.

어렵고 딱딱한 부동산 투자 이야기를 대한민국 부모라면 누구나 고민하게 되는 '자녀교육'과 연관시켜서 하니 더욱 관심도 갖게 되고 흥미롭게 느낀 모양이다. 부동산 가치에 영향을 미치는 학군의 중요성을 피상적인 설명 대신, 다양한 실제 사례로 설명해주어 이해하기 쉽다는 평이 많았다. 그 실제 사례란, 10여 년간 내가 만났던 수많은 학생과 학부모 들의 이야기였다!

# 부동산으로
# 학비를 번다고?

03

부동산은 결국 땅이다. 땅 위에 아파트나 주택, 빌라, 상가 등 다양한 형태의 건물이 들어서는 것이다. 그 건물이 어느 지역에 어떻게 세워졌느냐에 따라, 즉 입지에 따라 가격이 결정된다. 부동산은 같은 건물이라도 위치에 따라 가격이 천차만별이라는 데 그 묘미가 있다. 비슷한 크기와 형태의 아파트인데도 왜 어떤 곳은 가격이 높고 어떤 곳은 가격이 낮은 걸까?

자본주의 사회에서 모든 상품이 그러하듯, 부동산의 가격을 결정하는 요소는 바로 '수요Needs'다. 사람들의 수요가 많은 상품에 사람들의 '욕망Wants'까지 더해지면 거기에는 '프리미엄Premium'이 붙는다.

바로 이 프리미엄 때문에 같은 동네라도 찻길 하나를 사이에 두고 아파트 가격이 1억 원씩이나 차이가 난다. 부동산, 특히 우리나라 부동산에서 그 '욕망 프리미엄' 중 가장 큰 비중을 차지하는 것은 학군이다. 이는 대한민국에서 특히 도드라지는 현상인데, 수십 년 전부터 내려온 교육열이 사그라질 줄 모르고 이어진 덕분에 눈에 보이지 않는 '학군 계층'이란 것이 생겨났다. 이 계층은 부의 계층 지도와도 맞아떨어져 마침내 부동산이라는 자본주의의 가장 큰 부산물과 만나게 된다.

##  태초에 욕망 단지가 있었으니

교육열은 전통적으로 엄마들의 '치맛바람'과 연결된다. '맹모삼천지교'라는 말이 있지 않은가. 대한민국 엄마들은 아이가 태어나는 순간, 엄마가 되기 전에 가졌던 욕망들을 자녀교육에 쏟는다. 올바른 현상인지 아닌지를 떠나서, 이것이 대한민국의 분명한 현실이다. 이러한 엄마들로 인해 '욕망 단지'가 형성된다. 교육열을 기반으로 엄마들의 욕망을 충족시켜주는, 누구나 살고 싶어 하고 그곳에 사는 사람들에게 크나큰 자부심을 주는 아파트 단지, 그것이 바로 그 동네의 대장주이며 나는 이 단지에 욕망 단지라고 이름 붙였다. 바로 이 욕망 단지를 중심으로 부동산 가격이 형성되고 랜드마크가 결정된다.

서울 서초구 반포동의 대장주는 래미안퍼스티지 아파트다. 향후에는 2016년 말 입주가 시작된 신규 아파트 아크로리버파크에 그 자리를 넘겨줄 가능성이 크긴 하지만, 현재로서는 그렇다. 서울시 노원구에서는 중계동 은행사거리에 위치한 건영과 청구 아파트가 그 동네 욕망 단지이며, 서울시 송파구의 잠실과 신천 역세권의 경우 소위 '엘리트'라고 불리는 엘스, 리센트, 트리지움 아파트가, 서울시 광진구 광장동에서는 현대 14차 힐스테이트, 경기도 분당구 수내동에서는 파크타운과 푸른마을이 그렇다.

이러한 욕망 단지에는 이곳에서 자녀를 교육하는 엄마들의 은근한 자부심이 녹아 있다. 누군가가 "자기, 어디 살아?"라고 물을 때 주저 없이 "○○아파트 ○단지에 살아"라고 대답하며 은근히 부러워하는 눈빛을 보내는 사람들 사이에서 어깨를 으쓱할 수 있는 것, 그것이 욕망 단지의 힘인 것이다.

대부분의 욕망 단지는 교육 환경이 좋은 것은 물론, 편의시설도 잘 갖춰져 있어 생활하기 편리하고 교통까지 좋다. 따라서 특정 동네의 대장주격인 욕망 단지로 이사하려면, 기존 살고 있던 곳보다 평수를 좀 더 줄여야만 들어갈 수 있다. 이것이 욕망 단지의 프리미엄이다.

2016년 초, 나는 실제 거주할 아파트를 구입해 이사했다. 아이가 유치원에 들어가야 할 나이가 되었기에 이번에는 학군을 고려했다. 좋은 학군의 초등학교에 입학하는 아이들은 그 동네 유치원에 다녔던 아이들이다. 따라서 가능하다면 유치원 때부터 아이가 그 동네 아이들과 친해질 수 있게 하면 좋다. 특히나 아이가 내성적이거나 사교성이 부족한 경우라면 더욱 그래야 한다. 유치원 시절부터 이미 몇 년 동안 가깝게 지내온 아이들이 함께 같은 초등학교에 진학하면 학교에 적응하기가 더욱 수월하기 때문이다. 더구나 정보력이 경쟁력인 요즘 시대엔 아이들 교우 관계뿐 아니라 엄마들과의 관계 역시 중요하다. 유치원 시절부터 안면이 있는 엄마들이라면 아이가 초등학교에 입학한 이후에도 훨씬 편한 면이 있지 않겠는가?

무엇보다 나는 워킹맘이기에 아이 유치원 때부터 미리 안정적인 학군으로 이사를 가는 것이 좋겠다고 생각했다. 물론 아이가 좀 더 나이가 들어 초등학교 고학년이 되면 엄마들 간의 친분에 영향을 받기보다 아이 스스로 친구를 선택해서 새로운 관계를 맺어갈 것이다. 다만 아파트 단지에 전업맘 비율이 높은 경우에는 취학 전부터 가까워진 교우 관계가 계속 유지될 확률이 높다. 이것이 요즘 엄마들 특히 워킹맘들이 갖는 일반적인 생각이다.

나는 아이 교육을 생각해 이사할 곳을 찾기 시작했다. 일단 시댁의 도움을 받을 수 있는 분당부터 지금 거주지역과 가까운 서울 동남권, 남편의 직장과 나의 생활 반경을 고려했다. '아는 게 병'이라고 다양한 요건들을 모두 따지려다 보니 정말 많은 부동산을 봤음에도 선뜻 결정을 내릴 수가 없었다. 부동산에 대해 본격적으로 공부하기 전에는 그저 가진 자산 규모에 맞춰 집을 택했지만, 이제는 생활편의는 물론,

아이 학군까지 좋아야 하고, 거기에 시세 차익도 기대할 수 있는 조건까지 고려하려니 그런 아파트를 구하기 더욱 힘들어진 것이다.

일단 내가 관심을 갖고 살펴본 지역은 다음과 같았다. 먼저 택지지구로서 향후 더욱 좋아질 가능성이 있는 동네라고 판단한 위례지구였다. 그런데 택지지구일 경우 그 특성상 프리미엄과 계약금을 현금으로 지급해야 하고, 매수자가 양도소득세도 부담해야 한다. 사실 괜찮은 물건이 하나 있었는데 '다운계약서(매도자 양도소득세와 매수자 취득세를 낮추려는 의도로 계약서상 거래 금액을 실제보다 낮게 기재하는 계약)'를 쓰지 않는다고 하자 계약이 성사되지 않았다.

그다음은 잠실의 재건축 단지들을 둘러봤다. 여러 가지를 따져볼 때 매우 욕심이 났다. 하지만 이 아파트라면 좋겠다 싶은 곳은 2억 원 정도의 자금이 부족했다. 내가 살고 싶은 지역의 아파트는 내 경제력으로 갈 수 없는 곳이었으며, 그 지역을 굳이 고집한다면 평수를 줄여서 들어가는 수밖에 없었다. 하지만 이번에는 친정과 합쳐야 해서 우리에겐 보다 큰 집이 필요한 상황이었다. 같은 가격으로 대형 평수의 아파트를 구매할 수 있는 곳이 분당이었는데, 그곳은 남편 직장과 거리가 멀고 주로 서울 동남권에서 생활하는 나에게도 이동이 불편하다는 게 문제였다. 대형 평수인 데다 가진 자금으로 구할 수 있는 강동구 성내동의 강동구청역 인근 아파트의 경우, 중소형이 인기 있는 단지라서 대형 평수는 인기가 좀 없었고 향후 시세 차익을 얻기도 힘들어 보였다. 학군도 흡족할 만한 수준은 아니었다. 성동구의 새 아파트 들은 가격이 매우 높았고, 기존 아파트의 경우 대형 평수를 구매할 순 있지만 아이가 초등학교를 졸업할 무렵이 되면 중학교 학군 때문에라도 이사를 한 번 더 해야 할 입지였다.

결국 이런저런 고민 끝에 지금 살고 있는 광남 학군 지역을 택했다. 아직은 아이가 어리기 때문에 남편과 나의 출퇴근이 용이한 역세권의 단지와 동을 고려해 매입을 결정했다. 거주하고 싶은 곳과 가진 자산의 괴리감을 여실히 깨닫고 최대한 합리적인 방안을 선택한 셈이다.

##  여성의, 여성에 의한, 여성을 위한

욕망 단지들의 공통점은 여성의 니즈와 욕망을 충분히 만족시킨다는 것이다. 주거 상품, 특히 아파트는 여성의, 여성에 의한, 여성을 위한 상품이다. 여성에 대해 얼마나 알고 이해하느냐에 따라 가격 프리미엄이 결정된다고 해도 과언이 아니다.

'부동산'이라는 단어는 언뜻 남성스럽고 어딘지 모르게 좀 거칠고 그저 많은 경제학 용어 중 하나 같은 딱딱한 느낌이 들지만, 이를 '집'이라는 단어로 바꿔보라. 바로 엄마의 품처럼 따뜻하고 부드러운 느낌이 들지 않는가? 그중에서도 아파트는 상가나 오피스텔 같은 수익형 부동산에 비해 가족 구성원들이 함께 생활하는 실제 거주 공간이란 느낌이 강하므로 여성의 결정권이 훨씬 더 크게 작용한다.

맞벌이 부부가 많아지긴 했으나, 직장과 외부에서 대부분의 시간을 보내는 남성들보다 더 많은 시간 집에 머무는 쪽은 아무래도 여성이다. 여성은 집 구조의 생활 편리성, 집 주변의 마트나 백화점 같은 편의시설 접근성, 심지어 단지 내 커뮤니티 구성까지를 일상에서 체득하며 이로써 아파트의 가치를 판단한다. 자녀를 위한 교육 환경까지 고려하는 것은 물론이다.

자녀의 교육 환경이라는 것도 그리 단순하지만은 않다. 아이가 해당 학교까지 걸어서 통학할 수 있는지, 걸어갈 수 있더라도 건널목을 건너야 하는지, 주변에 유해시설은 없는지와 같은 외부적인 환경은 물론, 해당 학교의 학업성취도 수준이 어느 정도이며 선생님은 어떤 분들인지, 해당 학교에 다니는 아이들은 어떤지 등 그야말로 아이가 좋은 환경에서 좋은 친구들을 사귀며 성장할 수 있는지도 따진다. 학교뿐인가? 주변에 괜찮은 학원이 있는지, 학원가까지의 거리는 어떻게 되는지, 학원가까지 걸어서 갈 수 없다면 학원 차량이 얼마나 자주 운행되는 지역인지 등도 모두 고려하는 대상이다.

이러한 이유로 건설사들은 다양한 요소들을 따지는 까다로운 엄마들을 만족시키기 위해 단지 내 시설 구성과 커뮤니티 등에 대해 대단히 심도 깊게 고민하는 것이다. 외관상 멋있어 보이는 타워형 아파트보다 맞바람 구조의 판상형 아파트가 다시 인기를 끌게 된 것도 여성들의 주거 선호도가 반영된 결과다.

어떤 부동산이든 마찬가지이지만, 아파트의 경우 아파트 단지가 들어서는 땅의 위치, 즉 입지location가 매우 중요하다. 두 번째 중요한 것도 입지, 세 번째 중요한 것도 입지다. 부동산 투자에 있어 무엇보다 입지를 강조하는 분이 있으니, 바로 필명 빠숑 님이다(본명은 김학렬). 그는 주거 상품에 붙는 프리미엄을 좌우하는 네 가지 주요 요소를 'KBF Key Buying Factor'라고 부른다.

KBF의 네 가지 요소 중 첫 번째는 교통이다. 쉽게 말해 직장에서 주거 공간까지 얼마나 편리하고 빠르게 출퇴근할 수 있는가인데, 소위 '직주근접'이라고 일컫는 교통 요소가 주거 공간의 가격 결정에 가장 큰 영향을 미친다. 그중에서도 강남 접근성이 얼마나 좋은지에 따라 가격 차이가 벌어진다. 이를 기준으로 전철 2호선, 3호선, 5호선, 7호선, 9호선, 신분당선 등이 좋은 노선으로 꼽히며, 이 노선들이 겹치는 더블 역세권 이상은 눈여겨봐야 할 최상의 입지라고 할 수 있다. 교통편의를 따질 때는 전철 외에도 수도권 주요 도시를 운행하는 광역버스M버스의 노선 역시 분석해야 한다. 강남역, 사당역, 광화문역 그리고 잠실역에서 출발하는 광역버스가 환승 없이 1시간 내에 도달할 수 있는 지역이라면 주거 단지로서의 가치가 충분하다.

두 번째는 편의시설이다. 백화점, 마트, 종합병원 등 일상생활에 필요한 시설들은 주거 단지의 프리미엄 형성에 기여한다. 사실 이는 남성보다 여성에게 더 영향을 미친다. 백화점이라고 모두 다 같은 건 아니다. 현대 백화점, 신세계 백화점, 롯데 백화점, 갤러리아 백화점, NC 백화점, 2001 아울렛 등 종류도 다양한데 이들 백화점 간의 차이를 알고 있는 남성은 많지 않다. 반면 여성들은 백화점 브랜드 간의 미묘한 이미지 차이를 감지하며 각 백화점의 입점 브랜드에 대해서도 어느 정도 안다. 특정 지역에 입점한 백화점 브랜드에 따라 그 지역의 생활소비 수준까지도 짐작할 수 있는 것이다. 이 생활소비 수준은 그 동네에 거주하는 사람들의 아파트 가격 수준과도 상통한다.

얼마 전 경기도 판교에 들어선 현대 백화점은 각종 맛집과 고급 브랜드를 입점시켰다. 인근 거주민들의 소비 수준이 '강남급'에 미칠 것이라 예상한 유통업체의 판단에 따른 것이다. 이렇게 함으로써 판교 지역 주민들이 강남이나 압구정동, 삼성동까지 가서 소비할 필요가 없게 만든 것이다. 유통업체의 분석이 맞아떨어진 덕분에 현대 백화점 판교점은 '현판'이라는 애칭으로 불리며 오픈 시점부터 많은 이슈를 몰면서 그 위세를 떨치고 있다. 백화점뿐 아니라 마트도 마찬가지다. 이마트 역시 다 같지 않다. 2009년 신혼 시절 강일지구에 거주할 당시, 집들이 손님맞이를 위해 내가 고른 메뉴는 '연어 또띠아랩'이었다. 그런데 집에서 가까웠던 하남 풍산지구의 이마트에는 연어 또띠아랩을 만드는 데 필요한 재료를 거의 찾을 수 없었다. 그래서 나는 다음으로 가까운 고덕 이마트를 찾았다. 이곳에서는 일부의 재료만 찾을 수 있었다. 살사소스는 있는데 사우어 크림이 없다거나 연어는 있는데 케이퍼가 없는 식이었다. 그다음으로 천호 이마트에 갔는데 이곳에서도 만족스럽지 않았다. 결국 나는 다음 집들이 때부터는 잠실 홈플러스나 건대 이마트를 향했고 이때마다 원하는 재료를 한 번에 구입할 수 있었다. 이 두 곳에는 내가 원하는 수입 식재료들이 모두 있었던 것이다. 이와 같은 '장보기'의 디테일을 일반적인 남성들이 이해할 수 있을까?

세 번째 요소는 교육 환경이다. 즉, 학군이다. 요즘은 역세권만큼이나 학세권이 중요하다. 학군에 대해서는 할 이야기가 너무 많으니 다음 장에서 자세히 다루겠다.

마지막으로 중요한 네 번째가 자연 환경이다. 콕 집어서 입에 쏙 넣을 떡 하나도 보기 좋은 걸 선택하는데, 오랜 기간 머무르며 생활하는 거주 상품은 오죽하겠는가? 발코니에서 한강이 내다보이는지 아닌지, 시야에 산이 보이느냐 아니냐에 따라 아파트 가격이 한 단지 내에서도 3,000만~5,000만 원까지도 차이 난다. 창문을 열면 눈에 앞 동이 들어오는 것보다야 앞이 탁 트여 멀리 자연 풍광이 보이는 것이 좋지 않겠는가.

최근 실거주로 입주한 우리 아파트에서도 한강이 보인다. 정말이지 여러 천 조각을 이어붙인 조각보의 한 조각마냥 매우 작게 보인다. 앞 단지 아파트의 동과 동 사이로 한강이 보이는 '나름' 한강뷰 아파트다. 집을 구하러 다닐 때 부동산 중개소 소장님이 "이 집은 층도 높아 로열층이기도 하지만, 한강이 보이기 때문에 다른 동보다 비싸요"라고 하시길래 "에이, 이렇게 코딱지만 하게 보이는데 무슨 한강뷰예요"라며 코웃음을 친 나였다. 사실 한강뷰는 고려 사항이 아니었고 마침 급매로 나온 물건이 있어 매입을 결정했다. 하지만 막상 이사를 오고 나니 아주 작게 보이긴 해도 한강은 한강이었다.

아이를 유치원에 보내고 소파에 앉아 커피 한잔 마실 때면 파란 물빛의 한강도 보이고 저 멀리 산도 보인다(물론, 앉는 위치나 자세를 절묘하게 잘 잡아야 하지만). 그래도 자연 풍경인지라 분주했던 마음이 다소 정돈되는 느낌이다. 저녁이면 한강대교도 '일부' 보여서 '은근' 야경도 멋지다. 어찌 됐든 콘크리트 건물이 내다보이는 것보다야 훨씬 낫지 않은가? 왜 한강이 전면 유리창을 통해 내다보이는 아파트가 그렇지 않은 아파트보다 1억 원이나 더 비싼 건지 조금 알게 되었다. 이것이 바로 '한강 프리미엄'인 것이다. 우리 아파트도 이 '한강 조각보 뷰' 덕에 옆 동 아파트보다 1,000만~2,000만 원 정도 더 비싸다(으쓱).

 학비 마련을 위한 부동산 활용법

결혼을 하고, 아이를 낳고, 자녀교육에 정신을 쏟다 보면, 어느새

은퇴할 나이가 된다. 노후자금 마련을 위해 재테크를 할 새도 없이 말이다. 이미 수많은 언론과 매체를 통해 자녀교육에 얼마나 많은 돈이 들어가는지 귀에 못이 박힐 정도로 들었을 것이다.

하지만 현실적으로 들어가는 교육비를 대략적으로 계산해볼 필요가 있다. 아이가 취학 전이라면, 문화센터와 프뢰벨 또는 유아 체육 등으로 월 20만 원 정도가 나간다. 그 기간이 5년이라면, 약 1,200만 원(20만 원×12개월×5년)이다. 아이가 초등학생이라면, 과목별 수업료를 감안해 한 달에 50만~100만 원 정도가 드는데, 저학년 때는 1,800만 원(50만 원×12개월×3년), 고학년 때는 3,600만 원(100만 원×12개월 ×3년) 정도다. 초등학교 6년간 약 5,400만 원이 드는 것이다. 너무 많은가? 사실 이 정도가 대한민국 평균이며 학군에 따라 이보다 더 많은 돈이 소요되기도 한다. 그러니 자녀교육에 들어가는 비용이 뭐가 아깝냐며 좀 더 욕심을 부려 부모의 수입 대부분을 교육비에 쏟아 부으면 '노후 파산'과 같은 문제가 대두될 수밖에. 그러면 어떻게 해야 할까?

내가 찾은 방법은 나의 노후는 물론 아이 교육을 위해 부동산을 이용하는 것이다. 노후자금과 자녀교육비 마련까지, 두 마리 토끼를 한 번에 잡자는 것이 나의 강의와 이 책의 핵심이다. 다만, 부동산을 수단으로 아이 학비를 마련하는 법은 다양하다. 선택은 독자의 몫이다. 처한 형편과 상황에 따라 방법을 선택하면 된다. 여기서는 네 가지 방법을 소개하겠다.

첫째, 만약 당신이 바쁜 일상과 육아에 지쳐 있는 부모라면 학군 좋은 지역에 실거주 목적으로 똘똘한 집 한 채를 마련하라. 좋은 교육환경에서 아이를 교육시키고, 아이가 대학에 들어간 이후 그 아파트를 매도하면 시세 차익을 누릴 수 있다. 아마 오랜 시간 거주할 경우 해당 아파트에 재건축이 진행될 가능성이 있으니 생각보다 높은 수익을 얻을 수도 있다. 이러한 내용은 4장에 담았다.

둘째, 만약 아직은 자녀가 없거나 아이가 어려서 실거주할 지역 선정에 자유로운 부모라면, 투자를 목적으로 현재보다 가까운 미래에 학군이 좋아질 지역의 부동산을 장기로 보유하는 전략을 써라. 이에 대해서는 5장에 다뤘다. 물론, 이 두 부류 중 하나에 속하면서도 가진 종잣돈 규모가 좀 되고 재테크에 관심도 많은 적극적인 투자자에 해당한다면 두 가지 방법을 함께 구사할 수도 있다.

셋째, 일반적인 투자자라면 부동산의 매매가격과 전세가격의 차이를 이용하는 이른바 '갭 투자' 방식으로 접근하는 것도 좋다. 즉 전세가율이 높은 지역의 아파트를 매입해 아이 교육비를 버는 것이다. 요즘 유행하는 갭 투자의 방식에서 다소 변형된 것이라면, 수요가 풍부하고 꾸준히 전세가격이 오를 가능성이 큰 부동산을 소액으로 마련하고 2년 뒤 전세가 갱신되는 시점에 오른 전세금을 바로 재투자할 것이 아니라, 해당 부동산을 반전세로 전환하는 데 쓰는 것이다. 오른 전세금을 보증금으로 받는 게 아니라, 가격에 맞는 월세로 받아라. 그렇게 10만~30만 원 정도의 월세 수입을 자녀교육비로 쓰는 것이다. 아이가 초등학생 이하라면 가능한 방식이고, 아이가 중·고등학생이라 더 많은 교육비가 필요한 경우라면 상승한 전세금을 교육비로 지출하면 된다.

평범한 엄마들이 남편 월급 혹은 맞벌이로 얻은 수입을 교육비로 지출할 때, 똑똑한 재테크족인 당신은 부동산 투자에서 얻은 수익으로 아이를 교육시키고, 결국 자산까지 마련하게 되는 것이다.

원래 부동산 가격은 경기에 따라 오르고 내리기를 반복한다. 다만 역세권 소형 아파트의 전세가는 꾸준히 상승해왔다. 심지어 전 세계적인 경제위기였던 서브프라임 사태 때도 역세권 소형 아파트는 매매가격이 크게 떨어지지 않았고, 전세가격도 방어가 됐을 정도로 안전했다.

나는 여기에서 힌트를 얻었는데, 중요한 건 투자 대상이 반드시 전세수요가 꾸준해 전세가 하락 걱정이 없고, 인구 유입이 꾸준한 지역의 아파트여야 한다는 것이다. 거기에 더해 매매가격 상승도 기대할 수 있는 지역이라면 2017년 12월까지 준공공임대 제도를 이용해 추후 양도소득세 감면 혜택도 누릴 수 있다(단, 준공공임대 사업자로 등록하기 전, 꼭 구입할 아파트의 연식을 고려하라. 10년 동안 장기보유할 수 있는 주택이어야 하기 때문이다. 특히 전세금을 5%밖에 올리지 못하고, 전업주부일 경

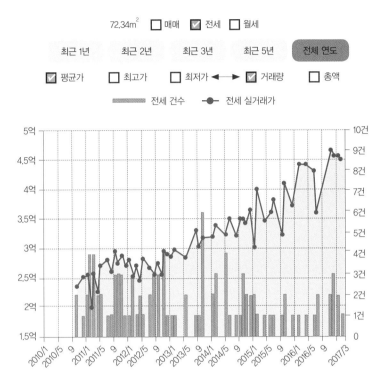

| 역세권 소형 아파트의 전세가격 상승 추이(지양동 W 아파트) |

72.34m² ☐ 매매 ☑ 전세 ☐ 월세

| 최근 1년 | 최근 2년 | 최근 3년 | 최근 5년 | **전체 연도** |

☑ 평균가  ☐ 최고가  ☐ 최저가 ◄──► ☑ 거래량  ☐ 총액

▨▨▨▨ 전세 건수    ──●── 전세 실거래가

자료원 : 아파트실거래가 앱

우 4대보험이 개시될 수 있다는 점 등도 고려해야 한다. 세무사나 구청 해당 담당자와 상담 후 결정하자). 군이 준공공임대 사업자로 등록하는 방식이 아니라고 해도, 초역세권 소형 아파트라면 시간이 지남에 따라 자연스럽게 수익을 얻을 수 있다. 이 조건을 갖춘 아파트들의 부동산 가격 추이를 찾아보라. 역사가 증명한다.

만에 하나 입지 조건이 너무 떨어지거나 연식이 오래됐음에도 불구하고 재건축이나 리모델링의 대상이 아니라면 반드시 매도를 고려하라. 그때는 중간에 다른 주택으로 갈아타는 게 좋은 전략일 수 있다.

투자는 일찍 시작할수록 좋다. 나는 아이가 어릴 때 빨리 투자를 시작하라고 이야기한다. 만약 아이가 갓 태어났을 때 투자를 시작한다면, 아이가 성인이 되는 20년 뒤엔 그저 물가상승만으로도 저축으로는 상상할 수 없을 만큼 가치가 오른 자산을 갖게 될 것이다.

넷째, 만약 당신이 재테크에 적극적인 투자자라면 현명하게 증여하는 방법도 있다. 미성년자에게는 10년 구간에 한 번씩 2,000만 원을 증여할 수 있다. 자녀가 태어났을 때 바로 2,000만 원을 증여하고 만 10세가 되었을 때 다시 2,000만 원을 증여한다. 이 돈으로 배당이 나오는 우량 주식이나 미래가치주에 분산투자를 한다면 금상첨화다. 단, 이때 증여한 사실은 반드시 해당 기관에 신고해 기록을 남겨두라. 아이가 만 20세가 되어 성인이 되었을 때 추가로 5,000만 원을 증여하면 전에 증여한 돈까지 9,000만 원이 되며, 여기에 더해 투자로 인한 배당이익과 수익까지 모두 자녀의 자산이 된다. 만약 이를 종잣돈으로 삼아 부동산을 마련하게 된다면 환상적인 투자 로드맵이 되지 않을까? 물론, 이때는 아이와 부모가 공동명의로 주택을 구매해야 한다. 대학생은 소득이 없으므로 대출을 받기 힘들기 때문이다. 취득 시점에 양도소득세를 절감할 수 있는 혜택 방안까지 고려하여 되도록 너무 연식이 오래 되지 않은 주택을 매입하라. 당신의 자녀가 사회에 나갈 때나 결혼 적령기가 될 무렵에는 이 주택이 자녀의 신혼살림 밑천이 되거나 매달 월세를 쥐여주는 용돈처가 되어줄 것이다. 단, 갭투자 방식으로 증여할 생각이라면 좀 더 세심한 관리가 필요하다. 반드시 세무사와 상담을 통해 결정하라.

국가에서 제공하는 증여 절세제도는 재테크나 투자를 하는 사람이라면 적극적으로 고려해볼 만하다. 어쩌면, 나 먹고살기도 팍팍한데 무슨 증여냐고 생각할 사람이 있을지 모르겠다.

하지만 다시 생각해보라. 이미 재테크를 통해 10년에 10억 원 모으기를 실천하고 있는 수많은 사람들 중 대부분은 대한민국의 평범한 가정에서 태어나 열심히 직장생활로 밥벌이를 하며 살아가는 사람들이다.

그들은 이미 재테크를 하면서 자산이 어떻게 불어나는지를 몸소 체험하고 있다. 나중에 한꺼번에 유증하거나 상속하려고 하면 세금으로 빠져나가는 지출이 상당하다. 그러니 미리미리 공부하고 준비하라. 지금 이 책을 읽고 있다는 것만으로, 이미 당신은 부자가 될 가능성이 커졌기 때문이다. 그러니 미래에 자녀에게 상속할 재산이 많아질 위험(?)에 대비하라는 이야기다. 우리 역시 그러한 희망으로 이렇게 공부하고 투자하려는 것이 아닌가?

## | 부동산으로 아이 학비 버는 법 |

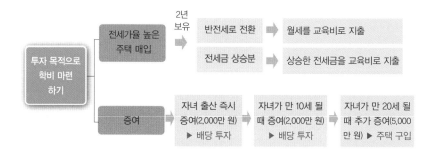

# 2장

# 부동산 투자,
# 왜 학군이
# 중요할까?

우리가 살고 있는 이 대한민국이
도무지 교육비를 줄일 수 없는 사회라면,
좀 더 현명한 방식으로
'교육열'을 불사를 필요가 있다.

내가 사교육계에 뛰어든 건 치열한 20대를 보내고 30대에 접어들 무렵이었다. 대학을 졸업하고 입사한 첫 회사는 일반 기업체였다. 내 업무는 신사업 파트에서 신규 사업을 기획하고 추진하는 것이었는데, 당시 교육 분야에 해외 자금이 투자되고 있으므로 교육이야말로 미래 유망한 사업군이라는 리포트를 읽게 되었다.

　앞으로의 비전을 생각한다면 회사를 계속 다니는 것보다 교육 시장으로 전직해 새로운 교육 상품을 만들어내는 것이 낫지 않을까? 교육 관련 분야에 취업해 학원 신규 브랜치 사업을 펼치는 나의 모습까지 상상했다. 아직까지는 남성 중심인 한국사회에서 여성으로서 사회생활을 하며 수없이 부딪혀야 했던 벽을 실감한 터라, 나는 여성이라는 것이 경력과 진급에 장애가 되지 않는 분야에서 일하고 싶었다. 교육 분야가 그중 하나라는 생각도 들었다. 호랑이를 잡으려면 호랑이 굴로 들어가야 하는 법. 교육 분야를 제대로 파악하려면 교육계로 뛰어들어야 했다.

마침 당시 회사에서 정리해고가 시작될 거라는 소문이 퍼졌다. 그 소문을 듣자마자 나는 바로 팀장님을 찾아가 제발 나를 정리해고 대상에 넣어달라고 부탁했다. 정리해고 위로금으로 캐나다에 가서 테솔TESOL 자격을 취득할 요량이었다. 평소 나를 예쁘게 봐주셨던 상무님은 취업이 어려운 시절에 스스로 회사를 그만두겠다고 찾아온 나를 보며, 철이 없어서 그런 결정을 내린 게 아니냐며 말리셨다. 서른이 넘은 나이에 해외에 다녀 오면 재취업이 힘들다는 것이 이유였다. 그럼에도 나는 뜻을 굽히지 않고 마지막 월급과 정리해고로 받은 위로금, 거기에 마이너스 통장까지 보태 캐나다행 비행기에 몸을 실었다.

다시 돌이켜봐도 어디서 그런 용기가 났는지, 어떻게 그런 '영리한(?)' 결정을 내렸는지 스스로 대견스러울 정도다. 그만큼이나 캐나다행은 내 인생에 큰 전환점을 가져온 결정이었다. 캐나다에서 지낸 1년 동안, 나는 중국요리 레스토랑에서 서빙을 하고 공부를 하며 글로벌 마인드와 열린 사고, 불굴의 도전 정신을 체득했다. 또한 나 자신을 있는 그대로 사랑하는 자존감이 생겼고 타인의 시선으로부터 보다 자유로울 수 있는 마음가짐을 갖게 됐다. 그렇게 테솔 과정까지 마친 나는 귀국했다.

일단 학원 강사로 취업했다. 생각보다 빠른 시간에 자리를 잡아 대학의 토익 강사로도 뛰었다. 차츰 인맥이 생기면서 개인지도까지 하게 됐다. 본격적으로 사교육 시장에 뛰어들게 된 것이다. 나는 주로 대치동을 비롯한 강남 지역 그리고 집에서 가까운 잠실 및 광장동 지역에서 아이들을 가르쳤다.

당시 대치동의 학부모들을 만나며 내가 느낀 것은 그들은 처음부터 짜임새 있게 계획을 세우고, 아이들이 많은 분량의 공부를 정확한 기간 안에 마칠 수 있도록 지도하고 있다는 것이었다. 광장동을 포함한 잠실 지역의 학부모들과도 달랐는데, 대치동의 학부모들은 개인지도 목표 시간을 미리 설정하고, 학습량과 진도를 일일이 체크해 결정해 줄 정도로 자녀교육에 관심이 많았다. 첫 수업 시간에 방문을 열어둔 채 수업을 하게 한 뒤 은근 교사의 학습 지도 실력을 모니터링하는 엄마 때문에 당황스럽고 불쾌한 적도 있었다. 하지만 애초에 혹여 모를 시행착오를 겪고 싶지 않은 엄마의 마음이리라 이해하게 됐다.

# 교육열이 부동산 가격에 미치는 영향

## 04

 

 

내가 처음부터 '맹모'들의 마음을 모두 이해할 수 있었던 건 아니다. 하지만 사교육 현장에서 대치동 엄마들을 만나며 내 생각은 점차 달라졌다. 무엇보다 그들은 자녀교육 때문에 많은 것을 희생하는 듯 보였다. "선생님, 이 동네에서 살려면 나 하고 싶은 거 다 못해요" "애가 대학교에만 들어가면 이 동네 떠날 거예요" 등 종종 학부모들은 내게 이런 하소연을 늘어놓곤 했다.

왜 굳이 주거비용도 많이 들고 이렇게 치열한 곳에 입성해서 아이들은 공부에 치이고 엄마들은 그렇게 희생하면서 사는지 아이가 없을 땐 이해할 수 없었다. 대한민국 교육을 아웃사이더 입장에서만 바라봤던 것이다. 차츰 경력이 쌓이면서 나는 대치동(교육열의 상징적인 동네로서 강남 인근 맹모들이 모인 지역을 편하게 '대치동'이라고 부르겠다) 학부모들의 사정을 이해할 수 있었다.

## 🏠 초등학교 고학년이 되면 이사를 간다

내가 가르치는 학생들 중에는 사립초등학교에 다니는 아이들이 많았다. 대다수는 영어 유치원 출신이었고, 외국에서 생활했던 아이들도 꽤 있었다. 그런 아이들의 영어 실력을 한층 더 발전시키기 위해 사립초등학교에 아이를 진학시킨 학부모들은 하교 후에도 영어 수업 보충을 위해 나 같은 사람을 필요로 했다. 초등학교 저학년의 학생들은 대개 강남 근처에 사는 등 비교적 거주지역이 다양했다. 그런데 신기하게도 아이가 초등학교 6학년 2학기에 접어들면 모두 약속이나 한 것처럼 대치동 인근으로 이사를 했다. 특히 아이가 공부에 두각을 드러내는 가정이면 더욱 그랬다.

왜일까? 대치동이 아닌 지역에서는 상위권 성적의 아이를 받아줄 동네 학원이 없기 때문이다. 아이의 성적 수준에 맞는 학원이 없는 것이다. 그렇다 보니 그 학생은 자연스럽게 자신의 수준에 맞게 지도해줄 선생님과 학원을 찾아 대치동으로 가는 것이다. 강남 인근 지역 학생들은 모두 대치동 학원가를 이용하며, 방이동, 잠실, 강동구, 광진구 심지어 남양주에서도 아이가 조금만 공부를 잘해도 엄마가 직접 운전을 해서라도 아이를 대치동 학원가로 보낸다. 심지어 유명한 강사의 수업을 듣기 위해 일산의 초등학생들이 팀을 짜서 주말에 대치동과 송파동까지 오는 경우도 있다.

결국 대치동이 아닌 곳에 거주하면서 대치동 학원까지 차를 운전해 아이들을 데려다주는 엄마들은 아이를 학원에 보내고 난 뒤 수업이 끝날 때까지의 두어 시간을 인근 카페에서 기다린다. 그곳에서 시간을 보내며 본의 아니게 찬찬히 그 동네를 살피던 엄마들은 종국에는 이런 생각을 하게 되는 것이다. "아, 이 동네로 이사 오고 싶다."

엄마들의 눈에 보이는 대치동은 '노는 아이들이 하나도 없는' 동네다. 거친 욕을 하는 아이들도 없고, 유해시설도 없다. 실제 대치동 스타벅스에 들어가면 대부분 열심히 숙제를 하고 있는 학생들과 이 학원과 저 학원 수업 사이 비는 시간에 잠시 머물며 공부하는 학생들로 면학 분위기가 조성되어 조용하다. 이른바 '스타벅스 도서관'이 형성되는 것이다!

한번은 네 살짜리 아들을 데리고 대치동 스타벅스에 들렀다. 한창 저지레를 일삼는 나이의 어린 아들이 조용히 있을 리가. 큰 소리를 내며 산만하게 움직이는 아들과 나를 바라보는 누나와 형들의 눈초리가 무척이나 매서워 나는 서둘러 아이를 데리고 자리를 떴다. 곁에 있던 아들도 한마디 했다. "엄마, 이 동네 누나들은 다 책을 들고 다니네."

어린아이들까지 감지하는 동네 분위기가 이렇다 보니 아무래도 내신 성적에서는 불리할 수 있지만, 공부하라는 잔소리 없이도 스스로 공부하는 아이들 틈에서 자녀를 키우고 싶은 부모들이 자꾸 대치동으로 모여드는 것이다.

놀고 싶어도 함께 놀 친구들이 없는 동네와 친구들이 우르르 몰려가서 노는데 우리 아이에게만 공부하라고 잔소리해야 하는 동네는 차이가 날 수밖에 없다. 물론 대치동의 십 대들이라고 아이돌에 무관심하고 패션에 신경 쓰지 않겠는가? 그 나이대의 아이들과 마찬가지로 그들 역시 대중문화에 관심이 많고 스타를 좋아한다. 하지만 그렇다고 공부를 손 놓을 정도로 푹 빠져서 사는 아이들은 많지 않다. 무엇보다 대치동 아이들의 가장 두드러진 특징은 입이 거친 아이들이 많지 않다는 점이다. 서울 서쪽의 대치동격인 목동 역시 분위기가 비슷하다. 근방에 유흥가도 없거니와 대부분 학원 다니느라 아이들이 바쁘다 보니 어쩌다 친구들과 시간 맞춰서 놀려면 시험이 끝난 당일이나 아주 특별한 날에만 미리 약속을 잡아 논다고 한다. 서대문구에 위치한 가재울뉴타운에서도 학원을 보내기 위해 목동까지 운전을 해서 아이를 데려오는 부모들이 있을 정도다.

이 글을 읽으면서 대치동이나 목동 분위기에 거부감이 드는 이들도 있을 것이다. 한창 즐겁게 뛰어놀고 많은 경험을 쌓으며 자유롭게 살아야 할 아이들이 너무 공부에만 목을 매는 게 아닌가 싶을 수 있다.

초등학교 때는 아이를 놀려야 한다는 교육관을 가진 이들도 많다. 본인이 겪은 입시 지옥을 자녀에게도 겪게 하고 싶지 않을 수도.

나 역시 사교육이 모든 아이들의 학습 효과를 보장한다거나 명문대가 그들의 인생에 더없는 행복을 가져다줄 거라고 생각하지 않는다. 중요한 것은 이러한 교육관을 가지고 있다면, 그 어떤 주변의 움직임에도 동요 없이 일관성 있게 지켜나가는 것이다. 대부분의 문제는 아이들이 중학교에 입학함과 동시에 그러한 교육관이 흔들리고 변하기 시작하면서 터진다. 느긋한 마음으로 초등학교 시절을 보낸 후 아이가 중학교에 들어갔는데 첫 성적표에 엄마 아이 할 것 없이 '멘붕'이 오는 것이다. 그러니 자신도 모르는 사이 학원가를 기웃거리고 실력 있는 과외 교사를 찾아 수소문하게 되는 것이다. 혹은 부모는 가만히 있는데 아이가 선포하기도 한다. "엄마, 나 학원 좀 좋은 데 알아봐주세요. 과외 좀 시켜주세요."

이와 같은 상황이 아이의 성적이 나쁠 때만 일어나는 건 아니다. 아이의 성적이 좋으면 더 큰 욕심이 생겨서, 성적이 나쁘면 위기감이 생겨서 그런다. 심지어 현재 성적이 형편없는 데다 아이 역시 공부에 의지가 거의 없어서 사교육을 시킨다고 해도 교육비용이 '밑 빠진 독에 물 붓기'식이 될 게 뻔한데도, 이성적으로 판단해 자녀의 대학 진학을 '쿨'하게 포기하는 부모는 많지 않다. 이러한 이유로, 무리해서라도 아이를 학원에 보내고 과외시키는 에듀 푸어<sup>edu poor</sup>(교육비를 대느라 빚을 내다가 빈곤층으로 전락하는 사람들을 일컬음)의 길로 들어서게 되는 것이다.

## 🏠 하우스 푸어도 모자라 에듀 푸어까지

이 책을 읽는 대부분의 독자층은 대한민국 중산층일 가능성이 크다. 우리나라 국민들 중 약 70%가 중산층이기 때문이다. 통계청과 현대경제연구원 자료에 따르면, 우리나라 중위 소득(소득을 높은 순서로 늘어놓았을 때 가운데에 해당하는 소득)의 −50%에서 +50%에 해당하면 중산층(73.4%), 미만이면 저소득층(5.1%), 초과하면 고소득층(21.5%)으로 분류된다. 고소득층은 대한민국 제도권 교육 밖에 있는 이들이라 열외로 하고, 저소득층은 사실상 아이 학업에까지 신경 쓸 여유가 없으니 열외로 두고자 한다. 중산층을 나누는 기준은 각종 자료와 통계를 기반으로 작성된 객관적인 분류일 테지만, 스스로 보기에 나는 도시 서민에 해당하는 것 같다. 매달 대출이자를 갚느라 숨이 턱밑까지 차오르는 상황에서 자녀교육비와 노후자금에 대한 걱정도 겸하고 있으니 말이다.

어찌 됐든 모두 중산층이라고는 해도 그 형편에는 적지 않은 차이가 있을 것 같다. 일단 결혼할 때 양가의 도움으로 집을 장만할 수 있었던 일부를 제외하면, 대부분의 신혼부부는 집을 마련하기 위해 대출을 받는다. 그후 맞벌이를 하며 대출이자를 갚아나가던 어느 날, 아이가 생긴다. 결혼할 때부터 '하우스 푸어house poor(집을 보유하고 있지만 무리한 대출로 인한 이자 부담 때문에 빈곤하게 사는 사람들을 일컬음)'의 길로 들어선 이들은 아이가 자라면서 '에듀 푸어'의 길로 접어들게 되는 것이다.

에듀 푸어는 아마 세계 어디에서도 찾기 힘들지 않을까 싶다. 사실 자녀교육에 조금이라도 관심을 갖고 있는 대한민국 부모라면 줄이기 힘든 것이 바로 교육비다. 우리나라의 출산율이 기하급수적으로 하향곡선을 이루게 된 것도 이 교육비가 기여하는 바가 크다. 우리 세대와는 달리, 요즘 아이들은 스스로 자라지 않는다. 학교에 들어가면, 아니 유치원에 들어가면, 아니 심할 경우 영유아기 때부터 아이들은 반강제적으로 교육 시장에 진입한다. 이것이 너무나 당연하기에 결혼을 한 젊은이들도 그 시장 진입을 원천봉쇄하는 것이다. 아예 아이를 낳지 않음으로써!

대한민국 교육 시장은 그 규모가 큰 것은 물론, 약육강식의 전형을 고스란히 보여준다. 왜 우리나라 중산층들이 아이 교육에 올인하는 걸까? 그 이유는 단 하나다. 전통적으로 그래왔고 변하지도 않는 이유. 바로 '우리 아이만큼은' 잘 살았으면 하는 부모의 마음. 나는 비록 하우스 푸어이고 에듀 푸어가 됐지만, 내 아이만큼은 이렇게 살지 않길 바라는 마음. 나는 비록 못 배워서 가난하지만 내 자식만큼은 이렇게 살지 않았으면 하는 우리 할머니, 할아버지 세대의 마음이 대를 이어 이렇게 전해 내려온 것이다.

무엇보다 이 시대에는 계층 간의 이동이 더욱 어려워진 것도 사실이다. 애초에 부자 부모를 두지 않은 이상, 좋은 직업을 가지고 최소한 남들처럼 살려면 교육을 통한 사회적 지위 상승밖에 답이 없다. 물론 교육의 방법이 이전 시대보다 다양해진 것은 사실이다. 영어 때문에 사회에서 불리한 대우를 받은 경험을 가진 부모라면 아이의 영어 교육에 특별히 힘을 쏟는다. 반면 좋은 대학을 졸업했음에도 남과 다를 바 없이 언제 잘릴지 모르는 월급쟁이 신세를 한탄하는 부모는 공교육의 대안인 혁신학교에 열광한다. 부모들의 교육열은 다양해지고 더욱 치열해졌다.

중산층일수록 자녀교육에 더욱 올인하는 것도 두드러지는 현상이다. 그렇다면 실제 중산층들은 어느 정도의 교육비를 지출하고 있는 걸까? 〈조선일보〉 기사에 따르면, 2012년 기준 가계 지출 중 교육비가 차지하는 비율이 28%이며 이는 약 81만 원이라고 한다. 가계가 적자 상태이거나 부채가 있는데도 평균 이상으로 교육비를 지출하는 에듀 푸어도 전국적으로 82만 4,000가구에 이른다. 자녀가 유치원 이상에 재학 중인 가구 9곳 중 1곳 꼴이다.

대부분의 에듀 푸어 가정의 가장들은 대졸 이상 학력의 40대 중산층이라고 한다. 이 통계에도 입이 딱 벌어지지만, 우리가 알아야 할 건 이것이 '평균'이라는 것이다. 우리는 평균이라는 단어가 주는 허상에 그동안 많이 속아왔다. 평균과 내가 체감하는 것과는 괴리감이 있다. 이제부터 우리 주변에서 보게 되는 교육비 이야기를 해보자.

##  유치원도 재수하는 현실

　　일단 중·고등학생의 경우, 예전에 비해 영어와 수학 교육에 지출되는 비용이 많이 늘었다. 여기에 대학 진학에 수시 비중이 커지면서, 논술 사교육까지 해야 한다. 자녀를 대학에 보내기 위해서는 외면할 수 없는 부분이다. 아이가 어릴 때는 교육비가 적게 들어갈까? 그것도 아니다. 아이가 어리면 어린 대로 예체능 사교육에 들어가는 비용 또한 만만치 않다. '우리 아이가 어떤 분야에 소질을 가지고 있는지 모르기 때문'이라는 그 이유로, 부모들은 아이의 진로를 찾아가는 탐색을 목적으로 기꺼이 다양한 분야에 교육비를 아끼지 않는다. 피아노와 미술은 기본이요 태권도와 수영, 발레, 축구, 피겨 스케이팅, 리듬체조에 이르기까지 각 예체능 분야에서 아이들이 최소한의 경험을 할 수 있게 하는 것이다. 장기적인 불경기 탓에 최근 들어 가구당 교육비가 조금 줄어들고 있는 추세라고는 하지만, 여전히 교육열이 뜨거운 '맹모 지역'에서는 교육비가 좀처럼 줄지 않는 것이 현실이다.

취학 전 아동 사교육의 꽃은 단연 '영어 유치원'이다. 이 영어 유치원이야말로 강남권과 비강남권의 교육비 차이를 확연히 벌어지게 만드는 핵심적인 요소다. 강남에 위치한 유명한 'G 영어 유치원'은 일단 입학하는 것만도 여간 어려운 게 아니다. 여기에 들어가려면 먼저 아이가 영어 유치원에서 자체 세작한 지능 테스트를 통과해야 하는데, 이 시험에서 떨어지면 6개월 동안 재시험을 치를 수 없다. 이 자격을 취득한 아이에게만 2차로 세 개의 지점 중 한 곳에서 자체 테스트를 받을 수 있는 기회가 주어지며 5세 반 아이가 풀어야 할 시험지가 무려 7장이다! 물론 시험은 아이 혼자 들어가서 치러야 한다. 6세 반 테스트에는 아이가 영작도 할 수 있는 수준이어야 하므로 부모들은 가급적 5세 반에 입학시키려고 애를 쓴다. 이 영어 유치원은 탤런트 K 씨의 아이와 스포츠 스타 A 씨의 아이가 졸업한 곳으로 더욱 유명세를 탔다. 결국 이 아이들은 모두 영재 시험과 난이도 높은 영어 테스트를 통과해 입학했다는 말씀.

'영어를 잘하면 인생이 편하고 수학을 잘하면 대학 입시가 편하다'는 말이 있다. 영어뿐 아니라 아이 수학 공부에 들어가는 교육비도 만만치 않다는 이야기다. 여러분은 '닥수'라는 말을 들어봤는가? '닥치고 수학!'이란 말의 줄임말이라고 한다. 요즘 선행 학습은 수학 과목에 집중되어 있다. 이해 및 학습 능력이 좋아 수업을 그런대로 잘 따라오는 리딩그룹에 속하는 학생일 경우, 초등학교 6학년 때 일반 수학을 선행 학습한다. 그리고 강남권에 거주하며 과학고등학교(이하 과학고)나 영재고등학교(이하 영재고), 특수목적고등학교(이하 특목고)를 준비하는 학생일 경우엔, 초등학교 6학년 여름방학 때 이미 '수학의 정석1'의 진도를 나간다. 소위 '공부 좀 한다' 하는 아이들은 초등학생 때 영어를 마스터하고, 중학교 때 수능 영어까지 완벽히 떼는 것이다. 왜 그럴까? 바로 고등학교에 올라가서 어려운 수학 공부에 집중할 시간을 확보하기 위해서다. 그렇다 보니 전 과목 균형 잡힌 학습이 아닌 한 과목, 즉 수학 과목에 치중된 교육이 이루어지고 있는 상황을 우려하는 목소리도 만만치 않다.

요즘 입시제도는 지금 부모가 된 우리가 학생이던 시절의 제도와 완전히 다르다. 고등학교 2학년이 되어서야 슬슬 수능 공부에 돌입하고 대학 입학 책자를 사다가 점수에 맞는 대학을 고르던 시대가 아니다. "중학생 때는 팽팽 놀더니 고등학교에 들어가서야 정신 차리고 공부해 명문대에 진학했다더라"와 같은 성공담은 애초에 통하지도 않는다. 학생부 종합전형, 수시 전형, 정시 전형에 이르기까지 일선의 고등학교 교사들조차 지도하기 어려울 정도로 입시제도가 복잡해졌다. 따라서 대학 입시를 위한 로드맵은 이미 중학교 3학년 때 모두 정해져야 유리하다. 어느 입시 형태로 대학에 입학할 것인지, 그 목표에 따라 전략이 다르기 때문이다. 결국 일찌감치 로드맵을 정해놓지 않으면 막상 아이가 고3이 되었을 때 부모와 아이 모두 당황하며 우왕좌왕하기 쉽다. 이러한 한국의 입시제도가 옳은가 그른가의 문제는 차치해두자. 일단 이것이 현실이기 때문이다. 그러니 이러한 입시제도를 초월할 자신이 없다면(유학을 보내든, 자녀의 대학 진학을 포기하든), 남들 하는 만큼은 자녀에게 사교육을 시켜줘야 하는 것이다.

'학군과 부동산 투자'에 대한 강의를 할 때 내가 시작부에서 수강생들에게 던지는 질문이 있다. "'우리 아이들은 모두 만난다. ○○○○에서' 이 빈칸에 들어갈 단어는 무엇일까요?"

누군가는 "학원"이라고 대답하고, "대치동"이라고 답하는 사람도 있다. 정말 각양각색의 답변이 나온다. 정답은 바로 '대학 입시'다. 결국 우리 아이들은 대학 입시에서 모두 만나는 것이다. 이렇게 정답을 말하는 순간, 교육열이 느슨한 지역에서 아이를 키우는 엄마들은 잠시 얼음이 된다. 강의 중반에 이르면 그저 먼 미래라고만 여겼던 일들이 현실로 다가온다. 이토록 복잡하고 어려운 대한민국 입시 체제에서는 아이가 어렸을 때부터 준비해야, 또 더 많은 정보를 입수해야 유리하다는 사실을 깨닫게 된다. 아이들은 고입에서 그 지역 아이들을 만나고, 대입에서 전국의 아이들과 만나게 되며, 구직 시 같은 취업군에 응시하는 아이들을 한 번 더 만난다.

온라인에서 유명한 여성 커뮤니티 중 '82쿡www.82cook.com'이라는 사이트가 있다. 요리 정보를 공유하는 사이트로 시작했지만, 익명의 자유게시판에 다양한 이슈거리가 많이 올라와 논란이 일기도 하고 사회적으로 주목받기도 하는 사이트다. 나 역시 이 커뮤니티의 자유게시판을 종종 들여다보곤 하는데, 한번은 자녀를 막 대학에 합격시킨 수험생 엄마가 자녀 입시에 도움이 될 만한 조언을 매우 현실적으로 올린 글을 봤다.

작성자는 아이 입시를 위해 엄마가 도와주어야 할 부분과 자녀가 스스로 해나가야 하는 부분 등을 나눠서 적었고, 대입을 위한 자녀의 독서 방향과 입시준비 가이드라인 등을 세세하게 기록했다. 무조건적인 사교육을 권장하지도 않았다. 현 입시제도의 현실을 간과하지 않으면서 아이가 스스로 공부할 수 있게 이끌어가는 자기주도 학습 방식의 명민함이 돋보이는 자녀교육법이었다. 사교육 시장에서 일해온 선생으로서 봐도 거의 천기누설에 가까운 정보였다. 자녀 입시 준비에서 생길 수 있는 시행착오를 줄일 수 있는 팁까지 들어 있었기에 나는 이런 정보를 일찍 접하는 엄마들은 정말 행운아라는 생각까지 들었다. 그래서 친한 지인들에게 이 글을 공유하기도 했다.

그런데 이 글을 접한 사람들의 반응이 모두 나와 같은 것은 아니었다! 이 글에 당신 같은 사람 때문에 사교육이 선행되는 것이고, 이런 내용의 글은 사교육 종사자만 배불린다는 날선 비판의 댓글들이 줄줄이 달린 것이다. 결국 작성자는 득달같이 달려드는 사람들의 비난을 극복하지 못하고 글을 삭제하고 말았다. 그런데 재미있는 것은 누군가가 이 글을 맹모 지역 엄마들의 게시판에 퍼갔는데, 그 반응이 82쿡과는 정반대였다는 것이다. 이 게시판에서는 이러한 꿀팁이 가득한 정보를 주셔서 정말 감사하다, 실질적으로 대단히 유용한 글이다, 2탄과 3탄도 계속 써주실 수 없느냐와 같은 부탁의 댓글들이 쇄도했다.

비슷한 일이 또 있었다. 어느 커뮤니티 사이트에 익명의 누군가가 '강남 소재의 영어 유치원에 다니는 오모 군의 일과표'라는 이미지를 올렸다. 영재연구원 과정이 들어 있고 하원 시간으로 미루어볼 때 오모 군은 G 영어 유치원에 다니는 것 같았다. 입학 시험이 어렵기로 유명한 데다 영재 판별검사를 치른 뒤에야 겨우 입학할 수 있는 영어 유치원을 다니는 아이라면, 다른 아이보다 좀 더 우수한 아이가 아닐까 싶다. 일과표에 따르면 오모 군은 오전 9시에 영어 유치원에 등원해 영어 단어를 익히고 영어 비디오로 공부한다. 오후 3시 반쯤 하원하는데, 요일에 따라 두세 가지의 예체능 과목을 더 학습한다. 이 일과표를 본 사람들의 반응 또한 극명하게 갈렸다.

일과표가 올라온 커뮤니티 댓글에는 아이 부모에 대한 맹비난이 쏟아졌다. '아동 학대'라는 말도 나왔다. 하지만 같은 일과표를 본 나름 교육열이 있는 엄마들은 그다지 무리한 일정이 아니라는 반응이었다. 같은 내용의 글인데 전국의 엄마들이 모이는 사이트와 특정 지역, 즉 맹모 지역에 거주하는 엄마들이 모이는 사이트에서의 반응이 이렇게 엇갈린 것이다.

이러한 차이는 자녀의 대학 입시를 준비하는 마인드와 태도에서도 벌어진다. 아이가 유치원에 다니는 시기는 아이와 부모의 관계 역시 중요한 시기다. 그런데 오모 군의 경우 일과표에 영어 문장 외우기와 유치원 숙제 그리고 동화책 읽기 등의 활동이 포함되어 있는데, 이는 부모의 참여가 필요한 일들이다. 결국 경제적 지원뿐 아니라 부모의 참여도 필요한 것이다.

이처럼 자녀교육비의 빈부 격차는 실로 어마어마하다. 앞의 두 커뮤니티 해당 게시판에 달린 안티 댓글들은 '교육비 빈부 격차'에 따른 분노가 원인일 수 있다. 부모의 월 소득과 자녀의 사교육 지출 비용이 연관이 있다는 것은 이미 여러 언론에서 공개된 바 있다. 통계청에 따르면, 2016년 1분기 소득이 가장 높은 5분위 계층과 소득이 낮은 1분위 계층의 교육비 격차가 8배에 달한다. 2016년 5월 〈헤럴드경제〉 신문은 부모의 소득 수준에 따라 자녀의 학력 수준 격차가 더욱 벌어져 가난의 대물림이 확대되고 있다는 기사를 실었다. 이를 바꿔 말하면 교육을 통한 부의 대물림 현상이 심화되고 있다는 것이다.

사실 우리나라 대부분의 부모들은 이와 같이 엄청난 교육비를 감당하면서까지 자녀를 교육시키지 못한다. 그래서 분노하게 된다. 하지만 다음과 같은 사실만은 분명하다. 마침내 우리 아이들은 그 특정 지역의 아이들과 대학 입시에서 만나게 된다. 그리고 그들과 경쟁하게 된다. 우리 아이에게 그 아이들은 아주 강력한 경쟁 상대가 될 것이다.

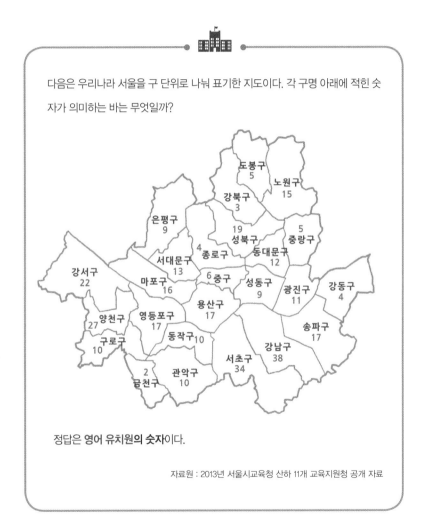

다음은 우리나라 서울을 구 단위로 나눠 표기한 지도이다. 각 구명 아래에 적힌 숫자가 의미하는 바는 무엇일까?

정답은 **영어 유치원의 숫자**이다.

자료원 : 2013년 서울시교육청 산하 11개 교육지원청 공개 자료

# 맹모에게 상을 주는
# 세상

**05**

 

 

서울 전철 2호선 강변역에 내리면 왼쪽에 강변우성 아파트(A)와 자양한양 아파트(B)가 있다. 그리고 오른쪽엔 현대2단지(C)와 현대프라임 아파트(D)가 있다(지도 참조). 그중 자양한양 아파트는 초등학교와 중학교가 모두 단지 내에 있는 이른바 '초품아(초등학교를 품은 아파트)' 단지다.

도로 하나를 사이에 두고 아파트 단지들이 모여 있지만, 오른쪽에 위치한 현대2단지 아파트와 현대프라임 아파트의 가격이 단연 높다.

왜일까? 지도상에 표시된 빨간색 동그라미에 해당되는 지역이 많은 엄마들이 선호하는 '광남 학군' 중 일부인 반면, 양쪽의 파란색 동그라미에 속한 지역은 이 학군에 포함되지 않기 때문이다.

| 광남 학군 지도 |

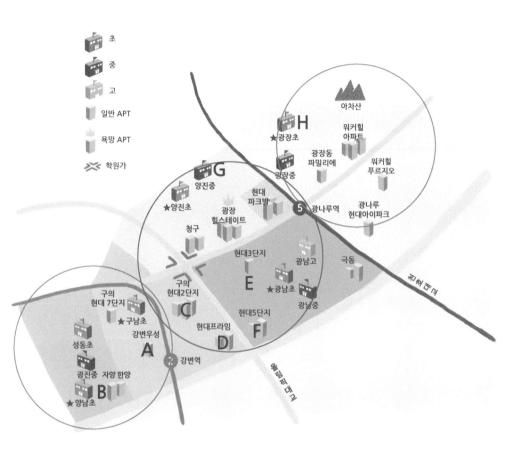

이처럼 육교 하나를 두고도 배정되는 학교가 달라질 수 있는데, 학군이 아파트, 즉 부동산 가격에 미치는 영향력이 어느 정도인지 가늠할 수 있는 대목이다.

## 길 하나 차이로 달라지는 집값

　광남 학군 내에서도 가격 차이가 있다. 현대3단지(E)와 현대5단지(F)는 2호선 전철역에서 훨씬 멀리 있는데도 전철역 가까이에 있는 현대2단지나 현대프라임 아파트 단지보다 좀 더 가격이 비싸다.

　왜 그럴까? 지도를 가만히 들여다보면 부동산의 가치를 따져볼 때 반드시 고려해야 할 요소가 보인다. 바로 초등학교다. 두 구역 모두 중학교와 고등학교는 같은 학교로 배정되지만, 초등학교 배정이 다른 것이다. 현대2단지와 현대프라임 아파트에 거주하는 아이는 구남초등학교에 배정받고, 현대3단지와 현대5단지 아파트의 거주민 아이는 광남초등학교에 배정받는다.

　통학구 내의 주거 환경도 차이가 있지만 광남초등학교는 주변에 차량 왕래가 많은 큰 도로가 없기에 통학 안전성이 크고 교육열도 더욱 강한 편이다. 지도에서 보듯 건너편에는 양진 학군(G)이 있다. 양진 초·중학교는 이 지역이 과밀학급이 됨에 따라 추가로 신설된 학교인데, 주변 아파트들이 다른 곳에 비해 비교적 새 아파트다. 따라서 새 아파트를 선호하고 너무 치열한 교육열을 피하고 싶어 하는 일부 부모들은 양진 학군을 선호하기도 한다. 반면, 광나루역 초역세권 지역인 광장초·중학교 학군 지역(H)의 아파트들 역시 비교적 새 아파트인데도 학군이 전혀 다르다는 이유로 양진초등학교나 광남초등학교

● 학군 지역에 따른 아파트 가격

| 학군 | 아파트 이름 | 평당가(KB시세 2017.01 기준) |
|---|---|---|
| A 구남초, 광진중 | 구의동강변우성(1992) | 1,620만 원(33평) |
| B 양남초, 광진중 | 한양<br>(재건축 조합설립인가 중 1983) | 1,840만~1,980만 원<br>(36, 46, 53평) |
| C 구남초, 광남중/광진중 | 구의현대2단지(1992) | 1,830만~1,920만 원(33평) |
| D 구남초, 광남중/광진중 | 현대프라임(1997) | 1,560만~2,150만 원<br>(25, 32, 47, 67평) |
| F 광남초, 광남중 | 광장현대5단지(1989) | 2,040만~2,140만 원<br>(25, 31, 35평) |
| G 양진초, 양진중 | 광장현대파크빌(10차)(2000) | 2,320만~2,420만 원<br>(25, 33평) |
| G 양진초, 양진중 | 광장힐스테이트(2012) | 2,630만~3,020만 원<br>(25, 35, 49평) |
| H 광장초, 광장중 | 광장동신동아파밀리에(2007) | 2,020만 원(33평) |

● 광진구 내 중학교 2016년 학업성취도평가 순위

| 지역 | 순위 | 학교명 | 2016 성취도(보통 학력 이상) | | | | | 특목고 진학생 수 | | |
|---|---|---|---|---|---|---|---|---|---|---|
| | | | 평균 | 국어 | 영어 | 수학 | 졸업자 | 과학고<br>합 | 외고/<br>국제고<br>합 | 자사고<br>합 |
| 광진구 | 1 | 대원국제중학교 | 100 | 100 | 100 | 100 | 163 | 9 | 18 | 79 |
| 광진구 | 2 | 광남중학교 | 98 | 99 | 97 | 97 | 489 | 8 | 5 | 101 |
| 광진구 | 3 | 양진중학교 | 94 | 95 | 93 | 92 | 408 | 4 | 6 | 52 |
| 광진구 | 4 | 자양중학교 | 81 | 91 | 79 | 74 | 375 | 2 | 6 | 48 |
| 광진구 | 5 | 동국대학교<br>사범대학부속<br>여자중학교 | 78 | 93 | 81 | 61 | 279 | – | 5 | 8 |

자료원 : 학교알리미

학군 지역보다 가격이 저렴하다.

이번에는 서울 양천구의 목동을 살펴보자. 목동은 수도권 서쪽 지역의 유일무이한 학군 강세 지역이다. 최근 강서구와 양천구가 약진하고 있긴 하지만, 이 지역에서는 목동이 천상천하 유아독존이다. 목동의 낡은 1980년대 아파트들은 재건축 이슈가 불기 전에도 33평 기준 7억~8억 원 선이었다. 2016년 봄이 지나면서 개포발 재건축 이슈가 뜨거운 감자가 되면서 재건축 아파트의 인기 상승으로 미래가치까지 반영되자 목동은 기존 '학군의 메리트'뿐 아니라 투자 매력도까지 상승했고, 2016년 겨울 현재 9억 원에서 최고 13억 원까지 아파트 시세가 급상승했다.

목동은 행정구역상 목동과 신정동 중 일부가 좋은 학군 지역이다. 목동 학군의 욕망 단지는 신목중학교, 목운중학교, 월촌중학교, 목일중학교에 배정받는 단지들이다. 2016년 11월 기준, 목운초등학교에 배정되는 신시가지7단지(701~715동) 아파트는 1986년에 준공된 오래된 아파트임에도 불구하고 37평의 매매가가 약 13억 원, 전세가는 7억 5,000만 원 선이다. 월촌초등학교에 배정되는 신시가지1, 2단지 아파트 역시 1985년에 지어져 매우 낡았음에도 34평의 매매가가 11억 6,000만 원, 전세가는 6억 5,000만 원 선이다.

반면 행정적으로는 신정동이지만 고작 길 하나를 두고 목동 학군에 들어가지 않는 비학군 지역의 신정동 신기초등학교에 배정되는 신트리3단지는 2000년에 지어진 비교적 새 아파트임에도 불구하고 33평이 매매가 5억 원, 전세가는 약 3억 7,500만 원 선이다. 인근 지향초등학교에 배정되는 푸른마을3단지는 35평 아파트가 매매가 4억 원, 전세가는 3억 4,000만 원 선. 길 하나 차이인 데다 연식이 20년 가까이 차이가 나는 새 아파트인데도 가격이 반값인 셈이다. 이유는 명백하다. 학군이다. 목동은 학세권, 즉 좋은 학교에 배정받고 학원가 통학이 편한 지역이 학부모들의 욕망 단지인 것이다.

이 동네에 새로 분양하는 아파트에 투자하거나 이주할 생각이라면 '목동'이란 광고 문구에만 현혹돼선 안 된다. 이 동네 테마는 학군이라는 사실을 절대 잊지 말아야 한다. 그러니 반드시 이런 질문을 하라. "그 아파트가 목동 학군 학교에 배정되나요?" 목동의 명문 학군 내 학교에 배정되는 지역인지를 꼭 체크해야 한다는 이야기다. 행정구역상 신정동이라고 해도 좋은 학군에 배정받는 단지라면 거기가 목동인 것이고, 행정상 목동이어도 좋은 학군에 배정받지 못하는 단지라면 거긴 목동이 아닌 것이다.

목동 학군에서 손꼽히는 중학교는 단연 신목중학교, 목운중학교, 월촌중학교, 목일중학교까지 4개교다. 따라서 이 학교에 배정되는 아파트가 인기 단지다. 목동에서는 월촌중학교, 신목중학교, 양정중학교, 목운중학교, 신정동에서는 목동중학교, 신서중학교, 봉영여자중학교 그리고 목일중학교에 배정될 수 있다. 단, 서울시 중학교 배정은 통학구 내 추첨이기 때문에 해마다 약간의 조정을 받을 수 있어 초등학교 학군처럼 확정되는 건 아니라는 걸 참조하자.

이처럼 학군 지역일 경우 초역세권이라는 일반적인 부동산의 중요 요소보다 어느 학교에 배정되는지가 부동산 가격에 더욱 큰 영향을 미친다. 같은 아파트 내에서 한강이 보이는지, 연식이 얼마나 됐는지에 따라 가격상 조금씩 차이가 있을 순 있지만 대개는 그렇다는 것이다. 역세권보다 학군이 부동산에 영향을 미치는 지역, 바로 이런 곳이 맹모들의 지역이며 엄마의 마음으로 보지 않으면 절대로 가격 차이를 이해하기 어려운 지역이다.

| 학군 탄생의 공식 |

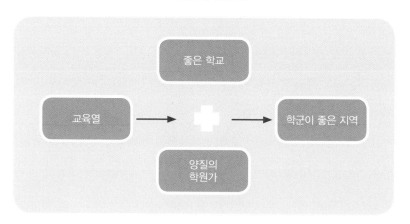

## 학군이 좋은 동네는 어디일까?

《부동산 비타민》의 저자인 필명 아기곰 님은 2015년 1월 〈한국경제〉 신문에 '학군 좋은 지역, 얼마나 비쌀까?'라는 칼럼을 연재했다. 칼럼 내용에 따르면, KB국민은행 시세 기준 학군이 좋은 지역(동 기준 상위 50위 이내 중학교가 분포한 지역)의 부동산 가격이 그렇지 않은 지역 (51~100위 사이 중학교가 분포한 지역)의 부동산 가격보다 31% 높았다. 특히 같은 지역 내에서 학군이 좋은 곳과 그렇지 않은 곳을 비교하는 것이 중요한데, 100위권 이내 중학교가 있는 동네의 매매가격은 지역 평균에 비해 10%, 전세가격은 11% 비쌌다. 이를 세부적으로 보면 상위 50위까지는 매매가격이 11%, 전세가격이 14% 차이 나지만, 51~100위권은 매매가격이 10%, 전세가격은 8% 차이에 불과했다고 한다.

결국 성적이 우수한 학교가 있는 지역일수록 학군과 집값의 상관관계가 높다는 의미이며, 같은 지역이더라도 아이를 좋은 중학교에 보내려는 학부모들은 전세가격이 14% 비싸도 전입을 결정한다는 것이다. 소득이 높을수록 학군에 민감한 현실을 보여주는 통계라고 할 수 있다. 그러므로 같은 지역 내에서 학군이 좋은 곳과 그렇지 않은 곳을 따져봐야 한다. 다시 말해, 같은 강남구라고 해도 성적이 좋은 중학교가 분포한 동과 그렇지 않은 동의 집값을 비교해보라는 이야기다.

● **좋은 학군이 자리 잡는 지역의 특징**

　＊ 교육 의지가 강한 학부모들의 구성비가 높다.

　＊ 경제력을 갖춘 중산층들의 구성비가 높다

　＊ 중대형 및 고급 주택이 많다.

　＊ 인근 특목고 수요가 있다.

　＊ 학원가가 들어오기 좋은 입지이거나 임대료가 비싸지 않은 근린상가 지역이다.

　　그렇다면 명문 학군은 어떻게 알아볼 수 있을까? 무조건 남들이 좋다고 하는 학군을 따르면 되는 걸까? 학군의 기본은 교육열이다.

　　이를 바탕으로 좋은 학교와 양질의 학원가가 있는 곳이 학군이 좋은 동네가 된다. 여기서 좋은 학교라고 하면 전통적인 명문 학교도 포함되지만, 최근에는 다양한 학교의 형태로 새로 탄생하기도 한다. 일반적으로 학부모의 소득이 높고 학부모의 학력이 높은 지역일수록 자녀교육에 관심이 높아 학군이 중요 요소로 인식된다. 부모의 경제력과 학군이 정말 상관관계에 있는 걸까?

　　키움증권의 홍춘욱 박사는 논문에서 아이의 성적이 학생의 잠재력 때문인지 부모의 경제력 때문인지에 대해 이야기했다. 학생들이 공부를 잘하는 것이 부모가 공부를 잘하고 그 결과 소득이 증가하고 또 아이들도 머리가 좋아서 공부를 잘하는 것인지, 아니면 부자들이 모여 사는 마을의 학교(및 학원)가 아이들을 더 잘 가르쳐서 아이들의 학업 성적이 높아진 것인지에 대한 의문을 제기한 것이다.

정답은 무엇일까? 서울 서초동에 있는 원명초등학교의 사례에서 이에 대한 해답을 한번 유추해보자. 원명초등학교는 삼풍 아파트 인근에 거주하는 아이들이 진학하는 학교로, 인근에 서초 법원이 있어 법조계에 종사하는 학부모들이 많다. 교육열은 물론 학력이 높은 부모들 사이에서 자라는 아이들이 다니는 학교라 성적이 좋기로도 명성이 자자하다. 우스갯소리로 원명초등학교에서는 "우리 아이가 머리가 좋다"라든가 "우리 아이가 공부를 잘한다"라는 자랑은 자랑이 아니라는 얘기가 있을 정도다. 실제로 원명초등학교는 2011년 국가수준 학업성취도평가에서 공립초등학교 중 1위를 차지하기도 했다.

전통적인 명문 학군에 속하는 원명초등학교의 데이터를 바탕으로, 원명초등학교 학군의 학부모들과 같은 직업군의 학부모들이 거주할 것으로 예상되는 송파구 문정 법조타운의 미래를 상상해볼 수 있을 것 같다(부동산 투자란 원래 상상력을 펼쳐나가며 미래를 그려보는 것이다. 따라서 투자를 잘하는 사람들은 상상력이 풍부하다). 만약 상상대로 흘러간다면 문정 법조타운에서 일하는 부모가 자녀를 보내는 학교는 신생 명문 학교가 되지 않겠는가?

문정 법조타운은 2016년 완공되었으며, 지방검찰청은 2017년 입주, 지방법원등기소는 2016년 말에 입주를 시작했다. 그에 따라 문정 법조타운 주변에 변호사 사무실을 비롯한 관련 사무실들이 입주할 것이다. 이 지역은 법조단지와 미래형 업무단지, 현재 입주되어 있는 동남권 유통단지로 구성될 예정이다.

지역에 새로운 산업군이 형성되면 해당 산업군의 종사자들이 모여들게 마련이다. 그렇다면 이들은 어디에 거주하게 될까? 출퇴근 거리를 고려할 때 잠실과 대치동 또는 송파구, 위례, 성남 등지일 확률이 높다. 법조계 근무자들은 대개 업무 강도가 세므로 출퇴근이 용이한 근접지 주거를 선호한다. 이를 고려하면, 입주 초기라 전세 보증금이 저렴한 위례신도시에 많이 거주하지 않을까 싶다. 마침 2017년쯤에 추가로 입주하는 위례 단지들이 꽤 된다.

중·고등학교의 경우 좋은 학군이 되려면 해당 학교의 학생들이 입시에서 뚜렷한 성과를 보여야 하며, 특목고에 우수한 아이들을 뺏기지 않아야 한다는 조건이 필요하다. 반면 초등학교의 학군은 이들에 비해 자리 잡는 데 걸리는 시간이 상대적으로 짧다. 또한 중·고등학생은 상위권 성적을 유지하려면 인근 대형 학원을 다녀야 하지만 초등학생의 경우엔 동네 학원에서 배우는 것만으로도 어느 정도 성적을 유지할 수 있다. 그렇다면 위례신도시에도 원명초등학교처럼 서울시 평균 이상의 성적이 우수한 학생들을 배출하는 신흥 명문 학군이 탄생하지 못할 이유가 없는 것이다(물론, 서초구의 원명초등학교와 동등한 결과가 나오려면 다른 여러 가지 조건들도 함께 갖추어져야 할 것이다).

# | 문정 법조타운 |

## 무리한 교육비, 감당해야 할까?

사교육 시장에 오래 몸담았던 나 역시 미취학 아동들에게 너무 많은 선행 학습과 무리한 학원 스케줄을 권장하지 않는다. 그렇다고 마냥 놀게만 두는 것도 바람직하지 않다. 아무 생각 없이 놀기만 하던 아이가 어느 날 갑자기 "어머니! 이제 저는 공부할 나이가 되었으니 그만 놀고 공부에 매진하겠습니다"라고 할 리는 없지 않은가?

그냥 아무 걱정 없이 노는 게 공부하는 것보다 훨씬 편하다. 어른도 마찬가지 아닌가? 인간은 으레 편한 쪽을 선택하게 마련이다. 따라서 어릴 적부터 공부가 아니더라도 무엇 하나라도 정확하고 완벽하게 해내는 훈련을 시킬 필요가 있다. 끝을 보고 성과를 경험하는 습관을 들이는 것이 얼마나 중요한지, 나도 경험을 통해 알게 되었다.

어릴 때 자유롭게 놀면서도 어느 정도의 제약을 가하는 분위기 속에서 성장한 아이는 학년이 올라가면서 조금씩 학습량이 늘어도 큰 거부감 없이 이를 자연스럽게 받아들인다. 반면 어릴 적 그 어떤 제약도 없이 마냥 자유롭게 노는 분위기 속에서 성장한 아이는, 어느 날 엄마가 이젠 공부해야 할 나이라며 다잡을 때 갑자기 엄마가 나한테 왜 이러는지 당황하면서 반발할 수 있는 것이다. 함께 놀던 친구들은 지금도 노는데 왜 나는 못 놀게 하는 건가 싶은 원망까지 생겨 부모와 자녀 사이에 금이 생기기도 한다. 이는 내가 교육 현장에서 수차례 겪은 사례들이다.

　초등학생 때 아이의 자율성을 인정해 제약을 하지 않던 엄마가 중학생이 된 아이를 갑자기 학원에 보내거나 과외를 시키게 되면, 아이가 선생에게도 반발하게 된다. "선생님 왜 이렇게 단어가 많아요?", "선생님 이걸 어떻게 하루에 다 풀어요?" 하며 불만을 품는다. 엄마가 아이보다 기가 세다면 마지못해서라도 아이가 수업을 따라 오지만, 아이가 엄마보다 기가 세다면 결국 선생과 맞지 않는다며 수업을 중단하게 되는 것이다.

　이제 우리나라 교육 현실에 대해 어느 정도 감을 잡게 되었을 것이다. 앞에서도 말했지만, 우리나라 교육 실태의 옳고 그름을 논하는 건 다른 문제다. 우리가 봐야 할 것은 현실이다. 부모에게 있어 소중하지 않은 아이가 어디 있겠는가. 그들을 잘 키우고 싶은 것은 모든 부모의 마음이다. 현실을 회피할 수 없다면 현명하게 맞닥뜨려야 한다. 우리가 살고 있는 이 대한민국이 도무지 교육비를 줄일 수 없는 사회라면, 좀 더 현명한 방식으로 '교육열'을 불사를 필요가 있다.

　사교육계에 몸담은 지 10년 그리고 부동산에 대해 공부한 지 3년 만에, 엄마로서 또 부동산 투자자로서 내가 찾은 답은 바로, '학군 부동산 투자'였다. 자녀교육이라는 단 하나의 목적으로 무리해서까지 좋은 학군 지역으로 이사를 간 사람들은 결국 유해시설이 없는 면학 분위기의 명문 학교에서 아이를 교육시키고 아이가 대학에 들어갈 때쯤엔 자연스럽게 부동산 시세 차익까지 덤으로 얻게 되는 '일석이조'의 이득을 본다. 이것이 내가 숱하게 목격해온 진실이었다.

"맹모에게 상을 주는 사회인 것 같아요. 친구 하나가 자녀교육 때문에 강남으로 이사를 갔어요. 학원가도 가깝고 학교 분위기도 좋아서 아이 공부를 수월하게 시켰죠. 그런데 살다 보니 아파트 가격까지 올라서 두 마리 토끼를 다 잡았다고 하더라고요."

내 강의를 듣고 난 수강생 중 한 분이 남긴 강의 후기다. 내가 이 책을 쓴 목적은 분명하다. 자녀교육 문제로 노후 준비는 엄두도 못 내는 중산층들이 똘똘한 부동산 한 채를 장만함으로써 자녀교육과 노후 준비까지 함께했으면 하는 것이다. 자녀교육과 노후자금, 이 '두 마리 토끼'를 잡으려면 어떻게 해야 할까? 일단, 변화무쌍한 우리나라 교육 시장의 현황을 이해하고 이에 따라 아이를 좋은 교육 환경에서 공부시킬 수 있는 학군에 대해 공부해야 한다. 그리고 현재의 자산 수준으로 선택할 수 있는 전략을 짜보는 것이다. 자, 그럼 학군을 염두에 두고 우리나라 교육 시장의 현실을 좀 더 자세히 들여다보자.

**3장**

엄마의
마음으로 봐야
학군이 보인다

좋은 학군으로 소문난 곳에는
자연스럽게 학부모들의 관심이 집중되고
해당 학교에 자녀를 입학시키려는
이들이 몰리게 된다.

우리나라 입시는 갈수록 더 복잡해지고 있다. 예전엔 '교과서 위주'로 공부하여 내신 성적을 어느 정도 유지하다가 수능만 잘봐도 명문대에 진학할 수 있었다. 그러니 '개천에서 용 나는 일'이 심심치 않게 벌어졌다.

하지만 요즘의 입시제도는 고3 담임도 모두 알 수 없을 정도로 다양하고 복잡해졌다. 아이가 좋은 대학에 들어가려면 다음 세 가지가 필요하다는 우스갯소리가 있는데, 조부모의 경제력, 아빠의 무관심 그리고 엄마의 정보력이다. 그중에서도 가장 중요한 건 바로 정보력이다.

요즘 고3 엄마들이 입시 설명회나 입시제도와 관련된 각종 세미나를 찾아다니느라 바쁜 건 단순히 억척스러운 엄마들의 치맛바람이라고 볼 수 없다. 이것은 그저 입시를 앞두고 있는 아이의 엄마가 갖춰야 할 '기본 사양'이다.

입시에는 해마다 수많은 변수들이 작용하므로 각종 정보를 발 빠르게 입수해 업데이트하고 그에 따른 대응 전략을 신속히 세우는 것이 유리하다. 이를테면 2016년의 경우, 입시 분위기가 내신 중심으로 바뀌는 바람에 하반기 특목고의 인기가 전년도 대비 상대적으로 시들했다. 그렇다면 이를 감안해 모두 내신 위주의 전략을 짜야 하는 걸까? 아니다. 그럼에도 정성 평가로 잠재력 있는 우수한 인재를 뽑고자 하는 것이 모든 대학들의 바람이란 것에는 변함이 없다. 그러니 몇 년 뒤 입시가 또 어떻게 달라질지는 모를 일이다.

결국 학부모들은 계속해서 최신 입시 정보를 찾아 헤맬 수밖에 없다. 아이의 실력이 아닌 그저 엄마의 정보력 부재로 기회를 놓칠 수는 없지 않은가? 그런데 각종 입시 정보는 어디서 얻을 수 있을까?

# 뉴스 속에서 찾은 학군 투자지도

## 06

    가장 간단하면서도 확실한 방법은 뉴스 보기다. TV 뉴스도 좋지만, 문자로 기록된 신문 속에서 입시 관련 뉴스를 꼼꼼히 살펴보라. 요즘은 온라인에서도 다양한 기사를 쉽게 접할 수 있고, 검색을 통해 원하는 정보만 따로 모을 수도 있어서 편리하다. 교육과 입시에 관한 기사를 꼼꼼히 챙기다 보면 이 변화무쌍한 교육 환경에 대해 어느 정도 감을 잡을 수 있다. 2012년 〈매일경제〉는 '신흥 명문 학군 학교들'이라는 주제의 기사를 실었다.

    다음과 같은 간단한 표에서도 우리는 많은 정보를 얻을 수 있다. 아이가 없거나 아직 나이 어린 자녀의 부모라면 생소한 단어들도 있을 것이다. 혁신학교, 과학중점학교, 미래학교 시범운영학교, 자사고

| 신흥 명문 학군 학교들 |

| | |
|---|---|
| 송도신도시 | 채드윅 송도국제학교, 포스코 자사고 |
| 판교신도시 | 보평초 · 중학교(혁신학교) |
| | 보평고등학교(과학중점학교) |
| 경기 가평군 | 청심국제중 · 고등학교 |
| 세종시 | 참샘초등학교(미래학교 시범운영학교) |
| | 2030년까지 IT기술 접목한 스마트학교 150곳 개교 예정 |

자료원 : 〈매일경제〉 2012년 5월 기사

등. 학교 종류만 해도 이렇게 다양해졌다! 때가 되면 그저 동네 학교에 입학하던 시대가 아닌 것이다. 이 기사를 관심 있게 봤다면 새로운 형태의 학교에 대해 공부하게 될 것이다. 이것이 바로 '정보력'이 된다. 기사의 제목을 주의 깊게 보면 '신흥'이라는 수식이 있다는 걸 알 수 있다. 기존에 알려져 있는 좋은 학군이 아니라 새롭게 부상하는 명문 학군이다. 교육 환경 변화의 구축점이 될 곳이라는 뜻이다. 송도신도시에는 국제학교가 있고, 기업 포스코에서 자율형 사립고등학교(이하 자사고)를 설립했다는 사실을 알 수 있다.

송도라고 하면, 대개는 탤런트 S 씨의 삼둥이 대한, 민국, 만세를 떠올릴 것이다. 방송에서 비쳤듯 송도신도시는 쾌적하고 아름다운 도시 환경을 갖추고 있다. 무엇보다 송도는 신흥 교육도시로 급부상하고 있다. 채드윅 송도국제학교는 우리나라의 대표적인 국제학교 중 하나이며 '송도댁'이라고 불리는 탤런트 K 씨의 큰딸이 이 국제학교의 중학교에 입학해 화제가 되기도 했다. 국제학교이긴 하지만 외국 국적을 갖고 있지 않아도 입학할 수 있는 국내의 몇 안 되는 국제학교 중 하나다. 이와 같은 국제학교로 명성 높은 곳이 제주 국제학교인데 역시 유명인의 자녀들이 많이 재학하고 있어 유명세를 치렀다. 제주 국제학교는 시설 및 커리큘럼 등 나무랄 데 없는 교육 환경을 갖추고 있지만 단지 위치가 제주도에 있다는 점에서 한계가 있다. 육지에 사는 부모가 아이를 뒷바라지하기가 수월치 않기 때문이다. 더구나 최근 제주도는 몰려드는 해외 관광객들로 평일에도 당일 비행기 티켓을 구하기가 쉽지 않다.

반면 송도에 새롭게 생긴 국제학교는 제주 국제학교의 좋은 점을 모두 갖고 있으면서도 지리상의 불편함이 해소됐다는 점에서 훌륭한 대안이 되는 것이다. 아이가 부모와 떨어져 지낼 필요가 없다는 것도 대단한 장점이다. 송도는 국제학교가 아니라도 인천에서 떠오르는 학군 선호 지역이다. 인천의 학업성취도 평균은 77.8점이다. 그런데 송도에 위치한 해송중학교, 신정중학교, 박문중학교, 신송중학교의 경우 평균 성적이 92점 이상으로 매우 우수하다.

그중에서도 신정중학교 주변에는 대형 평수의 아파트와 주상복합 아파트가 있으며, 우수한 학원들이 밀집한 1공구에 학교가 위치하고 있어 주목받고 있다. 이 학교의 아이들은 대개 포스코 사원 아파트에 살고 있다. 정원의 약 40%가 포스코 임직원 전형으로 포스코 자사고

| 2016년 송도신도시 주요 중학교 학업성취도평가 결과 |

| 학교 \ 과목 | 국어 | 수학 | 영어 | 평균 |
|---|---|---|---|---|
| 신정중학교 | 97.4 | 88 | 92.7 | 92.70% |
| 신송중학교 | 96.6 | 87.7 | 92.2 | 92.17% |
| 해송중학교 | 98.5 | 88.7 | 96.5 | 94.57% |
| 박문중학교 | 96.8 | 90.7 | 94.8 | 94.10% |

*보통 학력 이상 비율
자료원 : 학교알리미

에 입학할 수 있다. 물론 포스코 자사고는 2018학년도 입시가 첫 시험대가 될 것이다. 만약 그때 서울대 진학 학생 수가 전국 30위 안에 들어간다면 이 학군의 가치는 지금보다 더욱 상승할 것이다.

이처럼 송도는 인천 내 신흥 명문 학군으로 떠오르고 있다. 송도신도시 입주가 완료된 이후 도시가 10년 차, 20년 차로 접어들었을 때 얼마나 놀랍게 변모할지 기대되는 이유다.

인천의 신흥 명문 학군으로 자리매김한 송도는 엄마들의 욕망 단지가 되었다. 새 아파트와 각종 편의시설이 갖춰져 있을 뿐만 아니라, 채드윅 송도국제학교 인근 대형 평수가 밀집한 단지를 중심으로 경제력 있는 거주자들이 모여들면서 학교 역시 좋아진 사례다.

아직은 고등학교 학군이 좀 아쉽긴 하지만, 입주를 시작한 지 약 10년밖에 되지 않았고 분양을 기다리고 있는 단지들 역시 꽤 된다는 점을 고려하면, 향후 발전 가능성을 기대할 만하다. 영종지구, 청라지구, 송도지구를 잇는 인천자유경제구역 사업이 가시화된다면 인구의 추가 유입으로 인해 더욱 각광받게 되지 않을까 싶다.

판교신도시의 경우에는, 보평초·중학교가 혁신학교라고 명시되어 있다. 혁신학교는 입시로 변질된 경쟁 중심의 교육이 아닌 참교육을 열망하는 젊은 엄마들 사이에서 인기를 끄는 교육 상품이다. 혁신초등학교인 보평초등학교 덕분에 이 일대 단지들의 인기가 뜨겁다. 사실 보평초등학교는 초대 교장선생님 때문에 더욱 화제가 됐다.

서길원 교장선생님은 본디 광주 남한산초등학교에서 교장을 지냈는데, 폐교 위기에 놓인 작은 학교를 최고 인기 학교로 만드는 데 기여한 분으로도 유명하다. 서 교장선생님이 보평초등학교의 교장으로 부임하자, 이 학교에 진학하고자 하는 아이들이 늘었고 학생 수가 늘면서 인근 아파트 가격까지 들썩였다. 서 교장선생님의 교육에 대한 이념과 지침 등을 알게 된다면 어떤 학부모라도 그 분이 계신 학교에 아이를 보내고 싶을 것이다. 서 교장선생님이 강조하는 것은 '존중 문화'이다. 보평초등학교에서는 매일 아침 8시 20분에 '아침맞이 시간'을 갖는다. 교문에서는 교장선생님이 학생들을 맞이하고, 교실 앞에서는 담임교사가 학생을 반긴다. 이 문화는 교장이 바뀐 현재까지도 그 전통을 이어가고 있다. 아이들끼리도 서로 존댓말을 쓰니 예의도 갖추게 되며 서로를 인격적으로 존중하게 됨에 따라 왕따 문제도 거의 사라졌다. 학습 커리큘럼도 주입식 교육이 아닌, 모둠활동, 독서 중심

교육, 토론수업 등 학생 참여 중심의 교육 방식을 택하고 있다. 보평초등학교의 인기 덕분에 이 인근 아파트들의 전세가격은 2년 새 2억 원이나 올랐다. 좋은 교육 상품이 인근 아파트들의 가격 상승 요인으로 작용하는 것이다. 혁신학교에 관해서는 다음 장에서 더 자세히 이야기해보자.

**보평초등학교에 배정되는 주요 단지**
: 봇들마을 7단지와 8단지, 금호어울림, 그랑블, 휴먼시아 2단지 아파트 등
(전세가율 70~77%, 평당가 2,630만~3,080만 원, 2017년 3월 네이버부동산 시세 기준)

이제 세종시를 한번 살펴보자. 세종시에는 스마트학교가 150개나 생긴다. 스마트학교란 전자 칠판, PC가 장착된 전자 교탁, 디지털 교과서 등 각종 IT 기술이 교육 환경에 도입되는 학교다. 최첨단 교육시설에서 자율성과 창의성이 중시되는 커리큘럼으로 교육이 이뤄질 전망이다. 참샘초등학교는 미래학교 시범운영학교다. 이름도 멋진 미래학교, 게다가 이 모두가 국가 지원금으로 운영된다. 초기 입주가 몰려서 도시가 안정화되기까지는 다소 어수선하겠지만, 다소 시간이 흐른 뒤에는 학부모들에게 대단히 매력적인 도시가 될 것이다. 무엇보다 세종시에는 교육부가 있다. 재미있는 이야기가 있다. 세종시에는 촌지가 아예 없다고 한다. 어느 집 아이 부모가 교육부 공무원일지

모르기 때문이란다. 거주민 대부분이 공무원인 도시다. 거주민의 직업과 학력 등은 좋은 학군 지역을 탄생시키는 데 대단히 큰 역할을 한다. 게다가 고위급 공무원 거주 비율까지 높으므로 향후 발전 가능성 역시 크다. 예전의 과천을 떠올려보면 이해가 쉬울 것이다.

이와 같은 이유로 대전과 청주, 공주 등 인근에 거주하는 맹모들이 쾌적한 주거와 좋은 교육 환경을 갖춘 세종시로 이동하고 있으며, 이로써 신도심의 초등학생 수가 예상치를 뛰어넘고 있어 세종시 역시 교육 인프라 부족으로 신음하고 있다.

1생활권(세종시는 각 지역을 구분할 때 '생활권'이라는 용어 앞에 번호를 붙여 부른다) 19개의 초·중·고등학교는 개교 당시엔 559학급이었는데 현재는 869학급으로 310개 학급이 늘었고, 개교 시보다 55% 이상이 증설된 상태라고 한다. 결과적으로 1, 2, 3 생활권에는 애초에 없던 학교도 17개나 신설될 계획이며, 1생활권에만 유치원과 초·중·고등학교를 7개 추가 신설한다는 기사도 나왔다. 현재 세종시의 특목고로는 1-2 생활권에 세종국제고등학교, 세종과학예술영재학교, 세종예술고등학교 등이 있다.

중학교 학업성취도평가 결과와 특목고 진학률을 보면, 2014년도 대비 2015년도의 세종시의 약진이 두드러진다. 2014년도 당시 1~10위까지가 유성구였고 세종시는 공동 8위 정도에 랭크되었는데 1년 사이 세종시의 새롬중학교와 한솔중학교가 무섭게 치고 올라와 순위권을 차지했기 때문이다.

이처럼 단 몇 줄의 기사 속에서도 학부모들은 자녀교육에 유리한 지역을 볼 수 있다. 쉽게 말해 이런 지역은 '살고 싶은 도시'가 되는 것이다. 부동산 투자 관점에서 '좋은 투자처'가 되는 건 물론이다. 여기서 잠깐, 이 경제신문 속 기사의 표만 보고 경기도 가평으로 이사를 가야겠다고 생각하면 안 된다. 가평의 청심국제중·고등학교는 기숙형 학교로 학군과 무관한 학교다. 기사에서 드러나는 정보뿐 아니라 이 정보를 부동산 투자 가치와 연결시키는 '통찰력'까지 키워야 할 것이다.

## 현지 부동산 중개소에서 들은, 일반 학군 X파일

● 특A급 연세초등학교 학군(1-5생활권) : 그들만의 리그인 포스코더샵 아파트는 미니 비벌리힐스 같은 느낌인데, 여기에는 외국인도 많이 거주하고 있다. 서울이라고 치면 여기가 세종의 청담동이나 압구정동인 셈이다. 상록아파트 풀에버 아이들이 이곳으로 전학해오는 것을 막으려고 하는 아줌마들의 치맛바람도 은근히 존재한다고 한다.

● A급 도담초등학교 학군(1-4생활권) : 임대아파트가 없는 라인이라 선호도가 높고, 공무원 거주 비율이 높아서 주차되어 있는 차량의 수준이 다르다는 후문이 있다.

● A급 한솔초등학교 학군(2-3생활권) : 2생활권 중에서 가장 먼저 개발된 지역으로, 2011~2012년 입주를 시작했기에 4~5년 차가 됐다. 래미안, 현대, 푸르지오 등 1군 건설사의 아파트들이 밀집되어 있어 선호도가 높으며, 33평 기준 평당 530만 원 선에 분양했던 아파트들이 현재 1,030~1,060만 원 선에 거래되고 있다(2017년 3월 호가 기준).

● A급 새롬초등학교 학군(2-2생활권) : 2생활권에서 상업시설이 들어올 지역으로, 백화점 입점이 확정되어 2017~2018년 사이 들어올 예정이다. 도로를 사이에 두고 단지 안에 학교를 품

고 있어 통학 안전을 이유로 인기가 높다. 2만 세대인데 초등학교가 세 개뿐이라 새롬초등학교 블록 안이 아니라면 배정받기 힘들 것으로 예상된다. 따라서 이주를 계획 중이라면 학교 배정을 고려해서 접근해야 한다. 6단지가 제일 인기가 많으며, 3단지도 괜찮다.

현재 세종시는 4생활권이 분양 중인데, 도시 전체로 보면 약 60% 분양한 셈이며 현재까지 28만 명 정도가 입주했다. 전철 역할을 하는 지상에서 이동하는 BRT가 운행 중이다. 초기, 평당가 530만 원 선에서 분양을 시작했지만 현재는 약 960만 원 선에서 거래되고 있으며 여기에 약 1억 원 정도의 프리미엄이 추가로 붙었다. 5년도 안 되어서 초기 분양가 대비 약 2배 정도의 상승력을 보여준 것인데, 이러한 세종시의 저력은 눈여겨볼 필요가 있겠다.

자료 제공 : P 부동산

 ## 새로운 인기 학군, 혁신학교

고양시 덕양구에는 서정초등학교라는 혁신학교가 있다. 외진 곳에 위치해 교통이 불편하지만, 요즘 젊은 부모들 사이에서 대단히 인기다. 현 입시 지옥에서 벗어나 자녀에게 '열린 교육'을 시키고 싶어 하는 부모들이 선호하기 때문이다. 성남시 남한산성 자락 안에 자리 잡은 혁신학교의 선두주자인 남한산초등학교도 그중 하나다. 산 속에 위치하고 있어 이 학교에 아이를 입학시키려면 인근 빌라나 주택단지에 주거지를 마련해야 하는데, 그럼에도 인기가 매우 뜨거웠다.

경기도 광주에 위치한 작은 학교인 분원초등학교 역시 분원리라는 다소 외진 곳에 거주해야만 입학이 가능하다. 그런데도 인근 주택은 매물이 나오기가 무섭게 계약이 체결되며, 심지어 몇 개월씩 대기를 해야 입주가 가능할 정도로 인기다. 도대체 혁신학교가 뭐기에, 부모들이 이렇게 거주의 불편함까지 무릅쓰면서 아이를 입학시키려고 하는 걸까?

혁신학교는 기존 입시 위주의 주입식 교육을 개선하기 위해 만든 공교육 개혁 프로그램 중 하나다. 2009년 경기도 교육청에서 처음 실시한 후 현재 전국 교육청으로 확대되었다. 강원 행복더하기학교, 빛고을 혁신학교, 서울형 혁신학교, 무지개학교 등 지역마다 부르는 이름이 다르기도 하다. 시행한 지 7년이 넘은 경기도는 수많은 시행착오 과정을 통해 많은 노하우를 쌓아 크고 작은 성과를 냈으며, 새로운 교육 상품으로 제대로 자리를 잡아가고 있는 중이다. 공립학교에 적용하여 공교육 혁신 모델이 된 합법적인 대안학교인 셈이다.

혁신학교의 커리큘럼은 학교마다 차이가 있다. 혁신학교는 지역 특성과 각 학교의 상황을 고려한 혁신적인 교육 프로그램을 갖춰 개별 학교 단위로 교육청에 신청해 지정된다. 먼저 시작한 경기도의 경우 개별 학교마다 다른 양상과 특징을 드러낸다. 혁신학교의 목표는 단 한 명의 아이도 포기하지 않고 배움과 돌봄을 실천하겠다는 것이다. 따라서 수업시간을 과목에 따라 탄력적으로 운영하고, 교실의 책상 배치를 종종 바꾸기도 한다. 자연스럽게 아이들은 즐거운 마음으로 학교에 다니며, 수업시간에 멍하게 앉아서 조는 아이가 거의 없다고 한다. 일반 학교 학생들과는 전혀 다른 수업 태도를 보인다는 것이 혁신학교 학생들에 대한 전반적인 평이다.

혁신학교의 인기는 자연스럽게 주변 부동산 가격의 상승으로 이어진다. 여기서 잠시, 네이버 부동산 사이트에 들어가 '고양시 덕양구'의 부동산 시세를 한번 보자. 각 학교 주변의 30평대 아파트를 기준으로 시세를 살펴보면, 앞서 언급한 서정초등학교에 배정되는 서정마을 11단지 중흥S클래스 아파트의 가격이 평당 1,600만 원대라는 걸 알 수 있다. 전세 매물도 없다(2017년 초 기준). 반면 3호선 전철 라인에 마트 등 상권도 발달되어 있고 동네 학원가를 이용하는 데도 편리한 화정초등학교에 입학할 수 있는 별빛7단지 아파트는 1,311만 원, 화중초등학교에 입학 가능한 은빛5단지 아파트의 경우는 평당 1,038만 원대다. 행신 역세권인 무원초등학교에 입학할 수 있는 무원6단지 아파트의 경우도 1,044만 원 정도. 서정마을 중흥단지의 경우 다른 아파트에 비해 연식이 짧긴 하지만 외진 곳에 위치한 데다 일반적으로 입지 좋은 아파트에 비해 다소 불리한 점이 있음에도 이렇게 부동산 가치가 오른 것은, 혁신초등학교 영향이라고 볼 수 있다.

**서정초등학교에 배정되는 주요 단지**

: 휴먼시아7단지, 5단지, 3단지, 중흥S클래스11단지 아파트

2013년 〈한국일보〉는 서울 동작구 상도동 상도엠코타운센트럴파크 아파트의 학부모들이 '과밀학급 해소 대책을 세워달라'고 서울시 교육청에 집단 청원을 냈다는 기사를 다뤘다. 이곳은 2012년 6월 개교 예정인 상현초등학교를 혁신학교로 해달라는 학부모들 청원에 의해 첫 혁신학교로 지정돼 유명세를 탔다. 문제는 혁신학교에 대한 기대를 품은 미취학 아동의 부모들이 이 지역으로 앞다퉈 이사를 오면서 상현초등학교의 학급당 학생 수가 권고 기준인 25명을 넘어 30명도 넘는다는 것이다. 1,200세대가 입주한 이 아파트에는 층층마다 유모차나 어린이 자전거가 있을 정도로 아이들 천지이며, 2013년 8월에는 882세대가 인근 아파트에 입주하는 상황이라 더 많은 아이들이 밀려들 것이 우려됐다. 인근 부동산의 중개사는 "초등학생 학부모들의 수요가 워낙 많아서 33평 기준 아파트 전세가격이 6개월 사이 1억 원이 올랐는데도 매물이 없다"고 인터뷰했다.

뿐만 아니라 경기도 교육청은 2013년 4월, 혁신학교로 지정된 초등학교 96교 중 7교에서 학생들의 위장전입이 심각해 권고 또는 시정조치를 내렸으며 혁신초등학교 절반가량이 같은 문제를 겪고 있다고 밝혔다. 혁신초등학교 7교 대부분이 혁신학교 지정 이후 전입생이 급증해 학급당 학생 수가 34명이 넘고, 광명의 어느 혁신초등학교의 경우 위장전입문제로 학급당 학생 수가 인근 일반 학교보다도 많아지는 과밀현상이 나타나 학교 건물을 증축하기도 했다. 그럼에도 불구하고 위장전입을 통한 전학생이 끊이지 않자, 학부모들이 직접 나서서 편법행위를 감시하기도 한다.

이처럼 혁신초등학교가 학부모들 사이에서 대단히 인기를 얻고 있는 것은 확실하다. 다만, 입시 위주의 교육이 아니므로 아이들에게 공부를 잘 시키지 않을 거란 선입견으로 인해 아이의 입학을 망설이는 부모들도 꽤 많다는 것을 기억해야 한다. 혁신학교의 교육 방식은 초등학생들에게는 몰라도 대입을 준비해야 하는 중·고등학생에게는 적합하지 않다는 지적도 나오고 있다. 혁신초등학교를 나온 아이가 중학교 과정에 잘 적응할 수 있을지에 대한 우려가 존재한다는 점, 과밀학급이나 부모의 학교 참여 등의 문제로 혁신초등학교가 '모든 부

| 혁신학교와 일반 학교의 차이 |

|  | 혁신학교 | 일반 학교 |
|---|---|---|
| 학급당 인원 | 25명 내외 | 35명 |
| 학년당 학급 | 5학급 | 10학급 이상 |
| 교장 권한 | 자율 운영 | 일반적 |
| 교육 과정 | 다양화·특성화 맞춤형 교육 | 일반적 |
| 교육 형태 | 학습자 중심 교육 | 일반적 |
| 교육 내용 | 학습 능력 향상 및 인성교육 | 성적 위주 |
| 교원 업무 | 전문성 신장, 잡무·업무 부담 경감 | 일반적 |
| 교육청 지원 | 4년 동안 4억여 원 지원 | 없음 |
| 기타 | 학부모와 파트너십 구축, 지역사회와 협력 네트워크 구축 | 없음 |

자료원 : 〈경향신문〉 2010년 6월 기사

모'가 선호하는 형태는 아니라는 건 알아두자.

앞서 말했듯 자녀교육에서 가장 중요한 것은 일관성이다. 혁신학교가 추구하는 교육 방식이 아이가 초등학생일 때만 필요한 건 아니다. 혁신수업 방식이 좋다고 생각해 아이를 혁신초등학교에 보내놓고는, 저학년 때는 쉬엄쉬엄 가르치다 고학년이 되면 갑자기 사교육을 시키며 입시 태세로 자세를 바꾸는 건 혁신학교의 본질과 맞지 않다.

따라서 자녀를 혁신초등학교에 보내야 할지 말지를 두고 고민하고 있는 학부모라면 자신의 교육 철학을 확고히 세워라. 한번 시작한 혁신교육을 입시나 주변 의견에 흔들리지 않고 끝까지 밀어줄 수 있을지 생각해봐야 한다. 아이는 마루타가 아니다. 부모의 교육 방식이 바뀔 때 가장 힘든 건 아이다. 혁신교육을 원하는 부모라면 자녀의 초·중·고등학교 과정까지 일관성 있는 교육을 추구해야 한다. 이러한 마음가짐을 갖고 있는 학부모에게 혁신학교를 적극 추천한다.

**경기도 지역의 모범 혁신학교 명단(2016년 기준)**
- 초등학교(8교) : 남한산초등학교, 대덕초등학교, 보평초등학교, 서정초등학교, 한얼초등학교, 안양서초등학교, 운산초등학교, 죽백초등학교
- 중학교(6교) : 덕양중학교, 보평중학교, 의정부여자중학교, 장곡중학교, 충현중학교, 호평중학교
- 고등학교(1교) : 흥덕고등학교

## 문제는 대입이 아니라 고입

이제는 흔해진 유행어, 중2병. 내가 처음 학생들을 가르칠 때만 해도 이런 단어는 없었는데 중2병이란 말이 전 사회적으로 쓰이기 시작하더니 북한이 남침하지 못하는 이유가 우리 중2 학생들 때문이라는 우스갯소리까지 나왔다. 도대체 중2 아이들이 어떻기에 이럴까? 그래봤자 고작 열다섯 살 아이들인데 말이다. 십 대의 반항이라면, 중2보다야 입시 스트레스가 심한 고3 학생들이 더하지 않을까?

얼마 전까지만 해도 좋은 학군이라고 하면 좋은 대학에 진학을 많이 시키는 명문 고등학교가 위치한 지역을 뜻했다. 그런데 고등학교 입학이 근거리 배정이 아닌 지원 후 추첨제로 바뀌면서 요새는 명문 고등학교에 보낼 수 있는 중학교 인근이 좋은 학군이 되었다. 고입이 중요해진 것이다. 우리 시대의 특목고는 일부 과학고와 외국어고등학교(이하 외고) 몇몇이 전부였으니 고작 상위 몇 퍼센트의 아이들에게만 해당되는 이야기였다. 그런데 요즘은 이런저런 특목고가 많이 생겼다. 기존 과학고나 외고뿐 아니라 영재고, 자사고 등 더 많은 종류의 특목고가 우후죽순 생겨나는 상황이다.

자사고의 경우 학교가 교과 과정을 임의로 조정할 수 있으므로 보통 고1, 2학년에 정규 3년 교육 과정을 마치고 고3 때 입시 준비를 한다. 경쟁이 치열하기는 하지만 기본적으로 공부를 하고자 하는 학생들이 모이기 때문에 면학 분위기가 매우 좋다. 다만 자사고 중에도 수시 지도가 약하거나 입시 결과가 좋지 않은 학교들이 있으니, 인근 학원이나 엄마들의 커뮤니티 등 다양한 경로를 통해 정확한 정보를 얻을 필요가 있다. 자사고는 강원의 민족사관고등학교나 전북 전주의 상산고등학교 그리고 서울 은평구의 하나고등학교 같은 전국 단위의 자사고뿐 아니라, 서울 강남구의 휘문고등학교나 서초구의 세화고등학교 같은 광역 자사고도 있다. 전국 단위의 학교들은 전국에서 지원이 가능하며, 광역은 해당 광역시에서만 지원이 가능하다는 것이 차이다.

설문조사에 따르면, 자사고에 진학한 학생들의 만족도가 여러모로 높았다. 상위권 성적의 학생들이 모이다 보니 자연스럽게 공부하는 분위기가 조성되고 서로가 서로에게 자극이 되어 학업에 대한 긴장감이 생기는 것이다. 다만 자기주도 학습이 충분히 되어 있지 않을 경우, 상대적으로 학교에서 머무는 시간이 길기 때문에 학원을 다니거나 개인 교습을 받을 수 있는 시간이 적어 적응하기 힘들 수 있다. 특목고의 경우 자기주도 학습이 잘 되어 있는 학생에게 절대로 유리한 시스템이라 주입식 교육이나 벼락치기 공부로 성적을 만들어온 학생들에겐 큰 좌절감을 안긴다고 한다. 중학교 때까지는 성적이 상위권이었던 아이들이었으니 하위권으로 밀려난 성적표를 받고 충격을 받을 수 있는 것이다. 이때 필요한 것이 바로, 회복탄력성이다. 어려움을 극복하는 긍정적인 마인드를 갖추고 회복탄력성이 강한 학생이라면 포기하기보다는 좀 더 노력하여 자신의 자리를 되찾는다. 이와 같은 특성 때문에 나는 학부모들에게 특목고의 경우 성적보다는 아이의 성격을 파악한 뒤 진학 여부를 결정하라고 권한다.

특목고가 다양해짐에 따라 성적 상위권 학생들의 경우 선택의 폭이 넓어졌다. 특목고 중에서도 외고는 보편적으로 여학생, 과학고나 영재고는 남학생의 진학률이 높은 편이다. 외고는 문과 중심인 데다 언어 이수 비중이 높아서 점점 인기가 떨어지고는 있지만 그동안 대입에서 좋은 성적을 내왔기 때문에 학구열이 미진한 지역에서의 진학률은 꽤 높다.

특목고의 수가 많아졌다고 하니 언뜻 자유롭게 선택할 수 있는 대안이 많아진 것처럼 보일 수 있다. 하지만 그 이면을 잘 따져보면, 애초에 특목고에 진학하지 못하면 대학 입시에서 이미 경쟁력이 떨어진다는 의미로도 해석할 수 있다. 특목고 진학 여부가 대학 입시의 첫 출발을 좌우하는 이 시대 아이들은 열여섯, 즉 중3 때 인생의 첫 시험대에 오르게 되는 것이다. 좋은 대학에 들어가기 위해 고입이 중요하게 된 것. 그 고입 스트레스가 한창 사춘기인 중2 아이들을 더욱 압박해 중2병 현상에 일조한 게 아닐까?

결론적으로, 특목고의 다양화는 일반 고등학교의 경쟁력을 약화시키는 데 한몫했다. 우리 때만 해도 상위권 성적의 아이들 중 극히 일부만 특목고에 진학하고 나머지 학생들은 일반 고등학교에 진학해서 치열하게 공부해 대학교에 진학했지만, 요즘은 대부분의 상위권 아이들이 특목고에 진학해버리니 대학 입시에서는 특목고 아이들끼리 경쟁한다고 해도 과언이 아닌 것이다.

특히나 중위권 성적의 학생들의 경우 내신이나 수시 등에서 유리한 성적을 얻기 위해 애니메이션고등학교나 상업고등학교, 공업고등학교 등에 전략적으로 진학하기도 한다. 중상위권 친구들 중에는 일단 상업고등학교에 진학하고 졸업해서 먼저 취업을 하고 직장인 특기자 전형으로 세무대학에 입학하는 식의 로드맵을 짜는 경우도 있다. 상황이 이렇다 보니 막상 일반 고등학교엔 중하위권부터 하위권 성적의 아이들만 남는 기현상이 발생하기도 한다. 그러니 좋은 면학 분위기를 기대할 수 있을까? 분명히 예외도 있지만, 시험기간에도 아예 공부를 포기해버리고 자는 친구들 사이에서 독야청청 홀로 공부한다는 건 결코 쉬운 일이 아니다. 그나마 이과 중심의 학교는 좀 더 낫고 문과 중심의 학교는 대학 진학률이 통계적으로 현저하게 낮다. 우리 때의 인문계 고등학교가 아니란 말이다.

상황이 이렇다 보니 아이들은 더욱 특목고 진학에 목을 맬 수밖에 없다. 최근 대학 수시에서 학생부 종합전형으로 학생을 뽑는 비율이 증가해 내신이 중요해지자 일반 고등학교에 진학해야 한다는 목소리가 나오고 있긴 하지만, 여전히 특목고로의 진학은 대학 입시에서 중요한 요소임에 틀림없다. 아이가 중2가 되면 이미 특목고 입시를 치를 수 있을지 없을지 어느 정도 판가름이 난다. 따라서 이때부터 본격적으로 특목고 진학을 위한 추가적인 선행 학습이 시작되며, 학원에서도 이 시기부터 '특목고 진학반'과 '비특목고 진학반'으로 나눠 모집한다. 아이들 역시 이런 분위기를 누구보다 빨리 알아차린다. 특목고 입시를 치를 수 없는 성적군의 아이들은 입시를 치러볼 기회조차 얻지 못한다는 박탈감을 겪게 되고, 특목고 입시에 도전하는 아이들은 어린 나이부터 치열한 입시 대열에 끼어드는 것이다. 양쪽 누구도 편치 않은 상황이다.

특목고 진학반 아이들이 얼마나 치열하게 입시 준비를 하는지 아는가? 과학고와 영재고를 준비하는 학생의 경우 방학 기간 내내 도시락을 두 개씩 싸서 다니며 12시간 정도의 학원 수업 일정을 소화한다. 학생들 스스로가 선택한 길(이 정도 강도의 공부는 누가 억지로 시킨다고 할 수 있는 게 아니다)이므로 심지어 열이 펄펄 나는 상황에도 학원을 빠지지 않으려는 아이들이 태반이다.

특목고에 합격한 이후에도 특목고의 학업 양을 따라가기 위해서는 일정 부분 선행 학습이 필요하다. 따라서 합격할 것에 대비해 미리 공부의 양을 늘리는 전략까지 세운다. 그렇게 지독히 공부해서 시험을 통과하면, 심층 면접이라는 또 하나의 난관까지 통과해야 한다. 자사고의 경우 1차는 성적으로, 2차는 면접으로 아이를 거른다.

상상해보라. 중학교 3학년 아이가 면접관 앞에 선다. 영재고의 경우는 마지막 관문이 '과학영재캠프'이다. 얼마나 떨리고 긴장되겠는가? 학교생활기록부에 기재된 내용과 해당 학교의 인재상에 맞춘 질문이 주어진다. 면접장에서 영어 말하기와 듣기 실력까지 중요해지고 있다. 인성 면접을 기본으로, 자기소개서와 학생부에 기록된 활동을 토대로 자기주도 학습 능력을 잘 갖추고 있는지, 진로의 목표가 뚜렷한지 등이 검토된다. 토론 형식의 집단 심층면접을 보는 학교도 있다. 또박또박 조리 있게 답변하는 연습이 필요하다. 전주 상산고등학교의 예를 들자면, 아이들은 무겁고 엄격한 분위기에서 약 세 명의 면접관으로부터 20분 안에 7~10개의 질문을 받는다. 공부를 잘하나 못하나 중2병에 걸리지 않을 재간이 없는 것이다.

학생부 종합전형제도 덕에 일반 고등학교에 진학해 내신을 잘 받는 전략도 생겼다. 학생부 종합전형은 생활기록부를 바탕으로 학생을 선발하는 전형인데, 내신 성적뿐 아니라 비교과 활동도 함께 고려해 입학생을 선발한다. 일선 고등학교와 대학교가 유기적으로 소통하면서 대학이 고등학교에 대한 신뢰감을 쌓아가 해당 고등학교에서 어떤 프로그램과 어떠한 신념으로 아이들을 지도하는지를 판단한다. 대학이 고등학교의 학생부 종합전형의 세부 기록내용을 신뢰하려면 이 고등학교에 대한 신뢰가 있어야 한다. 최근엔 이 학생부 종합전형에 대한 관심으로 특목고보다 일반 고등학교에 진학해서 내신과 생활기록부를 잘 관리해 대학에 들어가려는 입시 플랜을 짜는 이들도 늘었다.

하지만 면학 분위기와 양질의 교사들 그리고 적극적으로 수시 전형을 준비해주는 학교 시스템 때문에라도 개인적으로는 여전히 특목고의 인기가 지속되지 않을까 싶다.

대학들은 더 많은 아이들을 수시 전형으로 뽑고 싶어 한다. 수시로 입학한 아이들은 적성에 맞는 진로를 찾아 학과를 선택하고 지원하므로 중간에 이탈하지 않고 4학년까지 무사히 졸업한다는 데이터를 갖고 있기 때문이다. 이러한 대학들의 선호도에 따라 수시 전형은 더욱 확대되고 다양해질 것으로 보인다.

복잡한 수시 전형의 로드맵을 따를 것인지 말 것인지는 중3 혹은 최소한 고1 1학기 때 결정해야 한다. 그런데 이처럼 다양해진 수시 전형에 맞춰 일선 고등학교들이 완벽하게 입시 지도를 한다는 것은 거의 불가능에 가깝다. 교육 현실이 이렇다 보니 학부모들은 입시 정보에 더욱 예민하게 촉각을 곤두세울 수밖에 없으며, 최신 입시 정보를 가이드해줄 수 있는 학교와 학원가에서 아이를 준비시키고 싶어 하는 것이다.

주변에 정보가 많지 않은 환경에서 아이의 학교와 학과 결정을 위한 수시 전형을 제대로 연구할 수 있을까? 당연히 없다. 결국 맹모들은 발 빠른 입시 정보가 모이는 지역, 바로 학군이 좋은 동네로 몰려들게 된다.

● 특목고에 진학하려면?

특목고의 경우, 일반 고등학교에 비해 내신 관리가 쉽지 않다. 다만 학생의 흥미 분야와 학교 활동을 통해 증명된 전공 적합성을 충분히 살리는 학생부 종합전형이 강화되고 있으므로 수시 모집에 적극적으로 도전해볼 수 있다.

| | |
|---|---|
| 외고, 국제고 | 인문계열 분야에 관심이 있는 학생<br>전국 외고 31개, 국제고 7개교<br>출신 중학교 소재지 또는 거주지역 내 학교만 지원 가능함<br>영어로만 1차 전형, 학생부, 자기소개서 기반 면접이 중요함<br>1단계_중학교 2~3학년 영어교과 성적 160점에 출결에서 무단결석 일수를 감점해 1.5~2배수를 선발함<br>2단계_1단계 성적과 면접 40점을 합산한 뒤 최종 합격자를 선발함<br>* 중학교 2학년 교과 성적과 3학년 성적의 반영 방법이 다름 |
| 과학고, 영재고 | 수학, 과학에 탁월한 재능을 가진 이과형 학생<br> · 과학고 : 수상 실적 반영 불가<br>출신 중학교 소재지 또는 거주지역 내 학교만 지원 가능함<br>1단계_학생부, 자기소개서, 교사 추천서를 활용해 서류평가, 서류 진위 파악을 위한 면접을 치른 후 일정 배수를 선발함<br>2단계_지원자를 학교로 불러서 치르는 소집 면접을 치름<br> · 영재고 : 경기 · 광주 · 대구 · 대전 · 서울 · 한국과학영재학교 6교<br> 　　　　　세종, 인천 과학예술영재학교 2교<br>학년과 상관없이 지원 가능함(조기 입학 가능)<br>4월에 원서접수를 시작해 5~7월까지 영재성 검사, 과학캠프 등을 통해 최종 합격자를 선발함<br>전국 단위로 지원 가능함 |

● 학생부 종합전형이란?

현행 입시는 지적인 능력을 가늠하는 성적보다는 학생의 다양한 능력 및 재능에 더 많은 점수를 준다. 예전에는 단순히 성적을 근거로 학생을 평면적으로 평가했다면, 이제는 경쟁을 통한 효율성에 중점을 두고 있다. 이런 최근의 입시 모습은 2008년 대학 입시 자율화를 실시하면서 입학사정관제도를 확대하고 수능 등급제를 보완하면서 그 뼈대가 갖춰졌다. 2013년 이후에는 창의인성 강화를 중점으로 학생부 종합전형이 확대되고 있는 추세다. 점점 학생부 종합전형의 선호도는 높아지는 반면, 학생부 교과전형의 선호도는 낮아지고 있다. 스펙보다는 본인 스스로 만들어가는 스토리텔링이 중요해진 것이다. 대학에서도 미래 사회가 요구하는 창의적 인재 양성을 위해 수행평가와 발표 수업을 통한 자기주도 학습 능력을 잘 갖춘 학생을 선호한다. 자신이 가고자 하는 진로에 맞게 진학하려는 지원자를 뽑는 것이다. 학업 능력뿐 아니라 성장 과정, 잠재력, 소질 그리고 리더십과 도전 의지 같은 다양한 요소로 학생을 입체적으로 평가하고자 한다. 점수 위주의 정량 평가에서 정성 평가로 전환되는 추세라고 볼 수 있다. 이와 같이 모든 대학의 니즈를 반영한 것이 바로 학생부 종합전형이다.

\* **정량 평가** : 성적을 숫자로 보는 절대 평가
\* **정성 평가** : 학생이 처한 교육 환경을 고려해 학생 개인을 평가하는 상대 평가 방식. 고교 석차 점수를 대학 자체 점수로 환산해서 합격자를 발표한다. 결과보다는 과정을, 스펙보다는 스토리를 보며 잠재력과 미래 가능성을 고려하는 내신등급의 질적 해석(학생부에 기재되는 다양한 활동, 자기소개서, 추천서, 면접 등)

● **대학 입시 전형 기본 사항**

| 수시 4개 | | | | 정시 2개 | |
|---|---|---|---|---|---|
| 학생부 종합 | 학생부 교과 | 논술 | 실기 | 수능 | 실기 |

# 빅 데이터로 보는 학군

학군을 파악할 때 활용할 수 있는 자료는 크게 세 가지다. 초·중·고 학업성취도평가, 특목고 진학률, 서울대 진학률. 해마다 전국 학교를 대상으로 국어, 영어, 수학 이 세 과목의 학업성취도를 평가하는데, 그 결과는 학교알리미 사이트에서 공개된다. 세 과목 평균이 90점을 넘으면 학업 수준이 우수하다고 보면 된다. 언론에서도 매년 전국에서 성적 상위권을 차지한 학교들을 발표하고 있으니 이를 통해 현재 거주하는 지역의 학교가 전국에서 어느 정도 수준인지 파악할 수 있다.

2015년 학업성취도평가 결과를 보면, 서울 지역 중학교 Top 30 안에, 강남 12개, 서초 8개, 송파 지역 3개교가 들어 있다. 여기서 송파는 잠실을 가리킨다. 송파구에도 잠실과 비잠실로 학군 선호 지역이 나뉜다. 종합운동장역-잠실새내역-잠실역-잠실나루역을 잇는 곳이 바로 잠실 지역이며 학군 선호 지역이다. 양천구의 4개교는 모두 목동 학군에 속한다. 특히 신목중학교와 월촌중학교는 명문 학군으로 꼽힌다. 광남 학군의 광진구에는 2개교가 순위권 안에 들었는데, 대원국제중학교와 광남중학교다. 최근에는 인근의 양진중학교도 좋은 학군으로 인기를 얻고 있으니 주목하는 게 좋겠다.

서울 강북 지역에는 딱 1개교만 30위 순위권에 들었는데 바로 영훈국제중학교다. 전국 100위 안에는 들지 않았지만 중계동에 위치한 을

| 전국 중학교 국가수준 학업성취도평가 결과 Top 100 명단 |

| 지역 | 학교명 | 개수 |
|---|---|---|
| 서울 | 개원중, 경원중, 광남중, 구룡중, 단대부중, 대명중, 대왕중, 대원국제중, 대청중, 도곡중, 목동중, 목운중, 목일중, 반포중, 봉은중, 불암중, 상명중, 서운중, 서일중, 세화여중, 숙명여중, 신동중, 신목중, 신반포중, 신사중, 신서중, 신천중, 압구정중, 양정중, 언주중, 역삼중, 영훈국제중, 오륜중, 용강중, 원촌중, 월촌중, 을지중, 잠신중, 잠실중, 정신여중, 진선여중, 휘문중 | 42 |
| 경기 | 구미중, 귀인중, 낙원중, 내정중, 늘푸른중, 대안여중, 매송중, 발산중, 백현중, 범계중, 보평중, 분당중, 불곡중, 샛별중, 서현중, 송림중, 수내중, 신백현중, 신일중, 양영중, 영덕중, 영일중, 오마중, 용인신촌중, 이매중, 이현중, 정발중, 청심국제중, 판교중, 평촌중, 홍천중 | 31 |
| 경북 | 확인불가 1, 대동중, 울릉북중, 포항제철중, 현동중 | 6 |
| 대전 | 대덕중, 대덕문정중, 대전삼육중, 대전삼천중, 대전어은중, 대전전민중 | 6 |
| 대구 | 경신중, 동도중, 정화중 | 3 |
| 울산 | 서생중, 울산서여중, 학성중 | 3 |
| 인천 | 확인불가1, 신송중, 인천해송중 | 3 |
| 부산 | 부산국제중, 센텀중 | 2 |
| 강원 | 원주삼육중 | 1 |
| 광주 | 문성중 | 1 |
| 전남 | 목포홍일중 | 1 |
| 전북 | 화산중 | 1 |

*2015년 기준, 학교 순서는 가나다순

지중학교도 괜찮은 학군에 꼽힌다. 경기도 지역으로 눈을 돌리면 역시 분당 판교지역이 17개교를 순위에 올려 우수한 학업 성적을 보였다. 일산은 4개교, 대형 학원가로 유명한 평촌 역시 4개교가 100위 안에 들었다.

| 서울 지역 중학교 국가수준 학업성취도평가 결과 Top 30 명단 |

| 지역 | 학교명 | 개수 |
|------|--------|------|
| 강남 | 단대부속중, 대명중, 대왕중, 대청중, 도곡중, 숙명여중, 신사중, 압구정중, 언주중, 역삼중, 진선여중, 휘문중 | 12 |
| 서초 | 경원중, 반포중, 서운중, 서일중, 세화여중, 신동중, 신반포중, 원촌중 | 8 |
| 양천 | 목운중, 목일중, 신목중, 월촌중 | 4 |
| 송파 | 신천중, 오륜중, 잠실중 | 3 |
| 광진 | 광남중, 대원국제중 | 2 |
| 강북 | 영훈국제중 | 1 |

*2015년 기준, 학교 순서는 가나다순

| 경기 지역 중학교 국가수준 학업성취도평가 결과 Top 30 명단 |

| 지역 | 학교명 | 개수 |
|------|--------|------|
| 분당 | 구미중, 낙원중, 내정중, 늘푸른중, 매송중, 백현중, 보평중, 분당중, 불곡중, 샛별중, 서현중, 송림중, 수내중, 신백현중, 양영중, 이매중, 판교중 | 17 |
| 일산 | 발산중, 신일중, 오마중, 정발중 | 4 |
| 안양 | 귀인중, 대안여중, 범계중, 평촌중 | 4 |
| 수원 | 영덕중, 영일중 | 2 |
| 용인 | 용인신촌중, 이현중 | 2 |
| 가평 | 청심국제중 | 1 |

*2015년 기준, 학교 순서는 가나다순

지방에서는 대구 수성구와 대전 그리고 울산 등이 대표적으로 학구열이 높은 지역이다. 이 중 대구 수성구는 전통적으로 명문 학교가 많기로 유명한데, 특히 의대 진학률이 높다. 대구 상위 1% 맹모들은 자녀가 진학할 대학교에 맞춰 서울에 집 한 채씩을 사둔다는 말이 있을 정도다. 서울대에 들어가는 아이를 위해 관악구에 부동산을 마련해둔 집은 시간이 지나도 집값 변동이 없고, 반포 성모병원에서 공부할 아이를 위해 반포 재건축 물건을 사준 집은 입이 귀에 걸리고, 고대 근처에 부동산을 마련해둔 집은 웃을 수 없었다는 우스갯소리도 있다. 지방의 맹모들 사이에서는 이왕이면 학교와 상관없이 무조건 강남에 집을 사두라는 말이 오간다고 한다.

2016년 학업성취도 자료에 따르면, 수학 과목에서는 전반적으로 강남권 학생들의 성적이 매우 우수하다는 것을 알 수 있다. 이는 나중에 과학고나 영재학교 진학률에도 큰 영향을 미치는 부분이다. 학업성취도평가는 교내 전체 평균이다. 따라서 특수학급을 운영하고 있거나 예체능 특기자를 배출하는 학교일 경우 지역 선호도에 비해 평균이 낮을 수 있다. 학업성취도는 학교알리미 사이트에서 학교별로 조회할 수 있으며, 온라인상에서 해당 연도와 해당 구, 지역명으로 검색해도 쉽게 찾을 수 있다.

빅 데이터는 교육뿐 아니라 실거주 이사나 투자와 접목해서도 응용할 수 있다. 갑자기 특정 지역의 학업성취도평가 순위에 변화가 생겼다면 분명 그 동네에 주목할 만한 이슈가 있다고 봐야 한다. 예를 들어, 2015년 데이터에 등장하지 않던 학교가 2016년 학업성취도평가의 구별 순위 중 상위권을 차지했다거나 시별 순위 상위권에 올랐다면 분명 호재가 있는 것이다. 신도시의 신생 학교가 드디어 공고히 자리를 잡았다거나, 뉴타운 입주로 주거 환경이 개선되어 새롭게 부상하는 학교가 탄생했을 수도 있다. 경험을 토대로, 서울 시내 안에서는 33평형대의 아파트 전세가가 약 5억 원 선에 들어설 때, 분당을 제외한 경기도 권에서는 33평형대 아파트 전세가가 약 3억 원 선에 진입할 때, 나는 해당 지역의 교육열이 뜨거워졌다고 해석한다. 자녀교육을 위해 거주지역을 옮기는 경우, 매입보다는 일단 전세를 선택하는 부모들이 많다. 따라서 학군 지역의 이슈가 아파트의 전세가격에 영향을 미치는 것이다.

대학 입시 진학률의 상징은 서울대 진학률이다. 타 대학의 입학률은 다른 대학과 중복 합격할 경우 학생이 어떤 선택을 하느냐에 따라 허수가 많이 발생하므로 이동 가능성이 비교적 적은 서울대 진학률을 주요 지표로 삼는 것이다. 또한 서울대에 학생을 많이 보낸 학교일 경우 연대와 고대를 비롯한 주요 Top 10 대학교에도 많은 학생을 보낼 가능성이 크다고 여기는 것 같다. '1등만 기억하는 더러운 세상'이라고 말할 수도 있지만, 현실이 그렇다. 결국 이렇다 보니 해당 학교에서 매해 서울대에 학생 몇 명을 보냈는지가 고등학교 입장에서는 매우 중요한 이슈가 된다.

해마다 고교별 서울대 진학률을 전국 100위까지 발표한다. 입시 전문뉴스〈베리타스〉등에서 찾아보면 자세한 내용을 볼 수 있다. 2016년

## | 2016년 서울대 고교별 합격자 수 현황 |

(2016, 2015 모두 수시최초+수시추합+정시최초 기준)

| 순위 | 고교명 | 합계 | 정시 최초 | 정시 소계 | 수시 추합 | 수시 최초 | 2015년 순위 | 합계 | 소재 | 고교유형 |
|---|---|---|---|---|---|---|---|---|---|---|
| 1 | 외대부고 | 79 | 32 | 47 | 3 | 44 | 3 | 63 | 경기 | 자사(전국) |
| 2 | 서울예고 | 75 | 1 | 74 | 0 | 74 | 1 | 93 | 서울 | 예고 |
| 3 | 서울과고 | 74 | 3 | 71 | 1 | 70 | 6 | 60 | 서울 | 영재학교 |
| 4 | 대원외고 | 70 | 29 | 41 | 1 | 40 | 2 | 78 | 서울 | 외고 |
| 5 | 하나고 | 61 | 5 | 56 | 2 | 54 | 5 | 61 | 서울 | 자사(전국) |
| 6 | 경기과고 | 58 | 0 | 58 | 1 | 57 | 3 | 63 | 경기 | 영재학교 |
| 7 | 상산고 | 55 | 45 | 10 | 1 | 9 | 7 | 57 | 전북 | 자사(전국) |
| 8 | 대구과고 | 46 | 0 | 46 | 1 | 45 | 14 | 27 | 대구 | 영재학교 |
| 9 | 민족사관고 | 41 | 6 | 35 | 0 | 35 | 8 | 37 | 강원 | 자사(전국) |
| 10 | 세화고 | 35 | 27 | 8 | 0 | 8 | 19 | 25 | 서울 | 자사(광역) |
| 11 | 한국영재 | 34 | 0 | 34 | 0 | 34 | 19 | 25 | 부산 | 영재학교 |
| 12 | 대일외고 | 33 | 5 | 28 | 0 | 28 | 12 | 31 | 서울 | 외고 |
| 13 | 명덕외고 | 29 | 5 | 24 | 0 | 24 | 10 | 33 | 서울 | 외고 |
| 13 | 포항제철고 | 29 | 11 | 18 | 0 | 18 | 13 | 29 | 경북 | 자사(전국) |
| 15 | 한영외고 | 28 | 4 | 24 | 0 | 24 | 11 | 32 | 서울 | 외고 |
| 16 | 선화예고 | 27 |  | 27 |  | 27 | 16 | 26 | 서울 | 예고 |
| 16 | 휘문고 | 27 | 23 | 4 | 0 | 4 | 14 | 27 | 서울 | 자사(광역) |
| 18 | 국악고* | 25 | 0 | 25 | 0 | 25 | 27 | 21 | 서울 | 예고 |
| 18 | 안산동산고 | 25 | 9 | 16 | 0 | 16 | 16 | 26 | 경기 | 자사(광역) |
| 20 | 중동고 | 23 | 14 | 9 | 0 | 9 | 30 | 20 | 서울 | 자사(광역) |
| 21 | 경기외고 | 21 | 5 | 16 | 0 | 16 | 22 | 23 | 경기 | 외고 |
| 21 | 숙명여고 | 21 | 16 | 5 | 0 | 5 | 27 | 21 | 서울 | 일반(평준) |
| 21 | 현대고 | 21 | 9 | 12 | 0 | 12 | 22 | 23 | 서울 | 자사(광역) |
| 24 | 단대부고 | 19 | 14 | 5 | 0 | 5 | 37 | 15 | 서울 | 일반(평준) |
| 25 | 고양외고 | 18 | 6 | 12 | 1 | 11 | 21 | 24 | 경기 | 외고 |
| 25 | 안양외고 | 18 | 9 | 9 | 2 | 7 | 34 | 16 | 경기 | 외고 |
| 27 | 대전외고 | 17 | 6 | 11 | 0 | 11 | 37 | 15 | 대전 | 외고 |
| 28 | 서울고 | 16 | 5 | 11 | 0 | 11 | 37 | 15 | 서울 | 일반(평준,과중) |
| 28 | 영동고 | 16 | 11 | 5 | 0 | 5 | 47 | 13 | 서울 | 일반(평준) |
| 28 | 한일고 | 16 | 4 | 12 | 0 | 12 | 16 | 26 | 충남 | 일반(자율전국) |
| 28 | 현대청운고 | 16 | 10 | 6 | 0 | 6 | 25 | 22 | 울산 | 자사(전국) |
| 총계 | | 1,073 | 314 | 759 | 13 | 746 | − | 1,047 | | − |

*국악고는 수시최초만 확인, 전수조사가 아니며 변동 가능성 있음. 2016년 수시최초는 국회여당의원실 조사
자료원: 〈뉴스 1〉 2016년 1월 기사

결과에 따르면, 상위 28위까지 대부분 특목고라는 것을 알 수 있다. 일반 고등학교는 겨우 5개교다. 그나마 이 5개 학교도 대부분 강남 및 서초에 있는 학교다〔21위 숙명여고(강남구), 24위 단대부고(강남구), 28위 서울고(서초구), 28위 영동고(강남구)〕. 그중 공동 28위인 한일고 등학교 정도만 충남에 있는데, 사실상 일반 후기고로서 전국에서 지원한 학생을 면접을 통해 선발하는 명문고이다. 10위 반포동의 세화고등학교와 16위를 차지한 대치동의 휘문고등학교 등도 이제 자사고로 일반 고등학교가 아니다.

2016년 EBS 다큐프라임 '공부의 배신'이 세간에 화제였다. 서울대에서는 특목고 출신의 학생들끼리만 집단을 만들어 활동하므로 일반 고등학교를 나와서 서울대에 입학한 학생들은 여기에 낄 수 없어 왕따가 된다는 내용이었다. 방영 후 학부모들 사이에서도 뜨거운 공방전이 이어졌다. 하지만 이러한 현실이 벌어진 원인은 잘못 해석된 것 같다.

서울대는 전통적으로 학교 내 동아리 활동이 진로에 중요한 영향을 미친다. 앞의 입시 결과에서 보듯, 일례로 대원외고만 봐도 2016년에 서울대에 진학한 학생이 모두 70명이다. 외고 특성상 같은 언어를 전공하는 학생끼리 3년 내내 한 반이었을 수도 있고 고교 시절 동아리 활동이나 교내 활동에서 얼굴을 익힌 사이일 가능성도 크다. 또한 2학년에 재학 중인 선배의 수만 78명이다. 그 선배들도 이미 고교 시절부터 최소한 안면이 있을 확률이 높다. 그러니 굳이 일반 고등학교 출신들을 왕따시키는 게 아니라, 익숙하고 친분이 있는 사람들끼리 자연스럽게 어울리게 된 게 아닐까? 중요한 건 이것이다. 자사고까지 합세한 특목고 출신 학생들의 수가 늘면서 서울대에 진학하는 대부분의 학생들은 특목고 출신일 가능성이 크다는 것.

● **학군 관련 빅 데이터를 어디에서 볼 수 있을까?**

1. 학교알리미(www.schoolinfo.go.kr)

2. 네이버부동산(http://land.naver.com)

  〉 매물 〉 관심 지역의 '동'을 지정 〉 초등학교 학군정보 메뉴 클릭(초등학교 통학

  구 표기)

3. 학구도안내서비스(schoolzone.edumac.kr)

4. 신한S뱅크(www.shinhan.com)

  스마트폰 앱 다운 서비스 〉 검색어 : 신한S뱅크 〉 군별 부동산 매물 정보 서비스

5. 닥터아파트(www.drapt.com)

  〉 시세 〉 테마별시세검색 〉 학군별시세검색

6. 교육청 통학구역(각 해당 교육청에 유선전화로 문의)

7. 부동산다이어트(www.bdsdiet.com)

  〉 학군정보

8. 베리타스(www.veritas-a.com)

9. 구피생이 블로그 Find APT(http://blog.naver.com/unimk)

10. Dreamer 블로그(http://naver.me/xFvzJ9Pk)

  〉 중학교 학군정보 시스템 V1.0

# 엄마 눈에만
# 보이는 것들
## 07

이미 눈치 챘겠지만, 초·중·고등학교의 명문 학군이 되는 조건은 조금씩 다르다. 따라서 그저 뭉뚱그려서 '좋은 동네'라고만 생각하고 상세한 내용을 놓친다면 부동산 투자에서 실수하기 쉽다.

## ⌂ 초·중·고 명문 학군의 조건

일단 초등학교의 경우 주변에 유해시설이 없어야 한다. 특히 단지 내 초등학교가 있는 이른바 '초품아'의 인기가 좋다. 초등학생의 경우 나이가 어리다 보니 학부모들은 도보로 통학할 수 있는 환경을 중시한다. 통행로에 차량이 많이 다니지 않아야 하며, 가급적이면 건널목을 건너지 않는 것이 좋다. 큰 도로를 지나가야 한다거나 아주 번화한 거리를 지나쳐야 한다면 아침저녁으로 누군가가 아이를 데려다 주고 데리러 가야 하기 때문이다. 저학년의 자녀를 둔 학부모들의 경우 특히나 등·하교 지도의 편이성을 따지므로 자연스럽게 큰 도로가 없는 단지 내 초등학교를 선호하는 것이다. 인근에 빌라가 많은 지역은 좋은 학군에서 밀리는 반면, 아파트에 거주하는 아이들만 배정되는 초등학교나 주상복합 혹은 고급 주택가들이 많은 곳의 초등학교는 선호된다. 초등학교의 학구열은 아이들의 성적순이 아니라 부모의 교육열에 좌우된다. 아이들의 실력이 성적으로 실현되기 전이라, 소득 수준이 높고 생활이 안정된 지역에서 자연스럽게 학구열이 생기며 이런 지역을 중심으로 학원과 다양한 영어 유치원도 개점한다.

이제 중학교를 살펴보자. 중학교는 학군의 꽃이다. 앞에서 말했듯 요즘 대학 입시는 고입에서 결정되는 경우가 많다. 좋은 중학교 학군을 알아보는 방법은 간단하다. 해마다 중·고등학교에서 국어, 영어, 수학 과목의 성취도평가를 하는데 이 평가 결과와 특목고 진학률을 보면 금세 파악된다. 거기에 대형 학원가까지의 거리도 가깝다면 금상첨화다. 특목고는 학생부 종합전형의 비중이 확대됨에 따라 강남권에서 그 인기가 조금 사그라졌지만 학군이 그리 좋지 않은 지역이나 인근에 좋은 고등학교가 별로 없는 지역에서는 여전히 선호된다. 특목고 진학률이 높고 성취도평가에서 평균 이상의 높은 성적을 받은 중학교 인근에는 반드시 입시 성과가 좋아 진학 선호도가 높은 일반 고등학교도 존재하게 마련이다. 따라서 종합적으로 중학교 학군이 가장 중요한 것이다.

중학교 학군이 중요한 이유가 하나 더 있다. 앞서 '중2병'에 대해 언급했지만, 한창 사춘기로 예민한 중학생들은 친구와 주변 환경에 많은 영향을 받는다. 면학 분위기가 매우 중요하다는 의미다. 아들을 둔 학부모들 사이에서는 중학교는 아이를 남녀공학에 보내고 고등학교는 남고에 보내라는 이야기가 있다. 아들이 중학교에 들어갈 때는 남녀공학에 보내 남학생들보다 성실하고 꼼꼼하게 수행평가 등의 성적을 관리하는 여학생들의 모습을 옆에서 보고 배울 수 있게 하라는 뜻이다. 중학교 때 여학생들이 어떻게 공부하는지 보지 못하고 지내다가 남녀공학 고등학교에 진학하면, 남학생들이 소위 '멘붕'이 온다는 것이다. 또 남녀공학 고등학교에 들어갈 경우 성적 관리에 뛰어나고 내신이 좋은 여학생들에 비해 남학생들이 불리하다는 점에서 남고를 선호하는 경향이 있다. 그렇다면 좋은 학군의 중학교에 입학하려면 어떻게 해야 할까?

서울시의 경우 중학교 배정은 통학구 내 추첨이 원칙이다. 대부분 근거리 배정을 해주긴 하지만 특정 중학교 바로 옆에 거주한다고 해서 반드시 그 중학교에 배정받는 것은 아니라는 것. 바로 이 때문에 학군 배정 문제가 학부모들 사이에서 큰 논쟁거리가 되고 있다. 대치동이나 목동 등 교육열이 높은 지역에서는 학교 배정에 따른 아파트 배치도가 따로 있을 정도다. 그러니 학군을 토대로 이런 아파트에 투자한다면 최소한 수요가 빠질 걱정은 없지 않을까?

이제 고등학교 학군에 대해 알아보자. 고등학교 학군은 예전에 비해 그 위상이 많이 약화된 것이 사실이다. 명문 고등학교를 중심으로 학군이 형성되던 예전과 달리 요즘은 중학교 학군에 따라 서열이 매겨지기 때문이다. 요즘 일반 고등학교는 1차로 특목고에 진학하는 최상위권 성적의 학생들이 빠지고, 2차로 중위권 학생 중 적성 혹은 전략적으로 자율형 공립고등학교(이하 자공고)나 특성화학교로 진학하는 학생들이 빠진 나머지 아이들이 진학하는 곳이 되었다. 서울 시내 일반 고등학교는 고교 평준화가 실시되면서 통학구 내에서 1지망과 2지망으로 지원할 수 있는데, 당연히 1지망 학교가 인기가 있고 2지망 학교는 비선호 학교인 경우가 많다.

중학교에서 중위권 성적의 아이들 중 일부가 자공고 및 특성화고등학교에 진학하기 때문에 우리의 학창 시절과는 달리, 정작 일반 고등학교에는 중하위권 혹은 하위권 성적의 아이들이 많이 진학하게 되는 것이다. 결국 그들 중 많은 학생들이 공부에 뜻이 없으므로 시험기간에도 면학 분위기가 조성되지 않을 가능성이 크다. 일반 고등학교에 진학한 학생들 중 공부에 뜻이 있는 학생이라고 해도 주변 친구들 분위기 때문에 하지 못하는 경우가 생긴다.

내가 지도했던 학생 중 한 명은 중학교 때 성적이 중상위권에 속해 전략적으로 일반 고등학교 문과에 진학했다. 이 학생은 내신 상위권을 유지하는 데는 성공했지만, 학습 분위기가 조성되지 않는 상황에서 공부하느라 고등학교를 졸업할 때까지 괴로워했다. 면학 분위기는커녕 공부를 하면 친구들에게 놀림을 당하는 분위기였다고 한다. 물론 교육열이 높은 지역의 고등학교들, 주로 강남 지역의 일반 고등학교는 예외로 두자.

| 좋은 학군의 조건 |

**초등학교**
- 근거리 배정된다
- 유해시설이 없다
- 단지 내 초등학교가 있다
- 주변에 주상복합이나 중대형 평수의 아파트가 많다

**중학교**
- 학군의 꽃이며 통학구 내 추첨으로 결정된다
- 학업성취도평가에서 평균 성적이 높다
- 특목고 진학률이 높다
- 학원가와 가깝다

**고등학교**
- 평준화 지역에서는 학군과 상관이 없다(고교 선택제)
- 이과 중심이다
- 과밀학급이 좋다
- 서울대 진학률이 높다

## 입시에 유리한 과밀학급

　자녀가 좋은 면학 분위기에서 양질의 교육을 받을 수 있게 하고 싶은 건, 모든 학부모들의 마음일 것이다. 그렇다 보니 좋은 학군으로 소문난 곳에는 자연스럽게 학부모들의 관심이 집중되고 해당 학교에 자녀를 입학시키려는 이들이 몰리게 된다. 이처럼 공급은 한정적인데 수요가 계속 늘어나게 되면 해당 학교에 반드시 발생하는 현상이 있는데, 그게 바로 '과밀학급'이다. 특히나 초등학교일 경우 학년이 올라갈수록 점점 과밀 현상이 심해진다.

　2010년 서울 대치동 대치초등학교의 예를 보자. 다음 대치초등학교 학생 분포표에서 보듯, 대치초등학교의 1학년은 4학급에 총 학생수가 126명이다. 그런데 4학년이 되면 8학급에 304명이 되고, 6학년은 무려 13학급에 413명이다. 왜 이런 일이 생기는 걸까?

| 대치초등학교 학생 분포 |

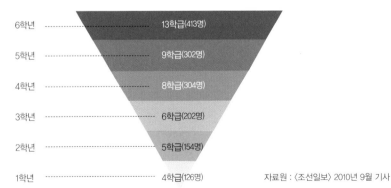

| 6학년 ┈┈┈┈┈ 13학급(413명) |
| 5학년 ┈┈┈┈┈ 9학급(302명) |
| 4학년 ┈┈┈┈┈ 8학급(304명) |
| 3학년 ┈┈┈┈┈ 6학급(202명) |
| 2학년 ┈┈┈┈┈ 5학급(154명) |
| 1학년 ┈┈┈┈┈ 4학급(126명) |

자료원 : 〈조선일보〉 2010년 9월 기사

자녀가 초등학교에 입학하는 시기의 학부모들은 건널목을 건너지 않고 안전하게 통학할 수 있는 단지 내 학교를 선호한다. 그저 그 정도에 만족하는 것이다. 그러다가 아이가 점차 자라 고학년이 되면 면학 분위기까지 고려하게 되면서 좋은 학군으로 소문난 지역의 학교로 아이를 보내고 싶어 한다.

첫째 아이가 학년이 올라가고 거기에 둘째 아이까지 입학할 시기가 되면 이때 좀 더 학군이 좋은 동네로 전입을 시도하는 이들 또한 늘어난다. 이러한 필요에 따라 좋은 학교에 배정되는 학군 지역으로 이사 오는 가구가 늘어나면서 '좋은 학교'의 고학년 학생 수가 늘어나는 것. 앞에서도 말했지만 학군의 꽃은 고등학교가 아닌, 중학교다. 그렇다 보니 초등학교 6학년은 중학교 배정 때문에라도 더욱 과밀학급이 된다. 결국 좋은 학군의 초등학교에는 저학년보다 고학년 아이들이 대다수를 차지하는 기현상이 벌어진다.

2016년 서울시 교육청 자료에 따르면, 서울 평균 학급당 학생 수가 23.1명인데 초등학교는 26명이 넘으면 과밀학급으로 분류된다고 한다. 서울시 공립초등학교 560개 중 학급당 학생 수가 30명이 넘는 학교는 모두 19개로 조사되었다. 그중 12개가 강남 3구에 쏠렸는데, 강남(5곳), 서초(4곳), 송파(3곳)이다. 목동 학군으로 유명한 양천구에도 3개교가 해당된다. 강남구 도곡동의 대도초등학교는 학급당 학생 수가 37.5명으로 전국에서 가장 학생 수가 많은 것으로 집계됐다.

## | 서울시 구별 학급당 학생 수와 아파트 시세 |

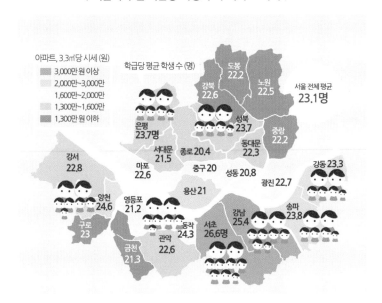

아파트, 3.3㎡당 시세 (원)
- 3,000만 원 이상
- 2,000만~3,000만
- 1,600만~2,000만
- 1,300만~1,600만
- 1,300만 이하

학급당 평균 학생 수 (명)

서울 전체 평균 **23.1명**

도봉 22.2
강북 22.6
노원 22.5
은평 23.7명
성북 23.7
중랑 22.2
서대문 21.5
종로 20.4
동대문 22.3
강서 22.8
마포 22.6
중구 20
성동 20.8
강동 23.3
영등포 21.2
용산 21
광진 22.7
양천 24.6
구로 23
동작 24.3
서초 26.6명
강남 25.4
송파 23.8
금천 21.3
관악 22.6

## | 학급당 학생 수 30명 이상인 서울 공립초등학교 |

| 지역 | 초등학교 | 학급수 | 학생 수(명) | 학급당 학생 수(명) |
|---|---|---|---|---|
| 강남구 도곡동 | 대도초등학교 | 52 | 1,950 | 37.5 |
| 강남구 역삼동 | 도성초등학교 | 44 | 1,622 | 36.9 |
| 강남구 청담동 | 언북초등학교 | 51 | 1,841 | 36.1 |
| 서초구 잠원동 | 신동초등학교 | 45 | 1,525 | 33.9 |
| 양천구 목동 | 목운초등학교 | 49 | 1,641 | 33.5 |
| 서초구 반포동 | 원촌초등학교 | 38 | 1,274 | 33.5 |
| 서초구 서초동 | 원명초등학교 | 42 | 1,399 | 33.3 |
| 강남구 일원동 | 대모초등학교 | 32 | 1,056 | 33 |
| 동작구 신대방동 | 보라매초등학교 | 52 | 1,711 | 32.9 |
| 송파구 잠실동 | 잠신초등학교 | 52 | 1,667 | 32.1 |
| 강서구 내발산동 | 내발산초등학교 | 50 | 1,600 | 32 |

| 송파구 잠실동 | 잠일초등학교 | 57 | 1,800 | 31.6 |
|---|---|---|---|---|
| 강남구 대치동 | 대치초등학교 | 43 | 1,360 | 31.6 |
| 양천구 목동 | 경인초등학교 | 36 | 1,113 | 30.9 |
| 강동구 강일동 | 강일초등학교 | 55 | 1,671 | 30.4 |
| 관악구 봉천동 | 구암초등학교 | 59 | 1,780 | 30.2 |
| 양천구 목동 | 월촌초등학교 | 43 | 1,297 | 30.2 |
| 송파구 잠실동 | 버들초등학교 | 31 | 932 | 30.1 |
| 서초구 반포동 | 잠원초등학교 | 60 | 1,802 | 30 |

자료원 : 서울시교육청, KB국민은행, 〈조선일보〉 2017년 1월 기사(2016년 10월 기준)

2010년 학교알리미 조사에 따르면, 서울 지역 자치구별 학급당 인원이 40명이 초과되는 중학교 수가 많은 지역은 강남구, 서초구, 양천구, 송파구, 동작구, 강동구, 관악구, 강서구 순이었다. 나머지 17개 자치구엔 과밀학급 현상이 일어나지 않았다.

이것만 봐도 학군 좋은 지역이 어디인지 알 수 있다. 학교로 따지면, 서울 지역 학급당 학생 수 상위 중학교는 신목중학교(양천구), 신서중학교(양천구), 목일중학교(양천구), 영도중학교(양천구), 월촌중학교(양천구), 목동중학교(양천구), 화원중학교(강서구), 단국대학교사범대학부속중학교(강남구) 등으로 조사됐다. 전국 중학교 평균 학급당 학생 수가 33.6명인데 반해, 이들 학교의 학급당 학생 수는 42명에서 46.2명으로, 과밀 현상이 두드러졌다. 인기 있는 학교는 과밀학급을 피할 수가 없는 것이다. 이러한 상황은 2017년 현재에도 크게 달라지지 않았다.

그렇다면 대학 진학에 있어 과밀학급이 유리할까, 불리할까? 소수 정예에서 멀어지니 학습에 불리할 것 같지만, 내신이 중요한 수시 전형이 확대됨에 따라 오히려 유리하게 작용한다. 학급당 학생 수가 너무 적을 경우 상위권 아이들끼리의 경쟁에서 높은 등급을 차지하기가 오히려 힘들기 때문이다. 과밀학급은 좋은 면학 분위기가 형성되는 것은 물론, 대학 입시에도 유리한 상황에 놓이게 되니 일석이조라고 할 수 있다. 특정 학교에 학생이 몰리면 주변 아파트 가격도 동반 상승하게 되는데 학군 수요 이사철에는 전셋집 구하기가 어려울 정도다. 힌트를 주자면, 학군 지역에 투자할 계획이라면 반드시 학군 수요 이사철에 전세 날짜를 맞춰 세입자를 구하자.

##  이과가 대세, 과학중점고등학교

요즘에는 정말 다양한 형태의 학교들이 있다. '과학중점고등학교'도 그중 하나다. 과학중점고등학교는 이과 중심, 즉 수학과 과학 교육에 중점을 두는 자율학교다. 국가로부터 과학중점고등학교로 인정받으면 시설비와 운영비를 지원받을 수 있는데, 최소 과학실 4개와 수학교실 2개를 갖출 수 있어 심도 있는 수업이 가능하다.

과학중점고등학교의 수학과 과학 수업시간 비중은 30%인 일반 고등학교보다 월등히 높은 45%이다. 과학중점고등학교의 인기가 높아진 건 왜일까? 이공계 대학의 정원이 더 많은 데다 취업에서도 이공계 출신이 보다 유리하기 때문이다. 특히 과학과 수학 수업시간이 길고 심화 학습까지 가능해 학생부 종합전형에 대비하는 데도 유리하고 이공계 대학 진학률을 높이는 데도 효과적이다. 서울에서는 강남구의 경기고(2016학년도 기준 수시 9명, 정시 5명으로 총 14명이 서울대 진학)와 서초구의 서울고(2016학년도 기준 수시 11명, 정시 5명으로 총 16명이 서울대 진학)가 대표적인 과학중점고등학교이며, 실제 대학 진학에서 좋은 성과를 거두었다.

물론 과학중점고등학교가 대학 입시에 무조건 유리한 것은 아니다. 인기가 많은 만큼 내신 관리가 치열하기 때문에 성적이 중상위권인 학생이라면, 전략적으로 일반 고등학교 문과에 들어가 상위권을 유지하는 것도 방법이다. 일반 고등학교의 경우 일단 수학이나 과학에 흥미가 있고 성적도 잘나오는 아이들은 대개 이과로 진학하는 데 반해 그렇지 않은 아이들은 문과로 진학하는 경우가 많기 때문이다. 다만 수학을 좋아한다고 해도 수학 점수가 잘나오지 않는다면 과학중점고등학교 진학은 다시 생각해보자. 일단 이공계 과목에서 우수한 실력이 있는 아이들이 모이는 곳이라 내신 성적에 불리할 수밖에 없기 때문이다.

| 전국 주요 과학중점학교 현황 |

| 지역 | 학교명(가나다순) |
|------|------------------|
| 서울 | 강일고, 경기고, 대진고, 마포고, 미양고, 명덕고, 무학여고, 반포고, 방산고, 서울고, 신도림고, 선정고, 성보고, 숭의여고, 여의도고, 용산고, 용화여고, 잠신고, 창동고, 휘경여고, 혜원여고 |
| 경기 | 광명북고, 구리고, 과천중앙고, 김포고, 보평고, 백운고, 부흥고, 분당중앙고, 시흥매화고, 수지고, 양지고, 용호고, 양일고, 인창고, 일산동고, 주엽고, 초당고, 태장고, 풍생고, 평내고, 효양고, 효원고 |
| 인천 | 가림고, 송도고, 인천산곡고, 인천원당고, 인명여고, 인천남동고, 인천여고, 인천남고 |
| 부산 | 부산고, 부산장안고, 사상고, 삼성여고, 용인고, 만덕고 |
| 경북 | 계림고, 구미고, 김천여고, 대영고, 문경여고, 포항고, 포항이동고, 청도고, 함창고 |
| 전남 | 광양백운고, 목상고, 순천복성고, 여수고, 해남고, 해룡고 |
| 대구 | 경산고, 경원고, 도원고, 심인고, 함지고 |
| 충북 | 금천고, 세광고, 영동고, 청주고, 충주고 |
| 경남 | 김해분성고, 물금고, 진주제일여고, 창원여고, 창원남산고 |
| 충남 | 설령고, 온양여고, 천안중앙고, 천안쌍용고 |
| 전북 | 군산제일고, 양현고, 이리고, 전주제일고 |
| 강원 | 속초고, 원주고, 원주여고, 춘천고 |
| 제주 | 남녕고, 대기고, 오현고, 제주여고 |
| 광주 | 상무고, 조선대여고, 풍암고 |
| 울산 | 방어진고, 울산강남고, 울산중앙고 |
| 대전 | 대덕고, 대전동산고 |
| 세종 | 두루고 |

∗ 2017년 23곳 추가 예정
∗ 현황 : 한 개 학년이라도 과학중점 체제(재심사 탈락고 포함)
∗ 이공계 진학에 유리한 교육과정 운영
∗ 수학, 과학 과목 이수 단위 총 40%

자료원 : 창의재단, 베리타스 알파

| 2016년도 과학중점학교 서울대 등록자 실적 |

| 순위 | 고교명 | 등록자 | 고교평준화 여부 | 시도 | 소재 |
|---|---|---|---|---|---|
| 24 | 수지고 | 19 | 비평준 | 경기 | 용인시 |
| 31 | 서울고 | 16 | 평준 | 서울 | 서초구 |
| 37 | 경기고 | 14 | 평준 | 서울 | 강남구 |
| 65 | 반포고 | 9 | 평준 | 서울 | 서초구 |
| 76 | 세광고 | 8 | 평준 | 충북 | 청주시 |
| 88 | 용산고 | 7 | 평준 | 서울 | 용산구 |
| 88 | 대진고 | 7 | 평준 | 서울 | 노원구 |
| 소계 | | 80 | | | |

＊ 2015년 2월 23일 등록마감일 등록자 기준(외국고 검정고시 제외)
＊ 학교유형=졸업생입학당시
＊ 특징 : 정시보다 수시에서 실적이 좋음

자료원 : 기초자료－윤재옥(새누리)의원실, 베리타스 알파

 요즘 뜨는 남자고등학교

　　언제부터인가 대한민국 사회 전반에 뛰어난 리더십과 활동성, 좋은 성적 등으로 자신감과 성취욕이 넘치는 이른바 '알파걸'들의 활약이 두드러지고 있다. 대학 입시에서도 마찬가지다. 여학생들의 평균 성적이 남학생들보다 압도적으로 우수하다. 현행 수행평가 체제도 여학생들에게 매우 유리한 구조다. 비교적 꼼꼼하고 멀티플레이가 가

능한 여학생들이 프로젝트성 수업이나 발표 수업에서 두각을 나타내는 것은 물론, 수업시간에 배포된 학습 프린트 모으기 같은 아주 사소한 부분에서도 남학생들을 능가한다. 기본 교과 시험에서 여학생들이 상위권을 점령하는 분위기다. 의대나 법대의 수석을 여학생이 차지하는 것도 놀랄 일이 아니다.

아이를 키우는 부모라면 남녀의 기본적인 학력 차이를 초등학교 때부터 느낄 수 있을 것이다. 남자아이들은 대개 초등학교 1학년 때부터 짝꿍인 여자 친구가 알림장을 써주지 않으면 아무것도 모른 채 해맑게 귀가한다. 오죽하면 남자아이를 키운 선배 엄마들이 후배 남자아이 엄마에게 가능하면 같은 반 여자 친구의 엄마와 꼭 친해질 것을 귀띔해줄까?

학부모들은 늘 아이들이 학교에서 무얼 배우는지, 무슨 일이 생기진 않았는지 등을 궁금해하는데, 남자아이들은 단체로 기억을 잃어버리는 병이라도 걸린 것처럼 그저 "몰라"라고 시큰둥하게 대답한다. 학교에서 싸움이라도 한 날이면 자초지종을 알고 싶은데, 통 말을 안 해주고 본인은 이미 그 일을 잊어버린 것처럼 행동한다. 사소한 일 하나하나까지 따지듯 담임교사에게 연락할 수도 없고 답답하기 짝이 없는 그럴 때, 바로 같은 반의 친한 여자아이 엄마가 있다면 도움을 받을 수 있다. 말은커녕 본인이 불리할 땐 귀도 막아버리는지 대답도 잘 않는 남자아이들에 비해 여자아이들은 학교에서 무슨 일이 있었는지 미주알고주알 엄마에게 말하길 좋아하지 않는가. 이런 남녀의 기본적인 성향 차이로, 화성에서 온 남자아이들은 금성에서 온 여자아이들에게 상위권 성적을 양보해주게 마련이다. 초등학교와 중학교에서 이런 경험을 해온 남학생의 부모들은 고등학교만큼은 아들을 남고에 진학시키고 싶어 한다.

남학생 부모들이 아들을 남고에 진학시키고 싶어 하는 건, 성적의 불리함 때문만은 아니다. 사춘기 학생들에게 있어 가장 큰 시험, 바로 '연애'도 걱정되기 때문이다. 같은 공간에서 공부하고 생활하다 보면 한창 피 끓는 아이들이 이성에게 관심을 가질 수밖에.

문제는, 남학생 여학생이 함께 연애를 하는데도 연애 따로 공부 따로 알아서 척척 잘하는 여학생과 달리, 남학생들은 한번 연애를 시작하면 정신 못 차릴 정도로 빠져버리는 경우가 많다는 것이다. 그렇다 보니 성적 관리에도 상당한 지장이 초래된다. 이래저래 멀티플레이를 하지 못하는 남자아이들의 성향은 연애에서도 마찬가지인 모양. 그렇다면 아들이 연애를 시작한 것을 감지했을 때 엄마들은 어떻게 해야 할까? 일단 불안하고 걱정스러운 마음을 애써 감추고 무조건 아들의 여자 친구에게 잘하라는 것이 선배 아들 엄마들의 충고다. 혹여 여학생의 마음이 식어 아들을 차버리기라도 하면, 단순한 남학생들은 실연의 아픔을 견디지 못하고 성적까지 뚝뚝 떨어지는 게 일반적이기 때문이다. 결국 이러한 상황에서 아들의 여자 친구를 만난 엄마들은 "애, 수능 끝날 때까지만이라도 우리 아들한테 헤어지자고 먼저 말하지 말아주라"라는 말이 목구멍까지 나온다고 한다.

　이제 고작 다섯 살 된 아들을 둔 나 역시 우리 아들이 남고에 갔으면 좋겠다는 마음이 드는 것도 이 때문이다. 재미 삼아 포털 검색창에 '서울 남자고등학교'라는 단어로 검색을 했다. 그런데 역시 나와 같은 엄마들이 많은 모양이다. 서울에 있는 남자고등학교를 알려달라는 질문이 꽤 있었다. 서울시 고등학교는 고교 선택제이다. 따라서 남자고등학교에 진학할 수 있는 인근 단지의 경우 꾸준히 수요가 있을 것이다. 특히나 그 학교가 단대부속고등학교나 보성고등학교처럼 명문이기까지 하다면 더더욱 말이다.

# 4장

학군 지역에
똘똘한 집 한 채
마련하기

대한민국 엄마들의 마음은 대동소이하다.
엄마들의 마음이 학군 지역을 지탱해주는
집값의 비밀이다.

이 책을 읽고 있는 독자들 중 대다수는 금수저가 아닐 것이다. 부모로부터 평생 돈 걱정 없이 살 수 있을 만큼의 유산을 물려받지 않았다면 노후 준비도 되지 않은 상황에서 자녀를 위한 교육비를 무한정으로 쓰면서 살 수는 없다. 그럼에도 불구하고, 우리 부모들은 자식이 양질의 교육을 받으며 원하는 만큼 공부를 해 번듯한 직장에 들어가거나 멋진 일을 하며 사회에 꼭 필요한 구성원이 되기를 바란다. 그것이 순수하게 부모들이 바라는 자녀의 삶이 아닌가? 하지만 대한민국에서 살아가는 이상 이 소박한 바람을 이루기 위해선 하우스 푸어도 모자라, 에듀 푸어로 전락하기 쉽다.

욕심나는 대로 자녀교육에 투자하자니 노후가 걱정되고, 노후 걱정 때문에 그저 자녀를 공교육에만 맡기자니 불안한 것이다. 이러한 딜레마가 내게도 찾아왔다. 10년 이상 사교육계에 종사하던 나는 꿈에도 없던 자녀를 갖게 된 후 반강제적으로 경제적 현실에 눈을 떴다. 부동산 공부를 시작한 이후에 교사로서 그리고 엄마로서 세상을 보기 시작했다.

그런 내가 나와 같은 고민을 하고 있는 이들에게 제안하고 싶은 것은 간단하다. 자녀의 나이와 학년을 고려한 '적당한 시기'에, 면학 분위기가 조성된 '좋은 학군 지역'의 아파트를 매입해 이주하라는 것이다. 그렇게 한다면 아이는 아이대로 좋은 교육을 받으며 학업에 열중할 수 있고, 부모 역시 자연스럽게 다양한 입시 정보에 노출될 수 있다. 무엇보다 좋은 것은 자녀가 대학에 들어갈 즈음에 거주지를 옮긴다면, 수요가 풍부한 지역의 아파트인 만큼 시세가 꾸준히 올라 부동산 불경기만 피한다면 시세 차익으로 노후자금까지 마련할 수 있다는 것이다. 이처럼 좋은 학군 지역에 실거주용으로 아파트를 마련하면 자녀교육과 노후자금 마련의 문제를 한 번에 해결할 수 있다.

게다가 부동산 투자에 대해 보다 열심히 공부한다면, 오피스텔이나 소형 아파트 투자로 현금흐름을 발생시킬 수도 있다. 월세로 자녀교육비까지 해결한다면 금상첨화가 아니겠는가? 이렇게 좋은 학군으로 소문난 곳은 이미 부동산 가격이 어마어마하지 않을까? 물론, 수요는 넘치고 공급이 한정된 학군 지역은 가격이 만만치가 않다. 하지만 무조건 '강남 학군'만 고집하지 않는다면 다양한 전략을 세울 수 있다. 우리가 세워야 할 전략은 새롭게 부상하는 신흥 학군 지역을 공략하는 것이다.

많은 투자자들이 부동산 투자를 주저하는 건, '부동산 가격이 폭락하면 어쩌지?' 하는 불안감 때문일 것이다. 하지만 전통적으로 학군이 강세인 지역의 아파트 가격은 경기 부침과 상관 없이 가격 하락을 피해왔다. 이른바 학군 프리미엄이 붙기 때문이다. 그러니 실거주를 하며 자녀를 교육시킬 계획이라면, 이 학군 프리미엄이 붙는 부동산을 매입하라. 당장의 자녀교육은 물론 부모의 노후 준비까지 일석이조의 효과를 누릴 수 있기 때문이다. 자, 그럼 이제부터 본격적으로 학군 지역에 대해 살펴보자.

# 학원가 인근의 부동산을 공략하라

**08**

 

대한민국은 공교육 정상화 촉진 및 선행교육 규제에 관한 특별법 지정으로 2014년 9월부터 '선행 학습 금지법'을 시행하고 있다. 하지만 안타깝게도 우리나라 현 입시 상황에서 사교육이나 선행 학습 없이 학생이 성적 상위권을 유지한다는 것은 거의 불가능에 가깝다는 게 현실이다. 그렇다 보니 대부분의 학부모들은 학원과 과외 교사들을 쉽게 구할 수 있는 지역으로 몰려들고 있다.

명문 학교들이 대거 포진되어 있고 학원가가 발달된 좋은 학군으로 가장 유명한 곳은 강남 3구, 즉 강남구, 서초구, 송파구이며, 양천구 목동과 노원구 중계동도 손에 꼽힌다. 경기도권에서는 분당과 판교 그리고 평촌과 일산이 알려져 있다.

이러한 선호도는 아파트 가격에 고스란히 반영되고 있다. 2016년 가을, 강남구의 25평형 재건축 아파트가 약 9억 9,000만 원에 분양됐다. 서초구와 강남구의 신축 기준 분양가는 평당 4,000만 원을 넘어섰으며, 송파구 잠실권의 신축 아파트들은 33평형 기준 평당가가 3,500만~3,900만 원, 비잠실권 지역의 경우 평당 2,500만 원 선이다. 광진구 내에서도 광남과 양진 학군으로 진학 가능한 지역의 아파트값은 평당 2,250만~3,000만 원 선이다.

물론 앞에서도 말했듯 같은 구 내에서도 좋은 학군에 속하느냐 아니냐, 학교까지 차도를 지나 통학하느냐 아니냐에 따라 가격 차가 벌어진다. 서울시 전역으로 보자면, 중산층이 두텁게 분포한 지역 아이

| 서울시 구별 아파트 매매가와 서울대 합격 확률 |

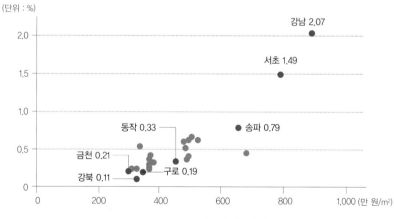

자료원 : 서울대 경제학부 김세직 교수(2014년 기준)

들의 대학 진학률이 월등히 높다. 부모의 소득과 교육열의 상관관계를 짐작해볼 수 있는 대목이다. 단, 대한민국에서 가장 가격이 높은 삼성동 아이파크나 용산 첼리투스, 한남 더힐, 성수동 갤러리아 포레 등은 중산층을 위한 아파트가 아니니 열외로 두자.

대형 학원가의 유무 역시 부동산 가격에 영향을 미치는 중요한 요소다. 서울 대치동과 목동, 중계동 그리고 안양시 평촌은 대형 학원가를 끼고 있는 대표적인 지역이며, 그 외에도 성남시 분당과 고양시 일산, 서울 반포 일대에도 좋은 학원들이 밀집되어 있다.

그렇다면 학원은 어떤 곳에 형성될까? 상권이 발달한 초역세권보다는 근린상가 지역에 형성되는 것이 일반적이다. 특히 인근에 유해시설이 없는지가 중요하다. 어느 학부모가 모텔이나 노래방, 유흥주점 등이 밀집한 지역의 학원에 아이를 보내고 싶어 하겠는가. 담배 냄새가 가득하다거나 술 취한 아저씨들이 탑승한 엘리베이터를 함께 이용해야 하는 학원이라면 정말 최악이다.

학원 운영자 입장에서도, 학생들이 하교한 이후 저녁시간에만 운영할 수 있는 업무 특성상 임대료가 저렴한 곳을 찾게 마련이다. 결국 이 두 가지 조건이 맞아떨어지려면 상권이 발달한 초역세권 상업지구보다는 한적한 근린상가 지역이어야 한다. 거기에 더해 주변에 중대형 평수의 아파트나 주상복합 등 고급 주택이 많은 부촌 동네라면 더할 나위 없이 좋다. 부모 소득이 일정 수준 이상이 돼야 여유가 있고,

자녀교육에 어느 정도 관심을 가질 가능성이 크기 때문이다.

경제적 여유가 있는 대기 고객층이 풍부하고, 임대료 부담이 크지 않은 곳, 유해시설도 적고 학원 운행 차량 주차도 용이하며, 부모들이 자녀를 학원까지 차량으로 데려다주기에도 불편함이 적은 곳, 바로 변두리 근린상권이 최적의 학원 입지 조건인 것이다.

전통적인 대형 학원가 외 새롭게 떠오르는 지역에도 이와 비슷한 공식으로 학원가가 형성되고 있다. 먼저, 인근 주거 환경이 개선되고 고객의 수요가 확인되면 학원들이 하나둘 들어오기 시작해 학원가를 이룬다. 잠실에서도 레이크팰리스를 비롯해 엘스, 리센츠, 트리지움 같은 새 아파들의 입주가 시작되면서 학원들이 들어왔는데, 유흥업소가 많은 잠실새내역(구 신천역) 쪽이 아닌, 비교적 상권 발달이 더딘 삼전동이었다. 반포의 경우 반포리체 아파트 건너편 구상권이 학원가로 확장해가고 있으며, 올림픽공원 건너 방이동은 불경기 여파로 상권이 죽자 음식점은 줄어들고 대형 학원들이 늘어 작은 학원가를 이루고 있다. 경기도 화성시 동탄 역시 중심상권인 메타폴리스몰 쪽이 아닌, 한적한 솔빛마을 단지 인근의 근린상가에 학원들이 들어와 작게 자리를 잡아가고 있다.

만약 주변에 학교들이 몰려 있는데, 해당 학교가 과밀학급이라면 어떨까? 거기에 사통팔달 교통까지 편리한 지리적 조건까지 갖추게 된다면, 초대형 학원가가 탄생한다. 이러한 조건을 갖춘 지역이 바로,

앞서 말한 대치동, 중계동, 평촌 학원가이다. 이곳은 해당 지역 거주자뿐 아니라 인근 지역의 학생들까지 모두 흡수해버리는 그야말로 학원계의 공룡이다.

대치동을 한번 살펴보자. 대치동은 역삼동과 도곡동 같은 맹모 지역은 물론이거니와 양재천 너머 개포동과 일원동, 수서동 그리고 학여울 교차로를 지나 탄천1교를 넘어 삼전동과 송파권까지 끌어안을 수 있는 교통의 요충지다. 탄천2교를 넘어 잠실우성 아파트와 아시아 선수촌 아파트 등 잠실 지역에서도 접근 가능하다. 이것이 끝이 아니다. 자양동과 광장동에서도 영동대로를 통해, 멀리 남양주에서도 올림픽대로를 타고 탄천로를 이용해 대치동 학원가에 접근할 수 있다. 차가 막히지만 않는다면 30분 안에도 이동이 가능하다고 한다.

괜찮은 학원이 많지 않은 삼성동과 청담동의 학생들은 물론 좀 더 먼 양재동에서도 대치동 학원가를 찾고 있으며, 분당에 거주하는 학생들도 분당수서간, 분당내곡간 고속도로를 이용해 대치동 학원가를 찾고 있다.

인근에 위치한 명문 학교들, 뜨거운 부모들의 교육열, 광범위한 지역까지 포괄할 수 있는 사통팔달 교통의 요충지로서의 지리적 이점까지 더해져 대치동은 우리나라 대표적인 학원가로 발달하게 된 것이다.

| 대한민국 대표 학원가들 |

대한민국 주요 10개 학원가 상권 대비 학원 매출 비중
※ 2014년 1분기 개인 신용체크카드 매출 기준(단위 : 억 원, %)

전체 매출액   학원 매출액(비중)
1~10 숫자는 비중 순위
● 3대 학원가

36
21(58.0)
중계동
은행사거리
노원구

32
5(14.9)
목동 5-6단지
8

23
1(5.6)
목동 오목교역
9

37
25(67.9)
안양평촌
학원가사거리
1

양천구

강남구
서초구

41
23(56.2)
대치동
은마사거리

115

10
4
3
21
10(46.7)
대치동 우성사거리

6
7
5

9
2(1.9)
신반포

3(32.4)
구반포

48
8(16.0)
대치동 한티역

16
5(33.6)
대치동 대치역

자료원 : 〈국민일보〉 2014년 7월 기사

경기도 안양의 평촌 역시 지리적 이점을 갖추고 있다. 평촌의 경우 원래 범계역 인근이 1상권이고, 평촌역 인근이 2상권이다. 그런데 학원가는 4호선 역세권이 아닌 한적한 주택가 근린상가에 위치하고 있다. 덕분에 학원가 인근의 외곽순환도로를 이용하면 산본과 군포에서도 접근하기 쉽고, 인덕원, 의왕, 과천의 일부 지역과 안양시 만안구 지역에 거주하는 학생들도 평촌 학원가를 이용할 수 있다.

서울 중계동 은행사거리 학원가의 경우, 지리적 이점보다는 수요적 측면에서 발달 원인을 따져볼 수 있다. 노원구 자체가 아파트 밀집지역이기 때문이다. 특히 노원구에는 소형 아파트가 대거 밀집되어 있어 세대수가 많다. 따라서 노원구에 거주하는 학생들만으로도 대형 학원들을 채우고 남을 정도다. 해당 지역 부동산 중개사 말에 따르면, 은행사거리에만 600여 개의 학원들이 들어와 영업을 하고 있다고 한다. 이 지역의 학원들은 노원구 상계동과 중계동, 하계동을 아우르며, 위로는 의정부, 아래로는 중랑구, 옆으로는 남양주와 성북구의 학생들까지 끌어안는다.

강북의 학생들은 결국 지리적 한계로 인해 강남의 대치동 학원가까지 오가기에는 무리가 있으므로 초상위권 성적의 일부 학생을 제외하고는 중계동 학원가를 이용한다. 중계동 학원가 역시 역세권이 아닌, 한적한 근린상가 상권에, 중대형 아파트가 많은 은행사거리에 자리 잡고 있다.

● 학원가 탄생 공식

1) 고급 주택단지 주변에 탄생한다

    – 30~40평형대 아파트

    – 고가의 단독주택

    – 대형 평수의 빌라

    – 주상복합 아파트 인근

2) 세대 거주민 부모의 직업이 좋은 지역에 탄생한다

3) 세대 거주민 부모의 학력이 높은 지역에 탄생한다

4) 유해시설이 없는 상가 혹은 번화가에서 떨어진 주택가에 탄생한다

    ➡ 학원은 변두리를 좋아한다

 ## 학원가 부동산 투자 전략

    학원가를 공략하는 부동산 투자를 하기로 결심했다면, 반드시 살펴보아야 할 것이 있다. 해당 부동산에서 학원을 도보로 이용할 수 있는지 여부다. 초등학생이 대상인 학원은 대개 차량을 운행하지만, 중·고등학생 대상의 학원들 중 대부분은 차량 운행을 하지 않는다. 따라서 초등학생 부모들은 학원을 도보로 이용할 수 있는 거리의 아파트 단지인지, 혹은 차량 운행을 하는 학원을 이용할 수 있는 아파트

인지를 따져서 집을 구한다. 또 중·고등학생 자녀를 키우는 부모들은 아이가 자전거로 통원이 가능한 거리인지, 마을버스나 버스, 전철 등의 대중교통을 갈아타지 않고 학원에 한 번에 갈 수 있는 지역인지를 고려해 집을 찾는다. 특히 자녀가 여학생일 경우 자전거를 탈 수 없으므로 마을버스나 버스 노선이 닿지 않는 지역의 부동산은 선호하지 않는다.

정리하자면, 학군을 고려하는 학부모들은 거주지를 먼저 고르고 집에서 가까운 학원을 고르는 게 아니라, 거꾸로 학원을 선택한 후 학원가를 오가기 편한 거주지를 선택하는 것이다. 학원과 거주지를 오가는 문제가 해결되지 않으면 부모가 매일 학원가 앞에서 시간을 보낼 수밖에 없다. 아이를 학원까지 데려다주고 수업시간 동안에는 학원 근처에서 시간을 보내는 엄마들을 학원가 근처에서 어렵지 않게 볼 수 있는 것도 이 때문이다. 수업시간 동안 집에 다녀오기도 애매하니 엄마들은 아이 학원 주변에서 시간을 보내는 이른바 '라이딩 인생'을 시작하는 것이다. 이렇게 될 경우, 아이는 학원을 가는 차 안에서 간단히 식사를 해결하거나 학원 인근 분식집이나 편의점을 찾아야 하고, 엄마 역시 길거리에서 허비하는 시간이 많아져 아이가 졸업할 때까지 자유롭게 시간을 쓸 수 없다. 그러니 이러한 삶에 지친 부모와 아이들이 대형 학원가 근처의 아파트를 찾는 것이다. 발코니에서 아이가 오고가는 것이 보이고 도보로 학원을 걸어갈 수 있는 단지라면, 게다가 그 단지가 명문 학교 통학도 가능한 지역에 속한다면 모든 엄마들이 살고 싶어 하는 '욕망 단지'가 되는 것이다. 이런 입지의 아파트라면 아무리 낡은 아파트라고 해도 전세가격이 내려가는 법이 없다. 들어오고자 하는 수요가 항시 대기 중이기 때문이다.

수요가 많으면 그 필요에 따라 공급 역시 늘어나 결국 문제가 해결되지 않을까? 이는 부동산의 특성을 모르기 때문에 하는 이야기다. 아파트는 수요가 늘어난다고 해서 라면공장의 라면처럼 단순히 제품 생산량을 늘릴 수 있는 상품이 아니다. 결국 땅 위에 지어지는 것인데 입지라는 것은 한정되어 있기 때문이다. 원하는 사람은 많은데 살 수 있는 아파트는 한계가 있다 보니, 수요와 공급의 원칙에 따라 자연스럽게 그것이 가격에 반영된다.

당신은 비가 내리는 저녁, 서울 대치동이나 중계동의 풍경을 본 적이 있는가? 학원가 주변 도로가 마비될 정도로 차들이 빼곡하게 들어서 있다. 학원까지 아이를 데려다주는 엄마들, 우산 없이 학원을 간 아이를 데리러 온 부모들의 차량까지 합세해 북새통을 이룬다. 심할 때는 고작 한 블록에 불과한 학원가 사거리를 지나는 데 30분이 걸리기도 한다. 이런 열성적인 맹모들이 모여 있는 곳이니 학구열도 더욱 올라가지 않을까? 이미 형성된 학군 지역으로 계속해서 몰려드는 맹모들, 이들 덕분에 해당 지역은 계속해서 학군 지역으로서의 명맥을 이어나가는 것이다.

## 낡은 아파트엔 실거주로

　좋은 학군의 부동산에 투자하기로 결정했다면, 자신이 처한 상황에 따라 다른 방식을 선택할 수 있다. 우선 취학기 아동을 키우는 가정이라면 면학 분위기의 환경과 괜찮은 학원들이 많은 동네에서 아이를 교육시키고 싶을 것이다. 다만, 좋은 학군과 대형 학원들이 밀집되어 있는 이른바 맹모 지역의 부동산 가격은 이미 높게 형성되어 있다. 앞에서 봤듯 이 지역은 학업성취도평가 점수가 높고 진학률도 좋은 데다, 여러모로 아이들이 공부하기에 수월해 이미 많은 부모들 사이에서 선호도가 높기 때문이다.

　무엇보다 취학기 아동을 두고 있는 상황이라면 이리저리 이사를 다니기가 쉽지 않다. 아이가 중학생만 돼도 고등학교를 졸업할 때까지 최소 6년 동안은 그 동네를 떠날 수 없다. 사춘기의 자녀들이 새로운 곳에서 새로운 친구들을 사귀고 적응하느라 혼란스러워할 수 있기 때문이다.

　그럼에도 자녀교육을 위해 좋은 학군 지역으로 이사하기로 결심했다면, 어차피 오랫동안 그 지역에 살아야 한다는 걸 감안하여 시세 차익까지 얻을 수 있는 곳을 선택하자. 재건축 혹은 리모델링을 앞둔 지역이라면 더욱 좋다. 조금 낡은 아파트에서 사는 수고를 감내해야 하긴 하지만, 미래에 시세 차익까지 얻을 가능성이 크기 때문이다. 좋은 학군과 학원가에서 자녀가 공부하는 사이, 재건축 사업까지 실현된다면 '꿩 먹고 알 먹는' 최대 효과를 누릴 수 있다. 단, 재건축 투자는 일반적인 부동산 투자와 달리 사업 가능성과 시행일 등 따져봐야 할 부분이 많고, 대지지분과 입지 분석도 철저히 해야 하는 분야다. 따라서 이에 대한 강의를 듣고 공부도 하면서 일반 분양 시 거둘 수 있는 시세 차익 등을 계산해본 후 접근해야 한다.

서울은 늙어가고 있다. 도심재생이 간절한 시점이다. 서울 시내의 주요 아파트들은 연식 30년을 넘어서고 있으며, 40년이 넘은 아파트들도 꽤 있다. 낡은 아파트들은 순차적으로 재건축을 통해 다시 새 아파트로 탈바꿈하고 있는데, 기왕이면 평균 대지지분도 많고 용적률도 낮아 사업성이 좋은 단지를 선택하자. 재건축은 '기다림의 싸움'이라는 말이 있는데, 어차피 자녀가 대학 입시를 치르기까지 이사를 쉽게 갈 수 없는 상황이라면 기다림을 무기로 삼는 것이다. 자녀가 고등학교를 졸업할 때쯤 당신은 아이의 성공적인 대입 결과는 물론 예상치 못한 시세 차익까지 얻을 수도 있다.

좋은 환경에서의 자녀교육과 부동산 수익, 이 두 가지 모두를 잡을 수 있는 지역은 다음과 같다. 서울 목동, 개포동, 반포, 압구정동, 둔촌동, 고덕동, 잠실, 방이동. 여기에는 1980년대에 지어진 아파트들이 많다. 경기도 분당과 평촌 등은 리모델링 해당 연식이다. 아직 기한까지 시간이 많이 남아 있긴 하지만 분당에는 인근에 명문 학교도 있으면서 용적률도 낮고 대지지분도 많아 재건축이 가능한 단지들이 꽤 있다.

2016년 11·3 대책을 통해 2016년 12월부터 강남 4구(강남구, 서초구, 송파구, 강동구)와 일부 지역은 분양권에 한해 전매가 금지됐다. 실거주일 경우 어차피 장기 거주가 목적이므로 이런 대책에 주눅 들 필요가 없다. 또 입주권과 분양권이라 할지라도 입주 후 등기를 치는 조건이기 때문에 실거주 가정에는 적합한 대책이다. 과열되었던 시장 분위기가 조정되어 투기 거품이 걷힌다면, 장기적인 실거주가 목적인 사람들에게는 내 집 마련의 꿈이 한층 더 가까이 다가올 수도 있다. 입지 좋은 곳의 가격 경쟁력은 시간이 지날수록 지가 상승으로 보답해주게 마련이다.

단, 연식이 오래된 낡은 아파트에 거주하는 일이 말처럼 쉬운 일은 아니다. 오죽하면 '몸 테크'라는 말이 나왔겠는가? 몸으로 버티면서 재테크한다는 뜻에서 붙여진 용어인데, 우습지만 마냥 웃을 수만도 없는 작명이다. 모 재건축 대상지 아파트 인근 피부과에서는 피부 트러블이 생긴 아이를 데리고 온 엄마에게 의사가 이렇게 조언한다고 한다. "삼다수로 일주일만 씻기세요." 낡은 아파트일 경우 연수기를 달아도 녹물이 흘러나오니 피부가 민감한 아이들에게 이런 문제가 종종 발생하는 것이다. 이러한 이유로 나는 아이가 너무 어릴 경우엔 재건축 예정 단지에 실거주로 투자하는 건 권장하지 않는다.

반면, 미취학 아동이 있는 가정이라면 현 시점에서 학군이 좋은 지역보다는 앞으로 학군이 좋아질 지역을 추천한다. 미래에 학군이 좋아질 지역은 어떻게 알 수 있을까? 첫째, 새로운 일자리가 늘어나는 곳이어야 한다. 둘째, 현재는 학군이 좋지 않지만 열악한 거주 환경으로 재건축 혹은 재개발 등의 이슈가 있는 '도심재생지역' 중 개발지의 범위가 큰 곳이면 좋다. 셋째, 사이즈가 큰 신도시 택지지구라면 주의해서 보자. 앞으로 좋은 학군 지역으로 떠오를 만한 지역은 다음 장에서 구체적으로 살펴보겠다.

**입주권 vs. 분양권**
입주권이란 도시계획사업, 택지개발사업, 도시개발사업 등으로 주택이 철거되는 소유주(원주민)에게 주어지는 권리를 말한다. 분양권은 준공 후 아파트에 입주할 수 있는 권리를 말하는데, 쉽게 말해 청약으로 아파트를 취득하게 되는 사람에게 주어지는 권리이다.

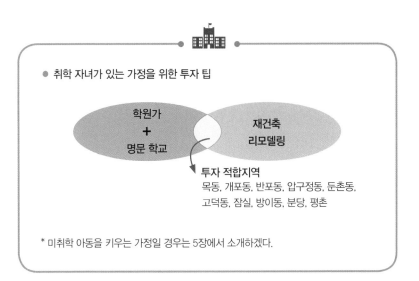

## 4개 권역으로 보는 수도권 학군

수도권의 학군은 크게 4개 권역으로 나누어서 살펴볼 필요가 있다. 아무리 자녀교육이 중요하다고 해도, 주거지역을 선택할 때 100% 자녀교육 측면만을 고려할 수는 없다. 부모의 출퇴근을 고려한 직주근접 지역인가도 따져봐야 하고, 맞벌이 부부일 경우 제2의 양육자가 되어줄 친정이나 시댁 부모님이 거주하는 지역에서도 크게 벗어날 수 없기 때문이다. 따라서 현재 상황을 따져볼 때 선택할 수 있는 각 지역별 학군 지역으로 선택지를 좁힌 후, 실거주 투자를 노려보자.

다음 지도는 서울을 4등분한 모습이다. 이를 기준으로 삼아 책에서는 수도권으로 확장시켜 동남권, 동북권, 서남권, 서북권 중 현재 교육 환경이 좋은 지역과 앞으로 교육 환경이 개선될 가능성이 큰 지역을 살펴보고자 한다.

이제부터 현재 시점에서 자녀들을 공부시키기에 좋은 학군 지역을 살펴볼 것이다. 수도권 지역의 해당 아파트 가격은 2013년부터 숨 가쁘게 상승하여 2016년 10월까지 치솟았다. 학군이 좋은 곳은 부동산 하락기에도 가격 방어가 이뤄져 가격 폭락의 위험성이 적은 편인데, 이를 두고 '하방경직성'이 강하다고 한다. 다만 경기 움직임에는 다소 영향을 받는다. 2017년 초 현재 학군 지역은 이미 가격이 많이 오른 상태이므로 다음 지역들을 눈여겨보다가 가격 조정이 이뤄지는 때 매

| 서울 생활권 |

입하는 것이 현명한 전략일 것이다. 재건축 이슈가 있는 아파트라면 투기 수요가 거품을 형성한 상황일 수도 있으므로 많이 오른 만큼 많이 빠지기도 한다. 이는 일반적인 주거 전용 상품과 다르기 때문에 그 특수성을 인지할 필요가 있다.

인근에 입주 물량이 많은 지역은 2017년 가을부터 2019년까지 일시적으로 전세가격이 하락할 수 있으며, 잔금을 치르지 못해 나오는 급한 분양권이나 입주권으로 가격 조정이 이뤄진 매물들이 나올 수 있다. 입주 단지의 경우 단지가 500세대이든 3,000세대이든 세대수와 관계없이 동일하게 입주지정 기간이 2개월이다. 따라서 세대수가 많은 지역에는 급히 세입자를 구하는 매물들이 등장할 수 있다는 것을 기억하자. 만약 해당 부동산 주변에 입주 물량이 단기간에 많이 쏟아져 나온 경우라면 기회가 될 수 있으니 주시하는 게 좋겠다.

# 대한민국 대표 학군들

## 09

### 📍 서울시 강남구 대치동

대치동의 학군은 크게 숙명여자중학교 학군, 단대부속중학교 학군, 역삼동 일대의 역삼중학교와 진선여자중학교 학군, 대치동 일대의 대청중학교 학군과 대명중학교 학군으로 나눌 수 있다.

군이 이 지역이 아니더라도 아파트 가격은 학원가 초인접 지역에 비해 높지 않은데 학업 성적도 우수하고 학구열도 있는 소위 '가성비' 좋은 학군들이 있다. 도곡동의 도곡중학교와 은성중학교 학군, 개포동에서는 양재천 부근의 구룡중학교 학군, 일원동과 수서동의 대왕중학교 학군이 이에 해당한다.

| 강남구 대치동 학군 |

삼성역
선릉역
역삼역
강남역

대명중
진선여중
진선여고
★도성초
휘문고
휘문중
★대헌초
대치동학원가 I
이마트
★도곡초
역삼 e편한세상
역삼 푸르지오
롯데백화점
은마아파트 입구사거리
역삼중
한티역
도곡렉슬
대치 아이파크
단대부고
단국공고
은마
강남세브란스병원
★대도초
단대부중
래미안 대청팰리스
대치역
역삼럭키
도곡중
중대부고
동부센트레빌
미도
은광여고
도곡경남
도곡공원
숙명여중
도곡역
우성
선경
★대곡초
은성중
도곡한신
숙명여고
★대치초
도곡대림
★언주초
매봉역
대청중
대치동학원가 II
양재역

구룡중

초
중
고
일반 APT
욕망 APT
학원가

4장

학군 지역에 똑똑한 집 한 채 마련하기

테헤란로 위쪽에 있는 삼성동 청담중학교의 학구열은 다소 약한 편인데, 역삼동과 대치동, 도곡동의 학원가 일대는 학군 배정이 매우 중요한 지역이므로 교육청을 통해 해당 아파트에 거주할 시 어느 학교에 배정되는지를 직접 확인할 필요가 있다. 그저 부동산 중개인의 말만 믿고 덜컥 매입했다가는 낭패를 볼 수 있기 때문이다.

테헤란로는 서울 전철 2호선 강남역 사거리부터 삼성역까지 동서를 가로지르는 4km의 길을 말한다. 특히나 테헤란로는 강남구를 남북으로 나뉘는데 교육평론가 이범 씨에 따르면, 테헤란로를 중심으로 강남구 북쪽을 '테북', 남쪽을 '테남'으로 나눠볼 수 있다.

압구정동, 청담동, 신사동을 포함하는 테북에는 전통적으로 대를 잇는 부자들이 살고, 대치동, 역삼동, 도곡동, 개포동을 포함하는 테남에는 자수성가한 전문직 부자들이 살아 동네 성격이 다르다는 것이다. 이러한 '강남 속 강남' 분류법은 사실 부동산업계와 학원가에서는 익히 알려진 이야기인데, 실제 엄마들이 이렇게 나눠 부르진 않는다.

테북과 테남의 가장 큰 차이점은 엄마들의 교육열이다. 대를 이어 부자였던 전통적 부자들이 주로 거주하는 테북 지역의 경우, 부모들은 공부보다 자녀의 인성, 리더십을 중요하게 생각한다. 성적이 좋지 않으면 억지로 사교육을 시키기보다 예술이나 경영 쪽으로 외국 유학을 보내고, 카페든 레스토랑이든 자녀가 하고 싶다는 걸 차려준다고 한다. 그러니 학부모들이 자녀의 국내 명문대 진학에 크게 연연하지 않는다. 따라서 테남 지역에 비해 교육열은 다소 약하다고 볼 수 있다. 교육은 그저 옵션인 셈이다.

반면, 자수성가한 전문직군이 많이 거주하는 테남 지역의 학부모들은 자녀의 명문대 진학을 제1 목표로 생각한다. 전문직군의 특성상 명문대 출신의 부모들이 많은데, 이미 효율적인 공부법을 잘 알고 있는 입장이므로 가능하면 자녀 또한 좋은 공부 습관을 들여 체계적인 교육을 받았으면 하는 것이다. 따라서 테남의 엄마들은 자녀의 성적을 올리기 위해 학원의 특성이나 명문대 진학률, 강사 교수법 등을 분석하는 이른바 '학원 쇼핑'을 한다. 그렇다 보니 성적 상위권 학생을 위한 교육 시스템을 잘 갖춘 데다, 소위 말하는 일타 선생님들이 모인 대한민국 넘버원 학원가로 맹모들이 몰려드는 것이다.

2016년 5월, 이범 씨는 〈조선일보〉와의 인터뷰에서 테남과 테북뿐 아니라, 대북과 대남 지역까지 나눴다. 테남지역 중 양재천 북쪽에 위치한 대치, 역삼, 도곡동은 초맹모 지역이며, 테남지역 중 양재천 남쪽에 위치한 개포, 일원, 수서동은 대치동 학원가의 인프라를 이용하는 지역이라는 것이다.

이처럼 강남구 소재 학교들은 그 안에서 특색이 뚜렷하며, 교육열이 뜨거운 곳과 그렇지 않은 곳으로 나뉜다. 그럼에도 서울시 전체를 놓고 보자면, 이 일대 학교들의 학업성취도평가 결과와 특목고 진학률이 단연 상위권에 속한다. 강남구 소재 중학교들의 학업성취도평가 결과는 다음과 같다.

| 2016년 강남구 중학교 학업성취도 평가 결과 |

| 순위 | 학교명 | 2016 성취도(보통 학력 이상) | | | | 졸업자 | 특목고 진학생 수 | | |
|---|---|---|---|---|---|---|---|---|---|
| | | 평균 | 국어 | 영어 | 수학 | | 과학고 합 | 외고/국제고 합 | 자사고 합 |
| 1 | 대왕중학교 | 98 | 99 | 98 | 96 | 361 | 2 | 10 | 41 |
| 2 | 압구정중학교 | 98 | 99 | 98 | 96 | 197 | 3 | 7 | 65 |
| 3 | 대청중학교 | 97 | 97 | 99 | 96 | 384 | 12 | 9 | 61 |
| 4 | 대명중학교 | 95 | 98 | 97 | 91 | 456 | 6 | 13 | 76 |
| 5 | 신사중학교 | 95 | 97 | 94 | 93 | 157 | 1 | 5 | 52 |
| 6 | 단국대학교 사범대학부속중학교 | 95 | 94 | 95 | 95 | 218 | 7 | 1 | 45 |
| 7 | 역삼중학교 | 94 | 98 | 94 | 91 | 490 | 12 | 17 | 58 |
| 8 | 도곡중학교 | 94 | 97 | 96 | 91 | 310 | 4 | 10 | 29 |
| 9 | 구룡중학교 | 94 | 97 | 95 | 90 | 286 | 2 | 2 | 31 |
| 10 | 진선여자중학교 | 94 | 97 | 94 | 90 | 371 | 2 | 7 | 8 |

자료원 : 학교알리미

**대치동 엄마들의 교육정보 교류 사이트**

강남서초맘들 모여라(http://cafe.naver.com/sojbb2233)
상위1%카페(http://cafe.naver.com/mathall)
디스쿨(www.dschool.co.kr)

## 대치동 학원가 인근의 빌라는 어떨까?

대치동 학원가 근처에는 빌라들이 많다. 그중에는 개인 교습소나 미니 공부방으로 운영되는 곳도 있고, 방학 기간 지방 학생들이나 해외 유학생들이 짧게 머무르는 용도로 사용되는 곳도 있다.

대개는 다가구 원룸인데 시세가 웬만한 오피스텔 가격이다. 원룸의 경우 보증금 500만 원에 월세 50만 원이거나 보증금 1,000만 원에 월세 70만 원 선이다. 반지하일 경우 투룸이 보증금 1,000만 원에 월세 70만 원, 방이 조금 더 크면 보증금 1,000만 원에 월세 110만 원. 단기간 거주할 때는 훨씬 비싸다. 원룸 기준 보증금 200만 원에 월세 180만 원, 혹은 보증금 150만 원에 월세 150만 원.

대치동 학원가 인근 빌라에는 단지 학교 배정을 위해 엄마와 아이만 거주하는 경우도 있는데, 개인적으로 이 방식은 추천하지 않는다. 부모들은 그저 자녀의 공부와 성적 하나만 생각해서 이러한 방식을 강행하는 것이겠지만, 한창 민감한 사춘기를 겪고 있는 자녀의 입장에서 자존감 등 더 많은 것을 잃을 수도 있기 때문이다.

실제 광남 학군에서는 이런 일이 있었다. 그 일대에도 많은 빌라촌이 있어 가까운 경기도나 다른 구에서 광남고등학교 배정을 위해서 이사 오는 경우가 잦다. 한번은 지인 중 하나가 학원 수업이 늦게 끝난 딸애를 데리러 갔다가 딸애 친구까지 함께 차에 태웠다고 한다. 어두컴컴한 밤늦은 시간이라 딸애 친구에게 집 앞까지 데려다 주겠다고 하는데도 그 아이는 끝끝내 큰길 사거리에서 내리겠다며 집을 가르쳐주지 않았다고 한다. 친구들은 다 아파트촌에 사는데 혼자 작은 빌라에 들어가는 걸 들키고 싶지 않았던 모양이다. 그저 방학 단기간 동안 학업 보충을 위해서라면 모를까, 유학 아닌 유학으로 엄마와 아이만 빌라촌에 거주하는 것은 그다지 추천할 만한 일이 아닌 것 같다.

부동산 투자처로서 대치동 학원가 인근 빌라는 수요가 꾸준히 뒷받침되는 곳이기에 월세 수익을 기대하기 좋은 투자처다. 다만 자녀가 중·고등학생일 경우 실거주처로서는 다시 생각해보자. 자녀의 성적보다 중요한 건 자존감이다. 궁극적으로 사회에 진출한 뒤 자신감을 갖고 나만의 커리어를 쌓아가는 인생, 오직 자신 삶의 주인공이 되어 행복하게 살아가는 인생이 성공한 인생 아닐까? 사실 공부야 잘하면 좋겠지만 행복의 필수 요건은 아니지 않은가?

자녀의 성적이 월등히 높아 교육 환경 때문에라도 무리해서 대치동 빌라에라도 들어가야 하는 상황이라면, 부모가 아이의 자존감을 북돋아줄 수 있는 이야기들을 많이 해주어야 할 것이다. 앞에서 말했듯 또래의 영향을 많이 받는 시기이므로 주변 친구들과 자신의 집안 형편을 비교하다가 자칫 기가 죽거나 소심해질 수 있기 때문이다. 대치동 입성 전 성적뿐 아니라 자녀의 성향도 파악해야 한다는 걸 명심하자.

##  서울시 양천구 목동

목동은 서울과 수도권 서쪽에서 유일한 학군 지역이다. 따라서 수도권 서쪽에 거주하는 이들 중 양질의 사교육을 원하는 학생들이라면 대개 이 목동 학원가를 이용한다. 한번은 신도림역 인근의 아파트를 보러 갔는데, 아파트 담벼락에 목동 학원가까지 학생들을 실어 나르는 사설 미니버스 광고 현수막이 붙어 있었다.

서울 전철 5호선을 중심으로 생겨난 학원에는 전철을 이용해 통원하는 학생들이 제법 많다. 이 동네의 부동산은 목동 학군 지역이냐 아니냐에 따라 가격이 두 배가 넘게 차이가 나므로 이 지역으로의 이사를 계획 중이라면 들어오기 전에 어느 학교에 배정되는지를 반드시 확인해야 한다.

실거주 목적일 경우에는 배정 학교 위주로, 재개발 혹은 재건축 관련 투자가 목적일 경우에는 해당 부동산의 대지지분과 사업성 그리고 실제투자금을 잘 따져보고 구입해야 한다. 목동은 전업주부들의 비율이 높은 편으로 온라인 카페 활동을 통해 정보를 얻기보다 주로 입소문으로 정보가 공유된다. 엄마들의 사모임이 주축이 되어 오프라인상에서 정보가 교류된다는 것이 특징이다.

목동 엄마들의 욕망 단지는 어디일까? 목동 학군이 최고 전성기를 누릴 때는 언론 및 전문 경영인들이 많이 거주하던 목동 10단지 아파트가 가장 인기였다. 하지만 현대 백화점 옆에 주상복합 하이페리온1차 아파트가 들어오면서 많은 이들이 그곳으로 이사를 갔다.

현재 하이페리온1차 아파트의 경우 여전히 전세가격은 강세이나 연식이 오래된 주상복합 아파트라 매수세는 약하다고 한다. 그럼에도 명실상부 목동의 부자 아파트라고 할 수 있다. 트라팰리스 아파트 역시 초역세권의 부자 아파트로 전세, 매매 모두 인기다.

최근 들어 가장 인기 있는 곳으로 주목받게 된 곳은 목동 5단지 아파트다. 용적률과 대지지분이 좋아 재건축에 대한 기대 심리가 작용하는 것은 물론 주차의 어려움이 없고 생활 환경도 쾌적하다. 더구나 '학원의 메카'라고 불리는 현대월드타워가 인근에 있어 학원가를 이용하기 편리하기 때문이다. 무엇보다 남자아이를 둔 엄마들 사이에서는 전통 명문 학교이자 남자학교인 양정중학교와 양정고등학교에 대한 선호도가 작용해 목동 5단지 아파트는 그야말로 엄마들의 욕망 단지로 자리를 굳건히 잡아가고 있다. 그 외 교통이 편리한 데다 주변 편의시설을 이용하기에도 좋은 목동 7단지도 재건축 가능성이 있어 인기가 올라가고 있다.

월촌중학교, 목운중학교, 신목중학교, 목일중학교는 초초과밀학급이며, 명덕외국어고등학교와 강서고등학교, 양정고등학교, 대일고등학교, 신목고등학교도 대학 입시에서 좋은 성과를 내고 있다. 다만 최근 들은 소식에 따르면, 명덕외국어고등학교의 경우 제도 개편으로

# | 양천구 목동 학원가 |

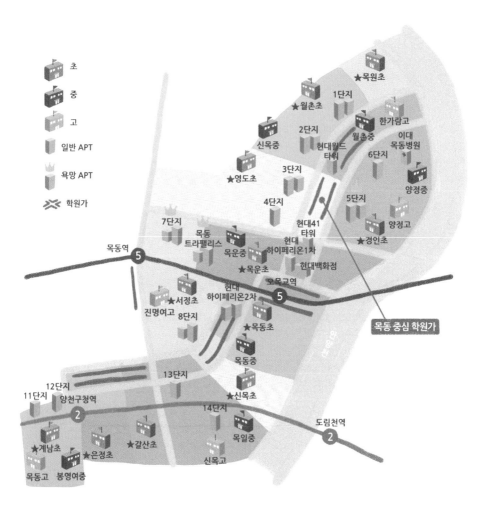

- 초
- 중
- 고
- 일반 APT
- 욕망 APT
- 학원가

★목원초
1단지
★월촌초
한가람고
2단지
신목중
월촌중
이대
목동병원
현대월드
타워
6단지
3단지
★영도초
양정중
4단지
5단지
7단지
현대41
타워
양정고
목동역
목동
트라펠리스
목운중
현대
하이페리온1차
★경인초
★목운초
현대백화점
오목교역
현대
하이페리온2차
★서정초
진명여고
8단지
목동 중심 학원가
★목동초
목동중
13단지
★신목초
12단지
11단지
양천구청역
14단지
도림천역
★계남초
목일중
★갈산초
★은정초
신목고
목동고
봉영여중

| 목동 신시가지 내 중학교 전체 목록 |

| 학교명 | 학급 수 | 특수학급 | 학급당 학생 수 | 남 · 여중 | 배정아파트 단지 |
|---|---|---|---|---|---|
| 월촌중 | 78 | | 30.4 | 공학 | 목동1, 5, 6단지, 한신청구 |
| 신목중 | 50 | | 31.1 | 공학 | 목동2, 3, 4단지 등 |
| 양정중 | 18 | | 31.6 | 남중 | 목동5, 6단지, 한신청구, 부영그린타운, 미라지 |
| 목운중 | 45 | 1 | 30.4 | 공학 | 목동7단지, 트라팰리스파라곤, 하이페리온1 |
| 목동중 | 50 | 2 | 29.7 | 공학 | 목동8, 9단지, 아이파크 등 |
| 신서중 | 49 | 2 | 28 | 공학 | 목동 9, 10, 11, 12단지 등 |
| 봉영여중 | 21 | | 26.4 | 여중 | 목동 11, 12, 13단지 등 |
| 목일중 | 50 | | 28.6 | 공학 | 목동 13, 14단지 등 |
| 목동신시가지 내 학교 | 8개교 | | | 남중1, 여중1 | |

*해당 학교들은 '목동 학군 중학교'들로서 특목고, 외고, 과학고, 예고를 많이 보내는 곳들이다. 학급 수와 배정 지역 등은 변동이 생길 수 있다.

자료원 : 각 학교 홈페이지, 강서교육청, 학교알리미(2016년 기준)

서울 시내 외고에 경기도 학생이 지원하는 것이 불가능해지고 이과 지원 시 받게 되는 불이익 문제와 지필고사 없이 영어 내신으로만 입학생을 선발하는 등의 입시 정책 변화로, 예전 전성기에 비하면 우수 학생들을 다른 학교들에 많이 빼앗기고 있다고 한다.

그럼에도 목동 학원가 일대의 중학교들은 고루고루 명문이라고 할 수 있다. 그중 학업성취도평가에서 성적 상위권에 오른 학교는 다음과 같다.

| 2016년 양천구 중학교 학업성취도평가 결과 |

| 순위 | 학교명 | 2016 성취도(보통 학력 이상) | | | | 졸업자 | 특목고 진학생 수 | | |
|---|---|---|---|---|---|---|---|---|---|
| | | 평균 | 국어 | 영어 | 수학 | | 과학고 합 | 외고/국제고 합 | 자사고 합 |
| 1 | 목운중학교 | 96 | 98 | 97 | 94 | 533 | 12 | 15 | 81 |
| 2 | 월촌중학교 | 96 | 97 | 96 | 94 | 592 | 5 | 14 | 96 |
| 3 | 신목중학교 | 95 | 97 | 95 | 93 | 621 | 1 | 16 | 65 |
| 4 | 봉영여자중학교 | 94 | 97 | 95 | 89 | 180 | 1 | 5 | 5 |
| 5 | 목일중학교 | 93 | 94 | 95 | 91 | 526 | 9 | 11 | 35 |
| 6 | 양정중학교 | 90 | 93 | 88 | 90 | 237 | 5 | 4 | 75 |
| 7 | 목동중학교 | 87 | 91 | 86 | 85 | 618 | 7 | 18 | 87 |
| 8 | 신서중학교 | 86 | 87 | 86 | 85 | 504 | 8 | 19 | 41 |
| 9 | 금옥중학교 | 84 | 90 | 82 | 79 | 360 | – | 4 | 14 |
| 10 | 영도중학교 | 81 | 87 | 75 | 81 | 173 | 4 | 2 | 10 |

자료원 : 학교알리미

**목동 엄마들의 교육정보 교류 사이트**

강남엄마 VS. 목동엄마 ★ 베스트맘 따라잡기(http://cafe.naver.com/gangmok)

상위1%카페(http://cafe.naver.com/mathall)

목동의 공부 잘하는 아이(http://cafe.naver.com/studymokdong)

행복놀이터(http://m.cafe.naver.com/vidal04.cafe)

목동아줌마 블로그(http://blog.naver.com/yjkwakkk)

## 서울시 노원구 중계동

중계동 학원가라고 이야기할 때는 노원구 중계동의 은행사거리 일대를 의미한다. 중계동 학원가는 의정부에서 중랑구에 이르기까지 서울 및 수도권 동북권 일대의 학생들이 이용하고 있어 그 규모가 어마어마하다. 학원의 수만 600여 개에 달한다. 자녀가 좋은 학원에서 교육을 받을 수 있도록 매일 중계동 학원가까지 아이를 차로 데려다 주는 의정부 엄마들은 중계동으로 이사 오고 싶은 생각이 간절해진다. 중계동은 의정부 엄마들의 욕망 단지인 셈이다.

중계동 일대에서 가장 인기 있는 학교는 을지초등학교와 을지중학교 학군, 불암초등학교와 불암중학교 학군이다. 이 동네에서 가장 인기 있는 아파트 단지는 중계 청구아파트와 건영아파트 단지. 이 단지들은 을지초등학교와 을지중학교를 단지 내에 품고 있고, 작은 공원이 있으며, 길 건너에 마트가 있어 생활하기에 편리하다. 무엇보다 중심 학원가를 도보로 통학할 수 있는 거리에 있다. 명품 학군의 탄생 요건에서 보듯 이 아파트들은 중대형 평수로만 구성되어 있다. 해당 아파트 단지들은 중계동의 위쪽 단지들과 구분되어, '윗마을'과 '아랫마을'이라는 별칭으로 불린다. 그중 엄마들은 아랫마을을 더 선호한다. 중계동 학원가 일대에서 학업성취도평가 상위에 오른 학교는 다음과 같다.

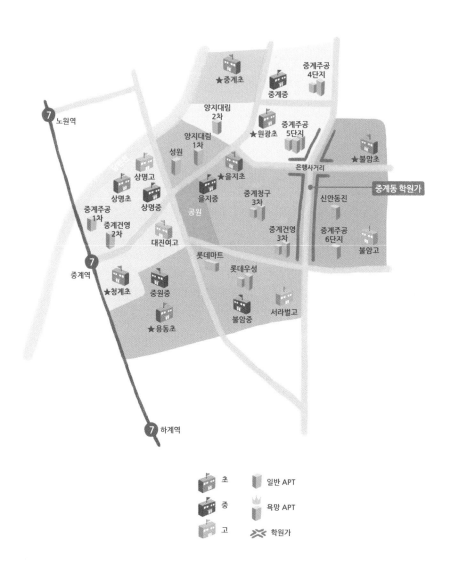

| 노원구 중계동 학원가 |

| 2016년 노원구 중학교 학업성취도평가 결과 |

| 순위 | 학교명 | 2016 성취도(보통 학력 이상) | | | | | 특목고 진학생 수 | | |
|---|---|---|---|---|---|---|---|---|---|
| | | 평균 | 국어 | 영어 | 수학 | 졸업자 | 과학고 합 | 외고/국제고 합 | 자사고 합 |
| 1 | 을지중학교 | 92 | 95 | 92 | 88 | 286 | 6 | 4 | 7 |
| 2 | 상명중학교 | 90 | 95 | 90 | 86 | 325 | 5 | 10 | 21 |
| 3 | 불암중학교 | 89 | 93 | 88 | 85 | 484 | 7 | 11 | 16 |
| 4 | 중계중학교 | 88 | 93 | 86 | 84 | 427 | 5 | 13 | 29 |
| 5 | 중평중학교 | 87 | 92 | 86 | 84 | 389 | 3 | 11 | 21 |

자료원 : 학교알리미

**중계동 엄마들의 교육정보 교류 사이트**

노원구월계동엄마들모여라(http://cafe.naver.com/wolgyemom)
강북노원도봉맘 모여라(http://cafe.naver.com/aldisgo123d)
노원맘스(http://cafe.naver.com/babymombaby)
*맘카페 안에서 학원 교육정보 교류는 활발하지 않은 편이다.

 경기도 안양시 평촌

평촌 학원가는 경기도 중에서 가장 큰 학원 상권을 자랑한다. 지리적으로도 유리한 위치에 있다는 것이 가장 큰 요인이지만, 인근 다양한 지역과 왕래하는 데 전혀 불편함이 없는 최상의 교통 여건까지 갖추고 있는 덕이다. 학원가 사거리부터 평촌IC가 있는 지점까지 넓게 분포된 학원들은 평촌의 남쪽 하단부에 자리 잡고 있다.

평촌에서 가장 인기 있는 학군은 귀인초등학교와 귀인중학교 학군이다. 평촌의 대다수 아파트가 1990년대 초반에 지어진 데 비해 2002년에 지어진 현대홈타운은 평촌 엄마들의 욕망 단지다. 특히 이 지역은 1단지인지 2단지인지에 따라 초등학교 배정이 달라진다. 인근 부동산 중개소에 따르면, 콕 집어서 귀인중학교에 배정되는 아파트를 알아봐달라는 문의전화가 많이 걸려온다고 한다.

그다음으로 중대형 평수로 구성된 샘마을의 경우 인근의 대안중학교(남중)와 대안여자중학교가 인기다. 남중이나 여중에서 아이를 교육시키고 싶은 학부모들 때문이다. 이 외에도 목련단지의 아이들이 주로 배정되는 범계중학교와 향촌마을과 초원마을의 아이들이 주로 배정되는 평촌중학교 등도 학업성취도평가에서 좋은 결과를 받은 명문 학교다. 평촌중학교의 경우 학생 수가 많으므로 내신 성적 관리가 중요한 학생일 경우에는 고려해볼만 하겠다.

안양 시내에서 유명한 고등학교로는 신성고등학교가 있다. 2015학년도에는 서울대에 8명을 진학시켰고 2016학년도에 15명을 진학시킨 명문 학교로, 기숙형 남자고등학교다. 이 학교는 사립고등학교라는 장점을 살려 교육부 제재에도 불구하고 학교만의 운영 방식을 고집하고 있다. 지금은 학부모들의 반발로 폐지되었지만 그중 하나가 성적 등수별로 반을 배정하던 것이다. 기숙사도 반 배치고사를 치른

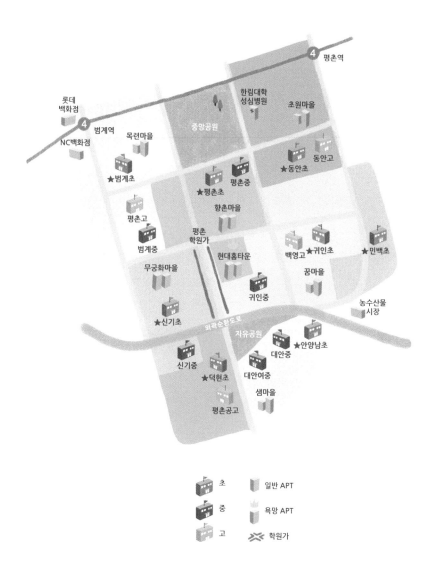

| 안양시 평촌 학원가 |

뒤 성적순에 따라 우수 학생들에게만 배정한다는 것도 특징이다. 평촌에 거주하는 학생들이 많이 진학하는 안양외국어고등학교의 경우 2016년도에 14명의 학생을 서울대에 진학시켰다.

1990년대 중반에 입주를 시작한 평촌의 아파트들은 대개 노후되었다. 그래서 새 아파트를 선호하는 젊은 학부모들 사이에서는 학원가에서 비교적 떨어져 한적하지만 지어진 지 오래되지 않은 인덕원의 포일숲속마을도 인기가 많으며 이로 인해 아파트 가격도 가파르게 상승하고 있다. 범계역 인근 목련마을은 리모델링이 추진 중이다.

평촌에서 학업성취도평가 상위에 오른 학교는 다음과 같다.

| 2016년 안양시 중학교 학업성취도평가 결과 |

| 순위 | 학교명 | 2016 성취도(보통 학력 이상) | | | | | 특목고 진학생 수 | | |
|---|---|---|---|---|---|---|---|---|---|
| | | 평균 | 국어 | 영어 | 수학 | 졸업자 | 과학고 합 | 외고/국제고 합 | 자사고 합 |
| 1 | 대안여자중학교 | 96 | 100 | 97 | 92 | 236 | 1 | 10 | 3 |
| 2 | 귀인중학교 | 95 | 97 | 97 | 93 | 452 | 9 | 22 | 10 |
| 3 | 범계중학교 | 93 | 97 | 94 | 88 | 384 | 4 | 20 | 4 |
| 4 | 평촌중학교 | 92 | 95 | 93 | 88 | 561 | 7 | 23 | 5 |
| 5 | 대안중학교 | 92 | 95 | 92 | 88 | 237 | 4 | 10 | 7 |

자료원 : 학교알리미

**평촌 엄마들의 교육정보 교류 사이트**

HAPPY안양군포의왕맘(http://cafe.naver.com/happymom7979)

## 경기도 성남시 분당

'천당 아래 분당'이라는 말은 누구나 한 번쯤 들어봤을 것이다. 분당은 경기도 성남이 아니라 그냥 분당이라는 말이 나올 정도로, 분당은 그 자체가 하나의 브랜드로 자리 잡은 지 오래되었다.

분당은 학부모들도 자녀를 키우며 살기에 좋고, 나이 드신 분들도 생활하기에 편리해 살고 싶은 지역으로 손꼽힌다. 탄천을 중심으로 중앙공원과 율동공원 등이 있어 녹지비율이 높고, 사통팔달 교통까지 편리한 것은 물론 서울 접근성도 좋다. 특히 분당이 생성되던 초기에 강남권 거주자들의 이주가 많았던 탓에 중산층의 거주 비율이 높다는 것도 특징이다. 여러 개의 대형 병원, 다양한 브랜드의 백화점과 대형 마트들도 입점해 있다.

뭐니뭐니해도, 분당의 자랑은 학군이다. 이곳의 많은 학교들이 서울 명품 학군 못지않은 학업 성적을 기록하고 있기 때문이다. 분당에서 가장 인기 있는 지역은 수내동 인근의 수내중학교와 내정중학교로 배정되는 단지들이다. 수내동의 돌고래 종합상가를 중심으로 학원도 잘 구비되어 있다. 이매중학교와 서현중학교, 구미중학교 등도 매해 우수한 성적을 내고 있어 엄마들이 선호하며, 초학군 지역인 수내 지역 외에도 늘푸른중학교나 샛별중학교 등 분당의 학교들은 전반적으로 성적이 좋아 경기도 내 성적 상위권을 차지하고 있다.

# | 성남시 분당 학원가 |

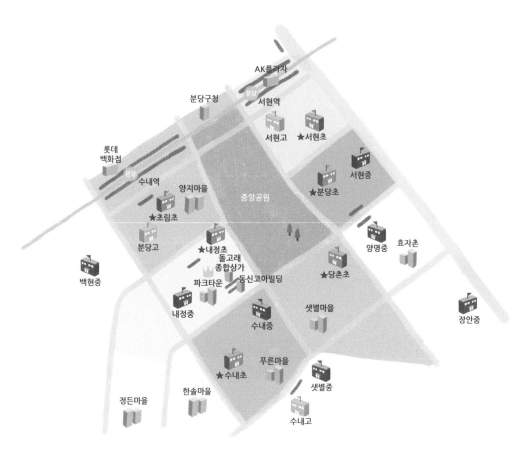

AK플라자

분당구청

분당 서현역

롯데
백화점

분당 서현고 ★서현초

수내역 양지마을

서현중

중앙공원

★분당초

★초림초

분당고 양명중

효자촌

★내정초
돌고래
종합상가

백현중 파크타운 동신코아빌딩

★당촌초

내정중 샛별마을

수내중 장안중

★수내초 푸른마을

정든마을 한솔마을 샛별중

수내고

| | 초 | | 일반 APT |
| | 중 | | 욕망 APT |
| | 고 | | 학원가 |

특이한 것은 분당의 경우 중학교 배정 시 거주 기간(년)을 본다는 것이다. 따라서 분당 학군을 고려해 이사하려면 되도록 아이들이 어릴 때 일찍 움직이는 것이 좋다. 같은 단지라도 아파트의 동에 따라 학군이 나뉘기도 하므로 분당으로 이사를 갈 때는 반드시 교육청을 통해 배정되는 학교와 학군을 정확하게 확인해보자.

이매동 일대는 KTX와 경강선 개통 등으로 교통이 개선되며, '고속화도로 공원화'라는 호재가 있어 최근 시세가 많이 올랐다. 분당 건너 판교는 아파트 연식이 10년 내외라 새 아파트를 좋아하는 젊은 학부모들 사이에서 인기다. 지금까지 판교의 학생들은 분당의 학원가를 이용해야 했으므로 아이가 진학하게 되면 강남으로 이사를 가거나 분당으로 거주지를 옮기는 경우가 많았다. 하지만 최근 들어 판교 내에 중학교 학군이 제대로 자리 잡게 되면서, 낙원중학교와 백현중학교 등이 좋은 성과를 내고 있으며, 서판교의 낙생초등학교 역시 서서히 명문 학군으로 변모하고 있다. 앞서 언급한 혁신학교 보평초등학교와 보평중학교도 선호도가 높으며, 근래 신백현초등학교와 백현중학교 라인도 인기가 올라가고 있다.

교육도시로서 분당의 단점은 학원가가 여러 곳에 흩어져 있다는 것이다. 대표적인 학원가는 돌고래 종합상가, 동신코아 주변, 수내역 인근까지 세 곳이다. 수내동 학원가는 길쭉한 모양으로 동선이 긴 편이다. 서현역과 이매역 인근 학교 주변과 정자역 부근에도 몇 개의 학원들이 존재한다. 분당 일대에서 성적 상위권에 드는 학교는 다음과 같다.

| 2016년 성남시 중학교 학업성취도평가 결과 |

| 순위 | 학교명 | 2016 성취도(보통 학력 이상) | | | | 졸업자 | 특목고 진학생 수 | | |
|---|---|---|---|---|---|---|---|---|---|
| | | 평균 | 국어 | 영어 | 수학 | | 과학고 합 | 외고/국제고 합 | 자사고 합 |
| 1 | 수내중학교 | 96 | 98 | 96 | 95 | 468 | 8 | 8 | 12 |
| 2 | 내정중학교 | 96 | 99 | 97 | 93 | 372 | 5 | 14 | 11 |
| 3 | 구미중학교 | 96 | 98 | 95 | 95 | 195 | 2 | 5 | 4 |
| 4 | 서현중학교 | 95 | 97 | 97 | 93 | 479 | 4 | 18 | 6 |
| 5 | 이매중학교 | 95 | 97 | 95 | 93 | 368 | 3 | 15 | 6 |
| 6 | 백현중학교 | 95 | 97 | 96 | 91 | 381 | – | 12 | 13 |
| 7 | 낙원중학교 | 94 | 97 | 95 | 92 | 149 | 2 | 2 | 2 |
| 8 | 양영중학교 | 94 | 98 | 93 | 91 | 395 | 5 | 5 | 6 |
| 9 | 분당중학교 | 94 | 97 | 95 | 89 | 219 | 2 | 3 | 6 |
| 10 | 늘푸른중학교 | 93 | 97 | 94 | 89 | 233 | 2 | 8 | 7 |

자료원 : 학교알리미

**분당 · 판교 엄마들의 교육정보 교류 사이트**

분당판교 따라잡기(http://cafe.naver.com/2008bunsamo)

분당맘스(http://cafe.naver.com/bundangmoms)

판교엄마들의 모임(판교맘)(http://cafe.naver.com/pangyomommy)

판교맘이야기(http://cafe.naver.com/pangyomom0)

*맘카페가 잘 형성되어 있으며, 교류도 활발한 편이다.

## 경기도 고양시 일산

과거 비평준화 시절, 일산의 고등학교들은 대학 입시에서 타 지역 대비 좋은 성과를 내곤 했다. 당시 백석고등학교 인기는 대단했다. 물론 현재에도 그 명맥이 이어져 서구의 명문 학군인 오마초등학교와 오마중학교가 있는 후곡 학원가는 일산의 No.1 학원가이며 제일 인기 있는 학군 지역이기도 하다.

일산 동구의 명문 학군으로는 단독주택 단지가 들어서 있는 정발초등학교와 정발중학교가 꼽힌다. 이 일대에도 이름 난 학원들이 자리 잡았는데 이 두 학교는 인근에 중대형 아파트 단지들이 많다는 것이 공통점이다.

오마 학군이나 정발 학군에는 엄마들로부터 관리를 잘 받고 있는 아이들이 모여 있다 보니 사건 사고 없이 조용하고, 아이들도 전반적으로 순해 괜찮은 면학 분위기로 입소문이 났다. 바꿔 말해, 그만큼 엄마들의 치맛바람이 거세다고도 할 수 있지만, 학부모들이 학교일에 적극적이며 아이들을 제대로 관리하고 있어서 교사들 사이에서는 서로 발령받고 싶어 하는 선호 학교가 되었다고 한다.

정발초등학교의 경우, 친구의 큰애가 입학할 2011년 당시만 해도 4학급 정도였는데 둘째가 입학한 현재는 7학급으로 늘어나 과밀에 시달리고 있다.

| 고양시 일산 학원가 |

초
중
고
일반 APT
욕망 APT
학원가

일산 동구에서는 정발중학교와 백신중학교가 인기있으며, 내신 성적 관리를 위해 전략적으로 백마중학교에 입학하는 학생들도 있다. 이 세 학교 모두 백마 학원가 근처에 위치하고 있다.

일산 엄마 소식통에 따르면, 중학교 입학식에만 가봐도 각 학교의 특성을 대번에 파악할 수 있다고 한다. 정발중학교 입학식에서는 성실하고 꾸준한 학업을, 인근이지만 비맹모 지역인 B중학교에서는 담배 지참 금지를 당부했다고.

서울과 수도권 서북권에 거주하는 학부모들은 교육 시스템을 제대로 갖춘 학원을 찾기 힘들어한다. 이러한 이유로 일산이 자녀교육에 열혈인 엄마들 사이에서 학원 걱정을 해결할 수 있는 유일한 지역이 된 듯하다.

평소 한적한 교외에서의 삶을 꿈꿔오던 내 지인 중 한 명은 파주에 멋들어진 타운하우스를 얻어 이사를 갔다. 아이 키우기에 파주만큼 좋은 지역은 없다며 파주 찬양에 침이 마를 날 없던 그녀였지만, 큰애가 여섯 살이 되며 초등학교 학군을 생각할 시기가 되니 고민이 많아졌다. 한번은 내게 "나, 일산 후곡마을로 이사를 갈까?"라고 물어, 후곡마을은 학군은 좋지만 지금 살고 있는 궁궐 같은 집에 비하면 너무 낡은데 살 수 있겠느냐고 조심스럽게 묻기도 했다.

또 다른 어떤 날엔 "요즘 킨텍스 주변에 새 아파트들이 들어선다는데, 거기 분양받을까?"라고 묻는 그녀에게, 그 지역에는 새 아파트가 생길 뿐 아직 학군이 형성되지는 않았다며 학군 때문에 일산으로 옮기려는 것이라면 좋은 전략이 아니라고도 이야기해줬다.

또 다른 지인은 김포한강신도시에 초기 입주했는데, 아이가 어릴 적엔 아이를 키우고 생활하기에 너무 좋다며 그곳에서의 삶을 만족해했다. 하지만 그녀도 아이가 초등학교에 입학하자 고민이 많아져 내게 연락해왔다. "나 일산으로 다시 이사할까 봐. 여긴 애 학원 보낼 곳이 마땅치가 않네." 아이가 비교적 영리하고 똑똑한데 자리가 덜 잡힌 김포 학원가에서 만족할 만한 학원이나 과외 교사를 구하기가 힘들다는 것이다. 나는 그녀에게도 똑같은 조언을 해주었다. "후곡마을은 학군은 좋지만 지금 사는 새 아파트에 비하면 너무 낡은데 괜찮겠어?" 그리고 며칠 뒤 그녀로부터 데자뷰 같은 전화가 걸려왔다. "그럼 킨텍스 주변은 어떨까?"

난 정말 쓰러질 정도로 웃었다. 어쩜 다들 생각이 이리 같을까? 대한민국 엄마들의 마음은 대동소이하다. 아이를 위해 학군이 좋은 지역에 살고 싶으면서도 이왕이면 새 아파트였으면 싶은 것이다. 문제는 새 아파트에 학군까지 좋은 곳은 찾기 힘들다는 것. 이런 엄마들의 마음이 아직까지 일산을 지탱해주는 집값의 비밀인 것 같다. 일산 일대에서 성적 상위권에 오른 학교는 다음과 같다.

| 2016년 고양시 중학교 학업성취도평가 결과 |

| 순위 | 학교명 | 2016 성취도(보통 학력 이상) | | | | | 특목고 진학생 수 | | |
| --- | --- | --- | --- | --- | --- | --- | --- | --- | --- |
| | | 평균 | 국어 | 영어 | 수학 | 졸업자 | 과학고 합 | 외고/국제고 합 | 자사고 합 |
| 1 | 오마중학교 | 92 | 96 | 92 | 88 | 500 | 5 | 28 | 11 |
| 2 | 화정중학교 | 91 | 97 | 90 | 87 | 410 | 4 | 12 | 1 |
| 3 | 정발중학교 | 90 | 94 | 92 | 83 | 430 | 3 | 16 | 9 |
| 4 | 신일중학교 | 89 | 95 | 88 | 85 | 491 | 4 | 21 | 8 |
| 5 | 발산중학교 | 89 | 95 | 90 | 82 | 463 | 3 | 14 | 3 |

자료원 : 학교알리미, 벨카이트 블로그

**일산 엄마들의 교육정보 교류 사이트**

일산아지매(http://cafe.naver.com/isajime)

파주맘(http://cafe.naver.com/pajumom)

벨카이트 블로그 (blog.naver.com/belkite)

5장

미래 학군
지역에서
두 마리 토끼 잡기

현재의 대장주보다
미래의 기대주에 관심을 가져야 한다.
앞으로 명문 학군으로 떠오를 만한 단지는
어떻게 알아볼 수 있을까?

2013년부터 시작된 수도권 부동산 가격 상승장은 2016년 가을을 지나 2017년 봄인 현재에 이르기까지 약 4년 동안 지속되고 있다. 그렇다 보니 지금의 시세를 고려할 때 부동산을 덜컥 구입하기 부담스러운 것도 사실이다.

정부 역시 강남 재건축으로 뜨겁게 달아오른 부동산 열기를 가라앉히고자 2016년 11월 3일, 이른바 11·3 대책을 내놓았다. 청약 신청 조건을 강화하고 조정 지역을 지정해 전매를 금지하거나 전매 기간을 늘리는 식이었다. 이와 같은 시기에 부동산에 입문한 상황이라면, 어떻게 해야 할까?

이미 가격이 오를 대로 올라버린 현재의 대장주보다 앞으로 가격이 오를 가능성이 다분한 기대주에 관심을 갖는 것이 좋다. 월세나 전세금 상승분에서 이득을 취하는 부동산 투자가 아니더라도, 취학 전 아동을 키우고 있는 상황이라면 미래 기대주 아파트에 실제 거주하면서 자녀교육과 부동산 시세 차익이라는 두 마리 토끼를 잡는 것도 현명한 전략이다.

그렇다면 미래의 기대주, 즉 앞으로 명문 학군으로 떠오를 만한 단지는 어떻게 알아볼 수 있을까? 이번 장에서는 실제 부동산의 가치보다 약간은 저평가된 상황이라 앞으로 가격이 좀 더 오를 만한 물건은 무엇인지, 주거 환경의 개선으로 자녀를 교육시키며 살기 좋은 지역으로 거듭날 만한 곳은 어디인지 살펴보고자 한다.

앞에서 우리는 도시가 생성될 당시에는 가격의 큰 차이가 없이 비슷할 수 있지만 타 지역에 비해 교통이 편리하거나 학교 통학과 학원가 이용에 유리한 지역이라면 주변 지역보다 조금 더 가격 경쟁력이 있다는 것을 배웠다. 그렇다면 지금까지 배운 내용을 토대로 이를 응용해보자.

일단 서울 지역은 일자리가 중심이 되므로 직주근접이 유리한 지역이 가장 좋다. 수도권 지역의 경우 지역 내에서도 특징이 모두 다르므로 우선 전철 초역세권과 버스 이용이 편리한 지역을 주시하고, 그다음으로는 자녀양육과 교육에 유리한 학군 단지가 같은 동네 내에서도 추가로 프리미엄이 붙으니 관심을 두자.

현재는 조금 낙후되거나 교통이나 통학 등이 불편한 지역이라도 앞으로 개선될 가능성이 큰 곳이라면 미래의 명품 학군이 될 수 있다. 대치동과 목동, 중계동처럼 대형 학원가까지는 아니더라도 주거 환경이 개선되고 유입 인구가 늘어나면 작게라도 동네 학원가가 형성되며, 교육 여건도 조금씩 자리 잡게 된다.

사람 사는 데가 거기서 거기 아니겠는가? 깨끗한 동네가 생기고 경제적으로 어느 정도 여건이 되는 사람들이 입주하면 아이들을 공부시키는 데 괜찮은 환경이 조성되게 마련이다. 학생 수가 부족하거나 주거시설이 열악할 경우 학원들 역시 자리 잡기 어렵다는 건 기본 상식이다.

# 일자리 확충으로 떠오르는 명품 지역

## 10

 

미래의 명품 학군은 세 가지 접근법으로 예상해볼 수 있다. 그중 첫째가 '일자리 확충'이다. 앞에서 우리는 대부분의 학군 지역이 서울 및 수도권 동남권(강남, 서초, 송파, 강동, 분당)에 대거 포진하고 있다는 것을 확인했다. 이는 직주근접과 상당한 관련이 있다. 많은 직원들을 수용하는 대기업은 물론 매우 다양한 직종의 직장이 가장 많이 있는 곳이 바로 강남 일대이기 때문이다. 특히나 이 일대의 회사들은 급여 수준도 높은 편이다.

동남권에 있지는 않지만 일자리 확충으로 새롭게 변모한 상암지구를 한번 살펴보자. 마포구 상암동에 상암지구가 형성된 이후 인근에 CJ를 비롯한 방송국 관련 기업들이 대거 이주를 했다. 더불어 일자리가 생겨나자 상암동의 집값은 무섭게 치솟았다. 원래는 쓰레기 매립지에 불과하던 지역이 트렌드에 발맞춰가는 방송업계 종사자들의 거주지로 급상승했기 때문이다. 마포구 일대의 공덕역 역시 지구 단위로 개발사업이 진행되면서 많은 일자리들이 생겨났고 아파트들이 들어서면서 주거벨트가 이루어졌다.

##  대기업들이 선택한 강서구 마곡

이 밖에도 앞으로 생길 일자리 중 규모가 가장 큰 지역 두 곳이 있다. 그중 하나가 서울 강서구에 생길 마곡지구다. 엠밸리M-VALLEY로 명칭을 바꾼 이곳에는 이미 신규 아파트들이 입주를 시작했으며 2016년 말까지 11개의 기업이 입주했고 2017년에는 LG와 코오롱, 롯데 등 43개사가 공사를 완료하고 총 54개 기업이 입주할 예정이다.

면적도 어마어마한데, 판교테크노밸리의 5배, 상암 DMC의 6배다. 참고로, 대우조선해양이 분양받았던 자리는 나눠서 재분양을 하고 있다. 현재까지 104개사와 입주 계약이 체결된 것으로 알려졌다. 대기업들이 대거 수도권 서쪽으로 이주함에 따라 많은 근로자들이 이곳으로 출퇴근하게 될 것이며, 그에 따른 추가 일자리 창출 효과를 기대할 수 있을 것이다.

## | 강서 마곡지구 |

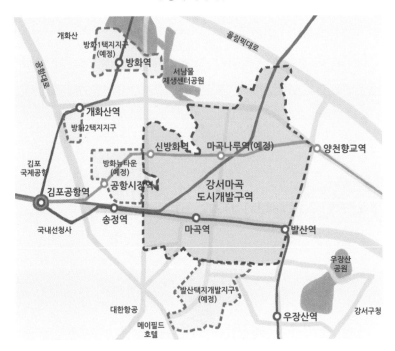

## | 강서 마곡지구 도시개발구역 |

| 업체명 | 업종 | 상주 종사자 | 비고 |
|---|---|---|---|
| 코오롱 | 바이오 및 신규사업 | 2,000명 | 5개사 |
| 이마트 | 유통 | 1,000명 | |
| 롯데컨소시엄 | 식음료연구 및 신규사업 | 600명 | 4개사 |
| 이랜드컨소시엄 | 고기능 섬유, 친환경원료생산 | 2,500명 | 3개사 |
| LG사이언스파크 | R&D | 20,000명 | 6개사 |
| 넥센타이어 | 종합연구센터,IT,신제품개발 | 1,200명 | |

자료원 : 〈이코노미 조선〉 2016년 12월 기사

마곡지구 인근에서 학군이 좋은 지역은 단연 목동이다. 마곡지구에 들어설 기업체 직원 중 자녀가 이미 중·고등학생이라면 거주지역으로 목동을 많이 알아본다고 한다. 목동의 집값이 부담스러운 가정은 강서구의 화곡동 학군도 고려하게 될 것이다. 마곡지구의 이런 변화는 마곡에 들어선 아파트 단지들은 물론, 전철 9호선, 5호선과 공항철도, 버스 노선을 이용할 경우 마곡에서 40분 거리에 있는 주거 단지들에도 영향을 미칠 것이다.

한 번 정도 환승해야 한다고 해도 어느 정도 메리트가 있는 곳이라면 고려해보자. 이를테면, 목동 학군 지역과 마곡 인근의 화곡동, 강서구의 염창동과 등촌동, 영등포구 당산동, 동작구 흑석동과 마포구 상암 DMC 일대 등은 직주근접이라 전철로 쉽게 이동할 수 있는 거리다.

특히나 워킹맘들의 상황을 고려할 필요가 있다. 그들은 회사에서 퇴근하여 내 집 현관문에 도착하기까지, 즉 '도어 투 도어 Door to door' 1시간 거리를 선호한다. 워킹맘들의 출근길과 퇴근길은 늘 바쁘고 정신없다. 어린이집에 맡긴 아이가 혼자 남게 될까 걱정하며 발길을 재촉하고, 도우미 이모님 퇴근 시간 전에 반드시 집에 도착해야 한다는 생각에 마음도 분주하다. 그러니 회사에서 집까지의 거리가 가깝고, 특히 집이 전철역에서 가까운 것은 물론 회사까지 환승 없이 한 번에 도착할 수 있다면 최고의 조건이 된다. 여기에 아파트 단지 안에 초등학

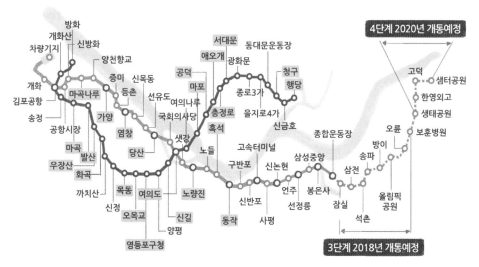

| 마곡 직장인들이 직주근접으로 거주할 만한 지역 |

(전철 9호선과 5호선 기준)

○ 급행정차역
마곡 직장인 거주 예상 지역

교가 있고 인근에 학원가까지 제대로 형성되어 있다면 금상첨화가 아
니겠는가? 다만 초강세를 보이는 학원가 지역은 대개 전철역과는 거
리가 다소 떨어져 있기에 '교통수단으로 40분 거리'로 한정했다.

이러한 상황을 고려해 마곡에서 직장생활을 하는 이들이 거주할 만
한 지역과 아파트를 전철 노선을 따라 상상해보라. 당신이 떠올린 그
지역은 실제 거주하기에도 편리할 것이며, 투자처로서 접근할 경우

**| 마곡지구 인근 학부모들이 선호하는 지역 |**

| 선호도 정도 | 상 | 중 | 하 |
|---|---|---|---|
| 지역 | 마곡지구<br>화곡동<br>내발산동 | 가양동<br>등촌동<br>염창동 | 방화동<br>공항동 |
| 이유 | 상권, 교통, 학교 발달,<br>신축 아파트 | 교통 발달<br>아파트 노후도 | 빌라 위주로 구성 |

엔 임대수요까지 풍부한 곳이 될 것이다.

마곡 인근에서 이미 가격이 오른 평당 2,000만~3,000만 원대 부동산은 물론, 추가로 평당 1,000만~1,500만 원대의 중저가 부동산에도 관심을 가져볼 필요가 있겠다. 마곡으로 이주해올 기업 중 가장 큰 기업은 LG 계열사다. 이동 해당 부서 직원들 대부분이 사업장에서 가까운 수원시, 화성시, 고양시, 파주시 등에서 거주하던 이들이며, 그중에는 금천구 가산동에서 일했던 이들도 있다. 가산동에서 일하던 이들은 1호선을 이용하면 출퇴근이 용이하기에 수원 인근에 거주하는 경우도 많았다. 그런데 직장이 서울 강서구 마곡으로 이주하게 된다면 아무래도 출퇴근이 힘들어질 것이고 그렇게 되면 이들이 마곡까지 출퇴근이 용이한 지역으로 이사할 확률이 높지 않을까?

따라서 이들이 원래 살던 곳의 주거지 비용이 대략 3억 원대라는 걸 감안하여 마곡으로 출퇴근이 가능한 지역 중 3억~4억 원대의 아파트들을 눈여겨볼 필요가 있다. 김포한강신도시와 은평구 재개발 이

| 마곡지구 인근 역세권 아파트 단지명 |

| | | |
|---|---|---|
| 우장산역 | | 우장산아이파크 e편한세상(2008), 강서힐스테이트(2014), 화곡푸르지오(2002) |
| 발산역 | | 우장산힐스테이트(2005), 우장산롯데캐슬 , 등촌주공3단지(1995) |
| 신방화역<br>[마곡지구] | *(아래)공항초권 | 5단지(2014), 엠밸리6(2014) 엠밸리7단지(2014), 힐스테이트(2015), 마곡엠밸리8(2016) |
| | *(위)송화초권,<br>마곡중 | 1단지(2014), 2단지(2014), 3단지(2014), 4단지(2014), 신안(1993), 마곡한솔파크(2005) |
| 양천향교역 ~ 가양역 | | 강서한강자이(2013) |

후 입주하는 아파트들, 공항철도로 연결되는 검암 등이 이 영역 안에 있다.


##  젊은이들의 도시, 제2판교 테크노밸리

일자리 확충으로 미래 명품 지역으로 떠오를 만한 두 번째 지역은 제2판교 테크노밸리다. 현재 제1판교 테크노밸리보다 조금 더 위쪽에 자리하게 될 이곳의 규모 역시 상당하다. 이미 생활 편의시설이 잘 갖춰져 있어 생활 만족도가 높은 분당 판교지역에 일자리까지 추가로 생기는 상황이니 앞으로도 수요는 꾸준할 것으로 보인다. 또한 제2판교 테크노밸리에 입주할 기업체들이 게임 및 바이오, 정보통신

업종임을 감안할 때 젊은 부부들의 유입이 기대된다.

| 제2판교 테크노밸리 구상안 |

자료원 : 〈매일경제〉 2016년 10월 기사

분당 판교 지역뿐 아니라 새로 개통된 경강선과 이경산선과 연결되는 지역, 인덕원 쪽으로 신설된 도로 등을 이용해 출퇴근이 가능한 지역들 모두 제2판교 테크노밸리에서 일할 사람들이 거주하게 될 가능성이 있는 지역이다.

정리하자면, 일자리가 창출되는 곳으로 출퇴근이 가능한 지역에 아파트 단지가 밀집되어 있거나 추가로 아파트 단지가 대규모로 들어서는 곳이라면 눈여겨볼 필요가 있다는 말이다. 입주 초기에는 인프라가 완벽하게 형성되지 않아 힘들 수 있지만, 거주자가 점차 늘어나고 아이들도 태어나면 작게나마 학군이 형성된다. 특히 새롭게 생겨나는 일자리들이 급여 수준이 높은 직종일 경우엔 더욱 발전 가능성이 있다. 거주자들의 급여 수준이 부동산 가격 형성에 큰 영향을 미친다는 것은 투자자라면 누구나 아는 사실이다. 이 지역과 관련해 더 자세한 내용을 알고 싶다면, '성남시 도시계획 2020'을 읽어보길 바란다.

# 도심재생으로 부상하는 명품 학군

## 11

서울은 점차 늙어가고 있다. 인간에 빗대어 이야기하면 노령화가 급속도로 진행되고 있는 것이다. 1980년대에 지어진 아파트들의 수가 상당한 데다 1990년 200만 호 공급 사업으로 건설된 경기도의 1기 신도시와 서울 시내의 아파트들도 벌써 연식이 20~25년이나 되었다.

인구가 감소하고 경기가 침체되며 주거 환경 등의 악화로 쇠퇴하는 도심 지역에 새로운 기능을 도입하는 도시 사업을 가리켜 '도심재생 사업'이라고 하는데, 크게 재개발과 재건축 사업으로 이뤄진다.

재개발과 재건축은 사업 방식과 절차에서 크게 다르다. 재개발은 주거 환경이 낙후된 지역에 도로와 상하수도 같은 기반시설을 새로 정비하고 주택을 신축하여 주거 환경 및 도시 경관을 재정비하는 것을 의미하며, 재건축은 건물소유주들이 조합을 구성해 노후된 주택을 헐고 새로 짓는 것을 말한다. 그러니 사업의 성격과 규모 면에서 크게 차이가 나는 것이다.

이처럼 도심재생 사업이 시급한 상황에서 서울시는 '2030 서울플랜'을 통해 앞으로 서울을 어떻게 발전시켜나갈 것인지에 대한 비전을 밝혔다. 크게 도심과 영등포/여의도, 강남 세 개의 핵을 중심으로 부핵을 연결하고, 이를 중심으로 각 생활권을 어떻게 발전시킬 것인지에 대해 구체적으로 다룬 이 보고서는 한 번쯤 정독할 필요가 있을 것 같다.

| 서울 2030 도시계획 |

도심재생은 2016년 투자자들 사이에서 대단히 뜨거운 키워드였다. 재건축을 중심으로 강남권 개발에 대한 관심과 열기가 목동 및 기타 지역에까지 퍼지면서 급기야 정부는 2016년 11월 3일 분양권 관련 규제 대책을 발표했다.

현재 서울에는 재건축뿐만 아니라 노후된 기존 주택들을 정비하는 재개발 역시 활발히 진행되고 있다. 서울시의 뉴타운 사업은 애초에 1차 은평, 길음, 왕십리를 시작으로 2차 돈의문, 한남, 전농, 답십리, 중화, 미아, 가재울, 아현, 신정, 방화, 노량진, 영등포, 천호 등, 3차 수색-증산, 신길, 북아현, 거여-마천, 이문-휘경, 상계, 장위, 신림, 흑석, 시흥, 창신-숭의 등까지 진행될 것으로 계획되었다(2012년 12월 기

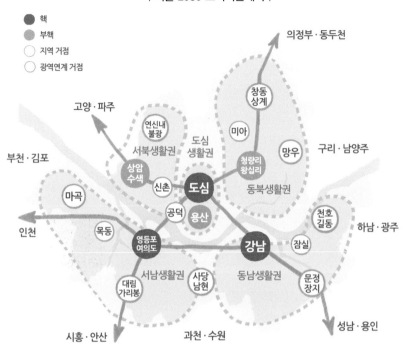

| 서울 2030 도시기본계획 |

● 핵
● 부핵
○ 지역 거점
○ 광역연계 거점

의정부·동두천

고양·파주

부천·김포

연신내
불광

서북생활권

도심
생활권

상암
수색

신촌

도심

창동
상계

미아

청량리
왕십리

망우

구리·남양주

동북생활권

인천

마곡

목동

공덕

용산

천호
길동

하남·광주

영등포
여의도

잠실

강남

대림
가리봉

서남생활권

사당
남현

동남생활권

문정
장지

시흥·안산

과천·수원

성남·용인

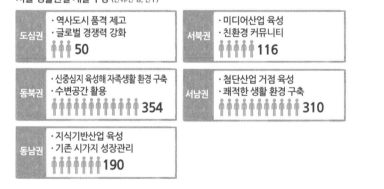

### 서울 생활권별 개발 구상 (단위:만 명, 인구)

**도심권**
· 역사도시 품격 제고
· 글로벌 경쟁력 강화
👤👤👤👤 50

**서북권**
· 미디어산업 육성
· 친환경 커뮤니티
👤👤👤👤👤👤 116

**동북권**
· 신중심지 육성해 자족생활 환경 구축
· 수변공간 활용
👤👤👤👤👤👤👤👤👤👤👤👤 354

**서남권**
· 첨단산업 거점 육성
· 쾌적한 생활 환경 구축
👤👤👤👤👤👤👤👤👤👤👤 310

**동남권**
· 지식기반산업 육성
· 기존 시가지 성장관리
👤👤👤👤👤👤 190

자료원 : 서울시 서울 2030 플랜

준). 2017년 3월 현재, 이 중에는 이미 분양을 완료하고 입주한 곳과 현재 재개발 사업이 활발히 진행되고 있는 곳들이 있는가 하면, 일부 구역 해제가 된 곳도 있다.

이 외에도 '균형발전 촉진지구'로 지정된 곳도 있다. 1차로는 청량, 미아, 홍제, 합정, 가리봉 등이, 2차로는 구의, 자양, 천호-성내, 상봉 등이 지정되었으며, 을지로 세운상가 일대도 재정비촉진지구로 지정됐다.

이렇게 나열하다 보니 서울 전역을 모두 거론해야 할 것 같다. 그야 말로 서울 전 지역이 재생을 기다리고 있는 상황이니 말이다. 우리는 이미 길음뉴타운의 사례에서 도심재생을 마치고 새롭게 태어난 지역 이 어떻게 부상하는지를 목격했다. 교통이 편리한 입지적 여건까지 갖추었을 경우 신도시 공간으로 사람들이 몰려들며, 생활편의와 쾌 적한 주거 환경으로 완전히 자리 매김한 이후에는 그 인근에 명문 학 군까지 탄생한다.

## ⌂ 강북의 뉴타운 속 뜨거운 뉴스쿨

그렇다면, 성북구의 길음뉴타운과 서대문구의 가재울뉴타운을 자세히 들여다보면서 뉴타운의 탄생과 교육 환경의 변화를 살펴보자.

길음뉴타운은 대규모 뉴타운 개발사업으로 9구역까지 이뤄졌고, 2003년부터 2010년까지 입주를 완료했다. 전철 4호선 길음역에 내려서 마을버스로 두 정거장 정도만 가도 정말 깜짝 놀랄 만큼 깨끗한 새로운 마을이 펼쳐진다. 길을 따라 길게 들어선 상가들과 새 아파트들이 줄지어 나타나는데, 이곳에 거주하는 사람들이 선호하는 아파트 단지는 의외로 언덕 위쪽에 자리 잡은 2단지 푸르지오와 4단지 대림 e편한 세상이다. 왜일까? 바로 이 아파트에 거주해야만 자녀가 길음중학교에 배정되기 때문이다. 그 아래 3, 5, 7단지의 아이들은 자리가 있을 때만 입학할 수 있다고 한다.

길음중학교는 2015학년도 학업성취도평가에서 성북구 관내 1위를 차지했으며, 2014년도에는 강남구의 휘문중학교와 비교할 때 국어와 영어 과목 점수가 앞설 정도로 학생들의 성적이 우수하다. 예전에는 성북구에서 돈암동 부근의 초등학교에 대한 선호도가 높았는데 이제는 길음뉴타운 내의 길음초등학교가 인기다. 길음뉴타운에 거주하는 학생들은 길음초등학교 외에도 길원초등학교와 미아초등학교에 배정된다. 그런데 어느 학교에 배정되느냐에 따라 부동산 가격의 편차가 크다. 이 역시 학군으로밖에 설명이 안 된다.

성북구의 아파트 가격은 뉴타운이 자리 잡는 10년 공식에 발맞춰 2013년부터 전세가격이 오르기 시작하더니 2015년도에는 매매가 대비 전세가율이 83.3%에 달했다. 아파트 매매가격도 고공 행진해 입

**| 2016년 길음뉴타운 내 중학교 학업성취도평가 비교 |**

| 지역 | 지역 내 순위 | 학교명 | 2016 성취도(보통 학력 이상) | | | | | 특목고 진학생 수 | | |
|---|---|---|---|---|---|---|---|---|---|---|
| | | | 평균 | 국어 | 영어 | 수학 | 졸업자 | 과학고 합 | 외고/국제고 합 | 자사고 합 |
| 성북구 | 4 | 길음중학교 | 88 | 94 | 86 | 84 | 239 | 2 | 8 | 35 |
| 양천구 | 7 | 목동중학교 | 87 | 91 | 86 | 85 | 618 | 7 | 18 | 87 |
| 노원구 | 1 | 을지중학교 | 92 | 95 | 92 | 88 | 286 | 6 | 4 | 7 |

자료원 : 학교알리미

주 시점 84㎡ 기준 평당 1,300만~1,400만 원이었던 곳이 2017년 1월 현재 2,000만 원 전후가 됐다.

사실 예전에는 이 지역에 고등학교가 없다는 것이 가장 큰 저평가의 원인이었는데, 2016년 명동에 있던 계성여자고등학교가 이곳으로 이전해오며 남녀공학으로 개교함에 따라, 아파트 가격 상승에 기여했다. 이제 단지 내에 초·중·고등학교가 모두 있는 것이다! 참고로, 이 일대는 남자 자사고가 많아서 현재 계성고등학교에는 여학생 수가 압도적으로 많다.

성북구에는 사립초등학교가 많아서 아이가 초등학생일 때는 사립학교에 보낼 수 있어서 좋지만, 중학생이 되면 학원가도 크지 않고 중계동도 다소 멀어 아이 사교육이 어렵다는 게 흠이었다. 그런데 길음중학교가 좋은 성과를 내는 덕분에 길음뉴타운의 위상까지 높아진 것이다. 그 옆인 미아 재정비촉진지구의 개발까지 마친 이후에는 보다 큰 시너지가 나지 않을까 싶다.

그다음으로 살펴볼 곳은 가재울뉴타운이다. 가재울뉴타운은 서대문구에 위치하는데 북가좌동 일부와 남가좌동 일부에 자리 잡고 있다. 아직 개발이 진행되지 않은 지구도 일부 포함되어 있으며, 2003년부터 입주를 시작해 2019년까지 계획이 잡혀 있다. 총 세대수가 2만 세대일 정도로 규모가 꽤 크다.

가재울뉴타운의 2017년 1월 현재 시세(KB시세 기준)는 DMC 자이1단지가 84㎡ 기준 평당 2,080만 원인데, 인근의 기존에 있던 현대 아파트는 평당 1,450만 원이다. 뉴타운의 새 아파트 가격과 기존 구축의 가격 차이가 꽤 된다는 걸 알 수 있다.

가재울뉴타운에서 가장 유명한 건 가재울초등학교다. 가재울초등학교에 배정받기 위해 인근 구축 아파트 학부모들과 뉴타운 아파트 학부모들이 벌인 행정 소송이 기사로 다뤄진 적도 있다. 뉴타운 내 학부모들 입장에서는 외부에서 아이들이 들어와 과밀학급이 되는 것이 달갑지 않고, 구축 아파트 학부모들 입장에서는 기왕이면 좀 더 가깝고 새 아파트 단지에 있어 환경이 좋은 학교에 아이를 진학시키고 싶은 것이다.

두 사례에서 보듯, 꽤 큰 규모의 뉴타운이 들어서고 일정 시간이 흐른 뒤에는 입주 시 저렴했던 아파트의 전세가격은 물론 더불어 매매가격도 오른다. 이처럼 부동산 가치에 맞는 가격 형성이 이뤄지면 주거민의 구성이 바뀌며 자연스럽게 교육 환경도 나아진다. 대형 학원가까지는 아니더라도 작은 규모로 동네 학원가가 형성되고 인근에서 가장 선호하는 학교도 떠오르는 것이다.

재건축일 경우 그 변화는 더욱 더 놀랍다. 도시가 슬럼화되거나 환경이 너무 열악할 때 추진되는 재개발과는 달리, 재건축은 입지 여건이 좋고 연식이 오래된 아파트일수록 더 빨리 재건축이 된다. 이미 입주를 시작한 아파트도 많지만, 관리처분을 받고 이주를 기다리고 있는 지역도 많으며, 사업시행인가를 받아둔 곳도 꽤 된다. 특히 강남 쪽에는 재건축을 통해 동네 하나가 완전히 새로 탈바꿈한 사례도 꽤 있다. 반포 잠원 일대, 개포 일대, 고덕동 일대가 이에 해당한다. 강동구의 둔촌주공 아파트만 해도 그 규모가 상당히 크다. 시간은 좀 더 걸리겠지만 잠실 지역과 목동도 그렇다. 이 지역들은 입지 조건이 훌륭하므로 새 아파트가 지어진다면 그 인기가 고공 행진할 것이다. 이러한 변화와 그로 인한 수혜는 대치동의 한티역 중심, 반포 지역, 잠실새내역(구 신천역) 인근에서 미리 체험할 수 있다.

정리해보자. 뉴타운이나 재정비 구역의 범위가 '미니 신도시'라 불릴 만큼 대규모로 탈바꿈하는 상황이라면 눈여겨봐야 한다. 새 아파트를 공급한다는 점에서는 택지지구와 다를 바가 없으나, 이 뉴타운이나 재개발 사업으로 탄생하는 신도시의 가장 큰 장점은 바로, 교통이다. 구도심 안에 자리 잡은 거주지역을 새롭게 재생하는 차원이므로 이미 가까운 곳에 전철역도 있고 기존 인프라까지 갖춰져 있을 가능성이 크기 때문이다. 다만, 그 재개발지역의 범위가 클수록 미니 신도시급으로 개발돼 인근 지역과는 별개로 섬처럼 뉴타운 내부만 살기 좋은 환경으로 변모할 수 있다는 걸 유념하자. 기존 교통망이 좋은 입지도 중요하지만 개발지구 전체 사이즈도 살펴볼 필요가 있는 것이다.

물론 이러한 곳에서 탄생하는 명품 학군이란 인근 지역 중에서 가장 교육 환경이 좋은 곳을 의미한다. 대치동이나 목동, 중계동 같은 대형 학원가는 오랜 시간을 거치면서 만들어지게 마련이다. 따라서 대형 학원가는 쉽게 이동하지도 않으며 추가로 생겨나기도 쉽지 않다. 그럼에도 눈에 띄는 학군이 없었거나 비교적 학군이 약했던 지역이라면, 동네 학원가가 형성되고 인근 아파트의 전세가격이 상승할 시점에는 학업 능력까지 올라 그 동네에서 가장 선호하는 학군으로 부상할 가능성이 크다. 그리고 그 주변이 바로 그 동네의 욕망 단지가 되는 것이다. 이러한 조건을 갖춘 지역이 있다면 반드시 관심을 가져라. 입주 후 10년 사이 천지개벽을 할지도 모른다!

서울 곳곳은 이렇게 재개발 재건축이 한창 진행 중이다. 이러한 지역들을 눈여겨보다가 실거주 목적으로 이주를 하거나, 미리 구입해두었다가 뉴타운이 자리 잡은 후 입주하여 좋은 교육 환경에서 아이들을 키우고 시세 차익까지 얻는 전략을 세워보자.

실거주처로든 투자처로든 도심재생 호재가 있는 지역을 고를 때는 반드시 다음 사항들을 고려해서 결정하자.

- 도심재생 구역의 범위는 넓을수록 좋다.
- 핵심 전철 노선이 지나는 곳이면 좋다(2호선, 3호선, 5호선, 9호선 등). 반드시 직주근접을 고려하라.
- 구역 내에 초등학교와 중학교가 있으면 좋다(고등학교까지 있으면 금상첨화).
- 주변에 작더라도 구도심 상가 지역이 있으면 좋다. 학원가가 들어올 가능성이 있기 때문이다.
- 인근에 백화점이나 대형 마트가 있으면 좋다.
- 인근에 하천이나 큰 공원이 있으면 좋다.

---

현재는 낙후된 지역이지만, 규모가 크고 사업이 가시화되어 추후 탈바꿈할 가능성이 큰 도심재생 지역은?

재건축, 재개발 진행지

- 동남권 : 개포지구, 강동구(둔촌, 고덕, 명일, 상일)
- 동북권 : 성동구(금호, 옥수, 왕십리) 성북구(미아 – 장위)
- 서남권 : 신길, 노량진, 흑석, 광명 – 철산
- 서북권 : 수색 – 증산, 녹번 – 응암, 서대문구 일대, 마포구 일대

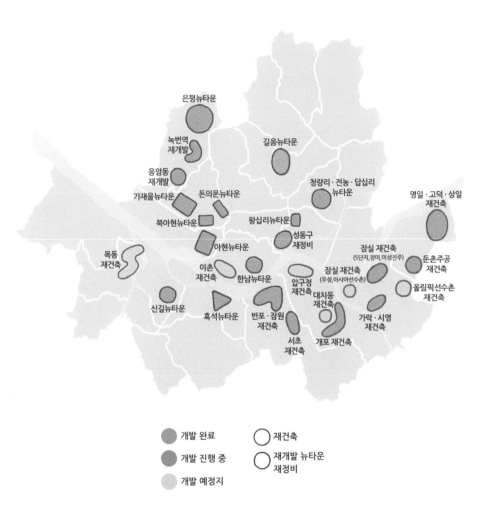

| 도심재생 관련 미래 학군지도 |

은평뉴타운

녹번역
재개발

응암동
재개발

가재울뉴타운    돈의문뉴타운

북아현뉴타운

길음뉴타운

청량리·전농·답십리
뉴타운

왕십리뉴타운

명일·고덕·상일
재건축

성동구
재정비

목동
재건축

이촌
재건축

아현뉴타운

한남뉴타운

압구정
재건축

잠실 재건축
(우성,아시아선수촌)

잠실 재건축
(5단지,장미,미성진주)

둔촌주공
재건축

올림픽선수촌
재건축

신길뉴타운

흑석뉴타운

반포·잠원
재건축

대치동
재건축

가락·시영
재건축

서초
재건축

개포 재건축

● 개발 완료        ○ 재건축

● 개발 진행 중      ○ 재개발 뉴타운
                    재정비

● 개발 예정지

미래 학군 지역에서 두 마리 토끼 잡기

## 서울의 끄트머리 강동구의 변신

강동구는 원래 서울의 동남쪽 끝에 있어 '종점'의 이미지가 강했다. 특히 명일역 인근과 고덕역, 상일역 인근은 지도로 볼 때는 역세권처럼 보여도 막상 버스를 타고 퇴근하려면 잠실이나 천호역에서 환승해 한참을 더 들어가야 하는 은근히 외진 지역이다. 상일역 부근에 강동공영 차고지가 있을 정도니 말 그대로 버스 종점인, 한적한 동네라고 할 수 있다. 실제로 이 동네 주민들은 퇴근 후 술 한 잔을 하려 해도 은근히 택시비가 많이 나와서 서둘러 술자리를 마치고 막차가 끊기기 전에 귀가하곤 한다.

이와 같은 위치상의 한계로, 2017년 3월 입주를 한 3,000세대 규모의 고덕래미안 힐스테이트는 2014년도 당시 미분양이 됐다. 분양 시기 시행사가 2,000만 원 할인과 발코니 무상 확장 등의 파격적인 마케팅을 내세울 정도였다. 사실 나도 당시엔 부동산에 대한 공부가 미흡하던 때라 물건을 보는 눈도 없었거니와 '고가 분양'이라고 여겼다. 게다가 명일역과 고덕역은 좀 구석진 곳이라는 느낌 때문에 모델하우스까지 가고서도 실거주로는 적합하지 않다고 판단해 계약하지 않았다. 그런데 아뿔싸. 몇 년 사이 강동구의 위상이 크게 달라졌다.

강동구는 정부로부터 당근과 채찍을 동시에 받은 지역이다. 2016년 11·3 대책에서 강남4구 전매금지가 발표됐는데, 그 강남4구에 서초구와 강남구, 송파구 그리고 강동구가 포함된 것이다. 이 강남4구 전매금지법은 앞으로 시행될 분양 물건의 전매를 금지함으로써 부동산 투기를 막고, 철저히 실거주자들이 구매하도록 유도하려는 정부의 규제책이다.

게다가 최근 미사지구의 입주로 인해 강동지구는 드디어 '강동의 맨 끝자락'이라는 이미지에서 탈피했다. 미사지구가 하남시에 속하긴 하지만 서울 강동구 옆에 딱 붙어 개발된 거대 택지지구로서 강동구의 연장선 역할을 해주기 때문이다.

특히 최대 약점이기도 했던 교통이 놀랍게 개선될 예정이다. 전철 5호선은 사실상 강남 접근성이 좋지 않은 데다, 마천행과 상일행으로 나뉘어져 있는데, 종점인 상일역의 경우 전철이 번갈아 운행되어 배차 간격이 넓다. 상일역에서 종로3가까지는 약 44분이 소요된다. 그런데 9호선의 연장 개통으로 보훈병원부터 고덕업무지구까지 4개역이 추가로 신설된다. 생태공원역, 한영고앞역, 고덕역(5, 9 더블역세권), 고덕업무지구역(역명은 개통 시 변경될 수 있다)이 이에 해당한다. 이로 인해 강남까지의 접근성이 획기적으로 좋아져 삼성역까지 약 20분이면 출퇴근이 가능해질 것이다.

여기에 세종시에서 구리시까지 연결되는 고속도로도 신설될 예정이다. 이미 고덕역, 즉 고덕주공2단지를 재건축하는 고덕그라시움 뒷길부터 암사대교를 잇는 곳까지 왕복 4차선의 도로가 신설됐다. 이제는 굽은다리역이나 길동을 거치지 않아도 명일역과 고덕역, 상일역까지 막힘없이 한 번에 차로 이동할 수 있게 된 것이다.

또 하나의 획기적인 변신은 강동구가 새 아파트 밀집촌이 될 것이라는 점이다. 명일동과 고덕동, 상일동 일대는 20~30년 된 아파트와 노후주택들이 밀집한 지역이었다. 물론 강동구 일대의 고급 빌라들이 강남구 못지않은 평당가를 자랑하던 시절도 있었지만, 이제 한영외국어고등학교 뒤편의 대형 빌라들은 옛 영광을 추억하며 근근이 버티고 있다. 그런데 대규모의 새 아파트 단지들이 속속 탄생하기 시작한 것이다.

시영아파트를 재건축한 3,658세대의 고래힐을 시작으로 메가톤급 대형 단지인 그라시움(4,937세대), 명일역 솔베뉴(1,900세대), 상일역을 중심으로 한 고덕숲(687세대) 그리고 2017년 4월 분양 예정인 롯데(1,859세대) 등이 들어올 것이다. 이 밖에도 재건축을 앞두고 있는 3단지(4,066세대), 5단지(1,744세대), 6단지(1,824세대)까지 꽤 큰 블록으로 약 2만 세대의 새 아파트 밀집촌으로 재탄생하는 것이다. 현재 고래힐의 시세는 33평 기준 평당 2,400만 원 선이며 그라시움은 2016년 가을, 평당 약 2,338만 원에 분양했다. 명일역의 솔베뉴는 평당 2,300만 원 선에 성공적으로 분양을 마쳤다. 이미 주택가격이 평당 2,300만~2,400만 원대라는 것은 고급주거 벨트가 형성될 것이라는 의미로 해석할 수 있다.

| 강동구 미래의 모습 |

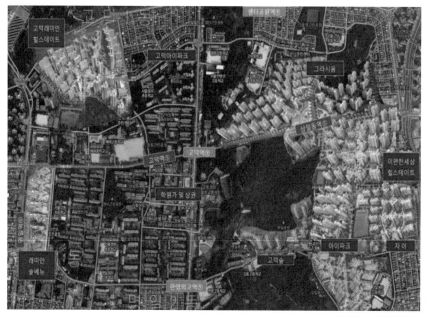

자료원 : 고덕사랑 에이맨

이 일대에서는 한영고등학교가 일반 고등학교임에도 훌륭한 입시 성과를 내고 있다. 서울대에 2016년에는 10명, 2017년에는 12명의 학생을 진학시켰다. 특히 이 학교는 수시에 강한 것으로 유명한데, 고1 때부터 체계적으로 수시 관리를 한다. 배재고등학교 역시 2017학년도 입시에서 상당한 성과를 거두었다.

유흥시설이 없는 데다 전통 명문 고등학교를 품고 있는 강동구 고덕 일대는 초·중·고등학생 자녀를 둔 부모들에게 매우 매력적인 동

## | 강동구 지역 주요 아파트 시세 |

(단위 : 만 원)

| 행정구 | 행정동 | 아파트명 | 매매가 | 전세가 | 전세가율 | 평형 | 평당가 |
|---|---|---|---|---|---|---|---|
| 강동구 | 고덕동 | 고덕래미안힐스테이트 | 60,500 | 42,500 | 70% | 25 | 2,423 |
| 강동구 | 고덕동 | 고덕래미안힐스테이트 | 73,500 | 53,500 | 73% | 35 | 2,104 |
| 강동구 | 고덕동 | 고덕아이파크 | 62,000 | 46,500 | 75% | 26 | 2,409 |
| 강동구 | 고덕동 | 고덕아이파크 | 74,500 | 58,000 | 78% | 34 | 2,191 |
| 강동구 | 암사동 | 강동롯데캐슬퍼스트 | 53,500 | 40,000 | 75% | 26 | 2,023 |
| 강동구 | 암사동 | 강동롯데캐슬퍼스트 | 66,500 | 52,750 | 79% | 34 | 1,945 |
| 강동구 | 암사동 | 프라이어팰리스현대대림 | 50,000 | 41,500 | 83% | 24 | 2,084 |
| 강동구 | 암사동 | 프라이어팰리스현대대림 | 60,500 | 51,000 | 84% | 33 | 1,833 |

자료원 : KB시세(2017년 2월 기준)

네다. 과밀한 학구열을 피할 수 있고, 녹지비율까지 높아서 환경적으로 매우 쾌적하므로 앞으로도 선호도 높은 주거지가 될 것이다.

이 밖에도 이케아, 신세계 복합몰 등의 쇼핑 편의시설이 확충되고, 경희대한방병원, 한림대병원, 아산병원 등이 인근에 위치하고 있어서 핵심 주거요인인 교통, 편의시설, 교육, 자연 환경까지 골고루 갖춘 지역으로 변모할 전망이다.

강동구의 명일동, 고덕동, 상일동 인근 주요 인기 고등학교로는 배재고등학교, 한영고등학교, 상일여자고등학교, 명일여자고등학교 등이 있고, 특목고로는 한영외국어고등학교가 있으며, 캐나다 국제학교인 CBIS가 암사동에 위치하고 있다.

## 성동구의 뒷구정동 옥수동

성동구에는 '뒷구정동'이라는 애칭을 가지고 있는 옥수동이 있다. 옥수동 일대에는 주로 친정이나 시댁을 강남에 두고 근거리에 거주하려고 하는 젊은 부부들이 살고 있기 때문이다.

옥정초등학교와 옥정중학교가 인기 있으며, 행당역 가까이에 있는 행현초등학교도 선호도가 높은 편이다. 학업성취도평가 결과로 보면 이 일대에서는 광희중학교가 제일 성적이 좋지만, 전국을 두고 보면 다소 실력이 약한 편이라 중학교 진학 시기가 되면 우수한 성적의 학생들이 강남구 일대로 빠져나간다.

그러나 이 성동구에도 변화의 모습이 감지된다. 옥수동과 금호동 일대에 대대적인 개발 바람이 불면서 상당수의 새 아파트들이 들어섰다. 또한 왕십리역이 교통의 허브 역할을 하게 되면서 '쿼트러플 Quardruple', 즉 4개 노선이 지나는 역으로 변신해 교통이 획기적으로 좋아졌다. 강남을 관통하는 3호선이 지나고 강변북로와도 인접해 사통팔달이다.

동네 대장주격인 리버젠 아파트의 한강 뷰가 확보된 곳은 2017년 3월 현재 33평 기준 약 10억 원을 호가하고 있다. 왕십리 뉴타운 텐즈힐과 2017년 상반기 입주한 센트라스 그리고 옥수동 리버젠파크힐스, 신금호역 일대의 래미안하이리버, e편한신금호, 신금호파크자이, 한강변으로 힐스테이트금호 등 셀 수 없을 정도로 많은 새 아파트가 입주하고 있으며 앞으로도 계속 입주할 예정이다.

약수역과 청구역, 옥수역, 금호역, 신금호역, 행당역, 왕십리역, 응봉역 일대의 이른바 '성중맘(성동구 중구 엄마의 약자)'들은 사실상 강남 마인드로 산다. 이것이야말로 이 일대 새 아파트 가격의 비밀이다. 엄청나게 높은 가격의 새 아파트들이 속속 소화되는 것도 그 배경에 압구정동이 있다는 근거를 뒷받침한다.

결국 새 아파트들이 대거 입주하고 있는 상황이므로 시간이 지날수록 우수한 학생들이 강남구로 위장 전입을 하거나 이사를 가는 흐름은 다소 줄어들 것으로 보인다. 이 일대의 학교들의 성적 향상이 기대되는 이유다.

장기적인 안목에서 보자면, 그 옆 성수동의 개발 사업도 눈여겨볼 필요가 있겠다. 대림건설에서 분양 예정인 고급 주상복합 아크로서울숲트리마제는 갤러리아포레 앞쪽에 지어질 계획이며, 그 옆의 서울숲트리마제는 입주를 마쳤다. 주변 성수동 1, 2, 3, 4 재개발 구역의 움직임이 감지되고 있는 상황에서 한강변을 바라보며 길게 늘어선 지역이 모두 새 아파트로 변신한다면 새로운 우수 주거지의 탄생을 지켜보게 될 것이다. 무서운 속도로 발전을 거듭하고 있는 성동구 일대 부동산 가격이 상승함에 따라 학군 역시 자연스럽게 개선될 것으로 보인다.

(단위 : 만 원)

| 행정구 | 행정동 | 아파트명 | 매매가 | 전세가 | 전세가율 | 평형 | 평당가 |
|---|---|---|---|---|---|---|---|
| 성동구 | 금호동 | 래미안하이리버 | 61,000 | 49,750 | 82% | 26 | 2,372 |
| 성동구 | 금호동 | 래미안하이리버 | 73,000 | 60,000 | 82% | 33 | 2,179 |
| 성동구 | 하왕십리동 | 텐즈힐 | 64,500 | 48,000 | 74% | 25 | 2,541 |
| 성동구 | 하왕십리동 | 텐즈힐 | 79,000 | 57,000 | 72% | 32 | 2,436 |
| 성동구 | 상왕십리동 | 왕십리텐즈힐(2구역) | 61,500 | 50,250 | 82% | 26 | 2,356 |
| 성동구 | 상왕십리동 | 왕십리텐즈힐(2구역) | 74,000 | 61,500 | 83% | 33 | 2,225 |
| 성동구 | 하왕십리동 | 센트라스12차 | 60,000 | 46,000 | 77% | 25 | 2,377 |
| 성동구 | 하왕십리동 | 센트라스12차 | 78,500 | 57,000 | 73% | 33 | 2,360 |
| 성동구 | 옥수동 | e편한세상옥수파크힐스 | 73,000 | 55,000 | 75% | 25 | 2,894 |
| 성동구 | 옥수동 | e편한세상옥수파크힐스 | 87,000 | 65,500 | 75% | 33 | 2,635 |
| 성동구 | 옥수동 | 래미안옥수리버젠 | 70,000 | 51,500 | 74% | 24 | 2,917 |
| 성동구 | 옥수동 | 래미안옥수리버젠 | 85,500 | 73,000 | 85% | 33 | 2,591 |

자료원 : KB시세(2017년 2월 기준)

##  학원주들의 물망에 오른 마포

근래 주택 가격이 가장 급격하게 상승한 곳을 꼽으라면 단연 마포구다. 망원동 일대부터 아현역 일대의 부동산 가격은 놀라울 정도로 상승했다. 2014년에 입주한 마포래미안푸르지오가 2012년 조합원 분양가를 평당 1,600만 원에 책정할 때 당시 설계자가 "이게 분양이 되겠어?"라고 했다는데, 실제로도 미분양이 됐다(일반분양가는 평당 2,100만 원 선). 2015년도 아현역푸르지오(분양가는 평당 2,000만~2,200만 원)

와 아현역e편한세상이 분양할 당시에도 분양 가격이 지나치게 높게 책정됐다는 평을 들으며 분양 실적이 좋지 않았다. 그러나 2년이 지난 2017년 3월 기준 마포래미안푸르지오 아파트 가격은 25평이 평당 약 2,800만 원, 33평이 평당 약 2,500만 원이 되었다. 더욱 놀라운 것은 입주가 이렇게 줄줄이 이어지고 있음에도 불구하고 마포구 일대 아파트의 전세가격 하락 움직임이 없다는 점이다. 현재 전세가율은 약 70~84%에 이른다. 염리구역과 북아현 구역도 개발 사업이 활발히 진행 중이다. 신촌숲아이파크, 신촌그랑자이 등 2016년도에 일대 아파트들도 성공적으로 분양을 마쳤다. 2호선 아현역과 5호선 애오개역을 품고 있다는 점도 주목할 만한 이유다. 광흥창역과 대흥역 아래로 한강변을 끼고 있는 지역의 새 아파트들도 미분양이었으나 몇 년 사이 무서울 정도로 가격이 치솟았다(웰스트림과 리버웰 미분양 물건을 잡은 분들이라면 만세!).

이 일대에서 가장 인기 있는 초등학교는 마포역과 대흥역 사이에 위치한 염리초등학교다. 직주근접 측면에서 매우 유리한 마포구이지만, 이 지역 엄마들의 고민은 바로 학원이었다. 아이를 제대로 교육시킬 만한 학원이 충분하지 않아 아이가 중학교에 들어갈 나이가 되면 고민이 깊어지는 것이다. 그랬던 이 지역 학원가에 변화의 바람이 감지되고 있다. 대흥역 일대에 학원 체인들이 속속 입점하고 있고, 학원주들이 북아현 근린상가 지역에 학원 자리를 보고 다닌다는 현지 부

**| 마포구 및 서대문구 지역 주요 아파트 시세 |**

(단위 : 만 원)

| 행정구 | 행정동 | 아파트명 | 매매가 | 전세가 | 전세가율 | 평형 | 평당가 |
|---|---|---|---|---|---|---|---|
| 마포구 | 용강동 | 래미안마포리버웰 | 76,000 | 63,500 | 84% | 26 | 2,960 |
| 마포구 | 용강동 | 래미안마포리버웰 | 90,500 | 76,000 | 84% | 33 | 2,729 |
| 마포구 | 현석동 | 래미안웰스트림 | 71,500 | 52,000 | 73% | 25 | 2,840 |
| 마포구 | 현석동 | 래미안웰스트림 | 91,500 | 67,000 | 73% | 36 | 2,563 |
| 마포구 | 아현동 | 마포래미안푸르지오 | 68,000 | 55,000 | 81% | 24 | 2,805 |
| 마포구 | 아현동 | 마포래미안푸르지오 | 85,500 | 65,500 | 77% | 34 | 2,548 |
| 서대문구 | 북아현동 | 아현역푸르지오 | 60,000 | 48,500 | 81% | 25 | 2,442 |
| 서대문구 | 북아현동 | 아현역푸르지오 | 76,000 | 59,000 | 78% | 35 | 2,193 |
| 서대문구 | 북아현동 | e편한세상신촌 | 68,750 | 48,000 | 70% | 25 | 2,789 |
| 서대문구 | 북아현동 | e편한세상신촌 | 79,250 | 58,000 | 73% | 34 | 2,322 |

자료원 : KB시세(2017년 2월 기준)

동산 중개인들의 증언이 이어지고 있다.

그렇다! 이렇게 대규모의 새 아파트들이 7억~8억 원대에 분양을 하고 있는데 학원가가 생기지 않을 리가! 이것이 앞서 말한 학원가의 탄생 공식이 아닌가. 물론 대형 학원가가 생기기는 힘들 것이다. 하지만 대치동 학원가는 너무 멀고, 목동 학원가 역시 다소 부담스러운 거리인 상황에서 마포의 학부모들은 인근 학원을 원할 것이다. 학원주 입장에서도 공덕부터 신수동, 멀리는 가재울 그리고 북으로는 북아현과 서대문구의 학생들까지 잡을 수 있는 이 지역을 놓칠 리 없다. 마포구는 이미 사대문과 가깝다는 지리적 장점을 갖고 있다. 그러니 이 교육 문제 하나만 해소된다면 바로 '게임 끝'인 것이다.

# 택지지구와 혁신도시의 명품 단지들

## 12

분당, 평촌, 산본, 일산, 중동에 이르는 1기 신도시는 외곽순환도로를 중심으로 계획되었다. 1990년대 초반부터 입주를 시작해 벌써 25년이 되어가는 상황이라, 이제 '신도시'라고 부르기도 애매할 정도다.

도시가 급격하게 발전하면서 시가지가 도시 교외지역으로 질서 없이 팽창하는 '스프롤 현상'으로 인해 많은 이들이 도심에서 1기 신도시로 빠져나갔다. 하지만 광역 교통망 확충과 1기 신도시의 노후화 등으로 서울 인근으로 다시금 되돌아오는 '역스프롤 현상'이 나타나고 있다. 신흥 강자들의 잇따른 부상으로 1기 신도시의 인구가 다시 2기 신도시로 이전해오고 있는 것이다. 서울에서 분당으로 빠져나갔던 인구가 다시 판교로, 서울에서 수원시로 나갔던 인구가 광교신도

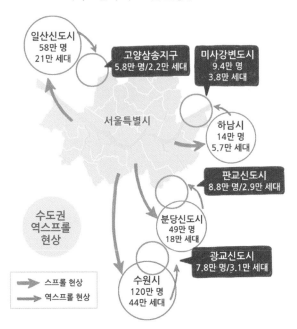

| 수도권의 역스프롤 현상 |

일산신도시
58만 명
21만 세대

고양삼송지구
5.8만 명/2.2만 세대

미사강변도시
9.4만 명
3.8만 세대

서울특별시

하남시
14만 명
5.7만 세대

판교신도시
8.8만 명/2.9만 세대

분당신도시
49만 명
18만 세대

광교신도시
7.8만 명/3.1만 세대

수도권
역스프롤
현상

수원시
120만 명
44만 세대

→ 스프롤 현상
→ 역스프롤 현상

자료원 : 〈서울경제〉 2015년 11월 기사

시로, 서울 강서에서 일산신도시로 빠져나간 인구가 고양시 삼송지구로, 서울 강동에서 경기도 하남시로 갔던 이들이 다시 미사강변도시로 돌아오고 있는 상황이다. 이처럼 꾸준히 새 아파트를 좇아 이동하는 사람들로 인해 각 도시들이 인구를 주고받는 모양새다.

앞서 1기 신도시의 명품 학군 지역을 짚으며, 우리는 분당과 일산, 평촌 지역의 아파트들을 살펴봤다. 연식이 20년이 넘었다는 점에서 다 비슷해 보이지만 같은 도시, 같은 동네에서도 그 아파트가 초역세권에 있느냐, 좋은 학군 지역에 있느냐에 따라 시세가 크게 달라지는 것을 확인했다. 심하게는 1억~2억 원까지도 차이가 난다. 바로 여기에 포인트가 있다. 새롭게 입주하는 대규모 택지지구가 있다면 이러한 요건을 고려해보라는 것이다.

만약 청약을 통해 분양받게 된 상황이라면, 이미 저렴한 가격에 분양받은 것이라 크게 상관이 없다. 하지만 프리미엄을 주고 분양권을 구입할 예정이거나 이미 입주를 시작한 단지의 아파트를 매입할 계획이라면 잘 생각해봐야 한다. 바로 5~10년이 지난 후 가격이 추가로 오를 만한 지역이 어디인지 말이다!

몇 가지 팁을 알려주겠다. 첫째, 해당 아파트가 소형 평수라면 초역세권을 주목하라. 둘째, 중소형과 대형 평수라면 학군이 형성될 가능성이 있거나 학원가가 자리 잡을 만한 근린상권 주변인지 살펴서 선택하라. 셋째, 개발되는 택지지구의 규모가 작을 경우에는 광역버스 정거장이 가깝다든지 전철역 인근이라든지 무조건 교통이 편리한 곳을 잡아라. 넷째, 미사강변도시나 위례신도시처럼 규모가 큰 택지지구라면 교통은 물론 미래 학군 지역인지도 함께 고려해봐야 한다.

이미 2기 신도시의 입주가 진행되고 있다. 근래 분양을 시작해 입주를 앞두고 있는 단지들도 많다. 지금 택지지구라고 불리는 신도시들은 어디에 있을까? 2기 신도시는 제2외곽순환도로를 중심으로 계획되었는데, 2기 신도시 외에도 규모가 제법 큰 입주 예정지역들을 살펴보자.

| 1, 2기 신도시 집값 현황 |

(단위 : 만 원/3.3m²)

● 1기 신도시
● 2기 신도시

| 서쪽 | 마곡지구, 파주운정, 향동 삼성, 원흥, 지축, 김포한강, 검단, 시흥 목감, 장현, 은계, 송도, 청라, 가정, 부천옥길, 광명역세 등 |
|---|---|
| 동쪽 | 세곡, 내곡, 과천지식, 위례, 미사, 하남 감일, 고덕강일, 양원, 별내, 갈매, 다산, 양주, 성남 고등, 성남 여수, 판교, 광교, 동탄 등 |

자료원 : 부동산 114(2016년 기준)

이쯤에서 다시 한 번 복습해볼 필요가 있을 것 같다. 학원가는 어떤 곳에 자리 잡을까? 첫째, 중대형 평수의 아파트들의 인근이어야 한다. 둘째, 거주민의 학력이 높거나 소득이 많아 교육열이 어느 정도 뜨거운 곳이어야 한다. 셋째, 숙박업이나 유흥업체들이 들어올 중심

상업지구가 아닌 조용한 주택가의 근린상가여야 한다. 넷째, 초등학교나 중학교가 많은 인근이 좋다.

그럼, 위례신도시와 미사강변도시의 사례를 통해 어떻게 투자 가치 있는 부동산을 고를 수 있는지 살펴보자. 일단 해당 택지지구가 분양 초기 단계라면 무조건 처음 분양하는 공공택지가 좋다. 그 이유는 가격이 가장 저렴하기 때문이다. 분양이 막바지에 이를수록 인근 부동산의 프리미엄까지 더해지므로 분양가 초기보다는 가격이 어느 정도 오른 수준에서 책정된다. 분양 초기라면 무조건 당첨되는 것이 유리하고, 분양이 거의 끝나갈 무렵이거나 입주 초기라면 가격이 추가로 더 오를 가능성이 있는 교통이 편리한 단지인지, 미래 명품 학군이 될 만한 곳인지를 염두에 두고 구입을 결정하자.


## 🏠 10년 후가 기대되는 위례신도시

서울시 가장 가까이에 붙어 있는 위례신도시의 원래 이름은 '송파신도시'였다. 2008년 위례신도시로 결정된 후, 4만 6,000가구로 계획되었고, 2013년 12월 보금자리주택인 위례 22, 24단지가 첫 입주를 시작했다. 계획 수립 당시에는 행정구역 통합을 진행했으나 지방자치단체의 이해관계가 부딪혀 이뤄지지 않았다.

위례신도시의 특이한 점은 특전사의 기지 이전 보상에 따라 9,000가구가 군인 아파트로 제공된다는 점이다. 임대주택의 비율이 약 43%에 이른다. 초기 분양가가 평당 1,440만~1,680만 원이었으나 가격이 급등하여 2016년 12월 기준 평당 2,300만~2,400만 원 선이 되었다.

위례신도시에 관심이 있다면 두 가지 방법으로 접근해보자. 먼저 택지지구에서 분양이 끝났으나 입주가 완료되지 않은 지역, 특히 입주 초기라면 일단 현재 시세보다 저렴한 평당가의 단지를 찾아보자. 나도 2016년 초 실제 거주할 목적으로 위례신도시의 아파트를 찾아보았다. 당시 하남권의 롯데 단지가 미분양이 되어 양도소득세가 면제되기에 인근 시세보다 저렴한 가격에 매입할 수 있는 기회였다. 성남권의 부영 단지도 50평대의 대형 평수 아파트를 프리미엄 없이 구입할 수 있었다. 아파트를 구입하려는 사람들이 더 많은 매도 우위였던 시장이라, 부동산을 구입하는 사람이 양도소득세를 내주는 것이 관례였다. 따라서 당시에는 이 비용까지 구입 비용에 추가해 계산해야 했다. 그러니 양도소득세가 면제되거나 프리미엄이 형성되지 않은 단지의 경우 큰 부담이 없었다. 하지만 다운계약서를 쓰지 않는다고 하니 거래가 용이하지 않아 안타깝게도 구매할 수 없었다.

구매를 고려했던 롯데 단지 84㎡는 2016년 2월 평당 약 1,800만 원에도 매입할 수 있었는데, 2017년 1월 기준 호가가 평당 2,200만 원이 되었다. 이처럼 이미 가격이 오를 대로 오른 상황에서 매입하려고 한다면 앞으로 교통이 편리해질 우남역 인근이나 위례신사선(위신선)역 근처, 혹은 버스가 가장 많은 지나가는 단지를 선택하는 것이 좋다.

두 번째는 미래 학군을 예상하여 접근하는 방법이다. 위례신도시는 행정구가 송파구, 성남시, 하남시까지 세 곳으로 나뉜다. 이 점이 학군 형성에 있어서 가장 큰 걸림돌인데, 그 이유는 교육청이 각기 다르기 때문이다. 결국 서울시 교육청 소속인 송파권역이 학군 형성에 있어서 가장 유리할 것 같다. 분양 시점을 기준으로, 지도상 A1이 송파, A2는 성남, A3이 하남시 소속이다.

사실상 위례신도시는 지리적 위치로 볼 때 서울 강남구 대치동이나 송파구 잠실과 매우 가깝다. 따라서 위례 자체 내에 대형 학원가가 생길 가능성은 크지 않다. 그럼에도 위례 내에서 소규모의 동네 학원가는 생길 텐데, 이미 송파권역의 성희 프라자와 하남과 성남권역인 호반단지 쪽 근린상가에 작은 학원들이 들어서고 있는 상황이다. 위례신도시는 예상보다 빠른 속도로 생기 넘치는 도시로 변모하고 있어 갈 때마다 놀라게 된다.

이 지역에 대해 좀 더 세밀하게 살펴보고 싶다면, 위례신도시 지도를 펼쳐보라. 먼저 위례신도시 내 영구 임대아파트와 일반 임대아파트, 장기전세 아파트를 제외한 뒤 남은 공공분양과 민영분양 아파트 단지에 동그라미를 쳐보자. 그리고 단지별로 주 평형대가 어떻게 되는지 조사하여 중대형 평수 위주로 구성된 단지에 동그라미를 그려라.

## | 위례신도시 학군 |

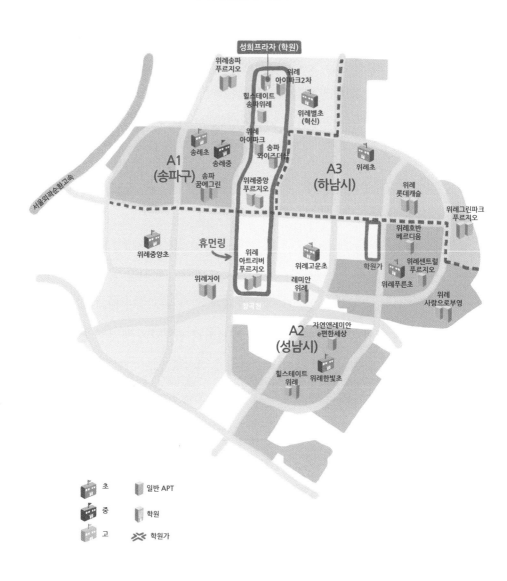

송파권역 중(강동 송파 4학교군)에 송례초등학교와 위례별초등학교가 있다. 위례별초등학교는 원래 장현초등학교였는데 이름을 바꿔 개교한 혁신초등학교다. 여기서 판교의 보평초등학교가 떠오르지 않는가? 게다가 인근에는 산책로 '휴먼링'을 중심으로 6개의 주상복합 아파트가 들어오는데 이들 대부분이 중대형 평수로 이루어져 있다. 이미 송파권역에 속하는 아파트의 경우 중대형 평수가 평당 2,100만~2,400만 원, 20평형대는 2,500만~2,600만 원 선이다(KB시세 2017년 1월 기준). 혁신초등학교인 위례별초등학교는 벌써부터 젊은 엄마들 사이에서 인기를 얻고 있다. 신세대 학부모들이 좋아할 만한 교육상품이면서 신도시에 들어오는 혁신초등학교라면 눈여겨볼 만하다.

이 밖에도 눈에 띄는 학군이 하남권이다. 초·중·고등학교가 붙어 있는 이 블록 앞에는 근린상가가 있다. 병원과 학원이 자리 잡기에 적당한 위치이며 인근 단지들은 민영 위주의 아파트들이다. 중·고등학생을 타깃으로 하는 학원이 들어오기에 좋을 것 같다. 중심 상권인 휴먼링과도 멀찌감치 떨어져 있어 조용한 면학 분위기까지 조성될 것으로 보인다. 주변에 중대형 평수가 포함된 아파트들이 들어서 있다.

위례신도시의 경우 아직까지는 학군이 제대로 형성되지 않은 상황이라 어린 자녀를 둔 학부모들 입장에서는 좋은 환경이라고 해도, 중학생 이상의 자녀를 키우는 학부모들은 망설일 수 있다. 하지만 앞으로 10년만 지나도 학부모들이 살고 싶어 하는 명품 단지로 변신할 것

| 위례신도시 학교 |

자료원 : 〈이데일리〉 2016년 2월 기사

같다. 주변에 일자리도 많고 추가로 일자리가 창출될 가능성도 다분하다. 무엇보다 경기도라고 지칭하기에 다소 아까울 정도로 서울에서 무척이나 가까운 위치에 있다. 이미 평당가가 송파구의 비잠실권 집값 수준으로 올라왔다는 것만 봐도 그 가치를 짐작할 수 있다. 거래사례 비교법으로 살펴보자면, 잠실, 가락 헬리오시티, 위례신도시 순으로 부동산 가격이 형성될 것으로 보인다. 잠실의 엘리트(엘스, 리센츠, 트리지움)단지와 가락 헬리오시티의 아파트 가격 변화 추이를 살펴본다면 앞으로의 위례신도시 부동산 가격을 짐작하는 데 도움이 될 것이다.

## 🏠 학원들이 몰려드는 미사강변도시

미사강변도시는 총 32개 블록에 약 3만 6,000세대가 입주하는 꽤 큰 규모의 신도시다. 경기도 하남시에 위치하고 있는데, 지리적으로 강동구 고덕동과 하남 풍산지구 사이다. 미사 조정경기장 부근이라고 생각하면 쉽게 가늠할 수 있을 것이다. 2015년 6월, 15단지부터 입주를 시작했으며 2018년까지 모두 준공될 예정이다. 미사 북쪽에는 입주가 마무리되고 있고 남쪽에는 앞으로 입주할 곳들이 꽤 남았다.

미사강변도시 내에는 초등학교가 7개, 중학교가 4개, 고등학교가 4개 들어섰다. 대부분의 블록 안에 초등학교가 골고루 배치되어 있어 교육 환경이 좋은 편이다. 민영주택이 14개 블록, 보금자리로 공공분양된 곳이 11개 블록, 임대주택이 11개 블록으로 이뤄졌다.

추후에 '북미사'와 '남미사'로 불리게 될지 모르겠지만, 미사역 예정지를 중심으로 근린상가 지역도 크게 북측과 남측으로 나뉜다. 대부분의 블록들에 분양가 대비 상당한 프리미엄이 붙어 초기 분양받은 이들은 이미 상당한 시세 차익을 실현했다. 이처럼 많은 32개 블록 중, 투자용이든 실거주용이든 부동산 매입을 고민하고 있다면 어디를 골라야 할까? 간단한 네 가지 팁을 알려주겠다.

첫째, 국민임대와 공공임대, 분납임대, 임대분양, 장기전세인 단지들은 제외하라. 둘째, 전철 예정지를 체크해보라. 셋째, 민영분양 단지, 그중에서도 중대형 평수가 많은 단지를 체크해보라. 넷째, 중심상업지구가 아닌 학원과 병원들이 들어올 만한 근린상가 지역을 찾아보라. 다섯째, 한강 조망권이나 수변공원 조망권 등 좋은 '뷰'를 확보한 단지들을 살펴보라.

이와 같은 방식으로 투자 가치 있는 부동산을 한번 살펴보자. 전철 예정지인 미사역 인근 중심상업용지인 A지역을 보자. 이 블록들에는 분납임대와 국민임대, 장기전세 아파트까지 골고루 포함되어 있다. 임대가 종료되어 분양 전환되는 시점까지 보유할 예정이라면 공공블록과 민영단지의 소형 아파트는 교통 편의성으로 인해 추후에도 인기일 수 있다. 다만 학군이 자리 잡기에는 한계가 있다. 비싼 임대료와

# | 미사강변도시 |

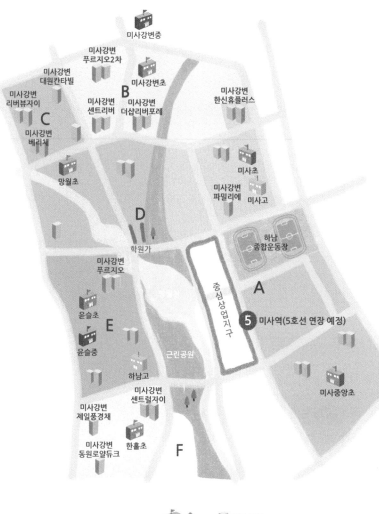

미사강변중

미사강변
푸르지오2차

미사강변
대원칸타빌

미사강변초

B

미사강변
한신휴플러스

미사강변
리버뷰자이

C

미사강변
센트리버

미사강변
더샵리버포레

미사강변
베리체

미사초

망월초

미사강변
파밀리에

미사고

D

학원가

하남
종합운동장

미사강변
푸르지오

A

윤슬초

중심상업지구

5 미사역(5호선 연장 예정)

E

윤슬중

근린공원

하남고

미사강변
센트럴자이

미사중앙초

미사강변
제일풍경채

미사강변
동원로얄듀크

한홀초

F

초       일반 APT

중       학원가

고       상업지구

유해시설 등의 문제로 학원들이 미사역 인근 중심 상업시설에 들어오긴 힘들기 때문이다.

지도를 좀 더 자세히 들여다보면, 지도상 B지역인 미사강변초등학교를 끼고 있는 삼각형 모양의 블록이 보일 것이다. 초등학교와 중학교를 끼고 있고, 임대나 장기전세 단지가 없으며, 중대형 민영단지(푸르지오, 포스코)까지 포함된 것은 물론, 한강 조망권을 가진 단지가 두 개나 된다. 포스코 단지는 야외 물놀이 시설을 갖추고 있을 뿐 아니라 학원가와도 거리상 가깝다. 지도상 C지역인 자이와 대원칸타빌 등의 중대형 민영 아파트를 품고 있는 망월초등학교 부근도 눈여겨볼 필요가 있다.

미사 북측인 D지역에는 근린상가 지구도 보인다. 실제로 가 보면 이곳에 학원과 병원들이 입점하고 있는 상황이다. 미술, 태권도, 영어, 수학, 어학원은 물론, 눈높이, 빨간펜 사업소, 독서실, 공부방도 들어 왔고, 키즈카페와 어린이 전용 수영장, 블록방 등도 있어 영유아부터 초·중학생을 위한 각종 시설들이 입점했다.

보금자리주택의 특성상 신혼부부특별공급, 생애최초특별분양, 다자녀특별분양으로 당첨된 세대들이 많기에 젊은 부부들과 어린아이들이 많다는 것이 미사강변도시의 특징이다. 학원 업계 입장에서는 눈독들일 만한 상권인 셈이다. 그러니 이미 프랜차이즈 학원들로 입점을 마친 북쪽의 근린상가 쪽이 메인 학원가가 될 가능성이 크다.

지도상 E지역의 경우 윤슬초등학교에 배정되는 푸르지오 단지는 중대형 평수 아파트로 구성된다. 수변공원 조망권을 확보한 데다 학원가인 D지역과도 다리 건너일 정도로 거리가 멀지 않다. 그 아래쪽의 한홀초등학교 건너에는 미사 남쪽 근린상가 블록 대로변을 따라 지도 F지역에 작은 학원가가 형성될 가능성도 있다. 물론 한 택지지구 내에서 큰 학원가가 각기 두 개가 생기기는 힘들지만 미사 남쪽 지역에도 단지들이 많기 때문에 이를 수용할 만한 작은 규모의 학원들은 추가로 생길 수 있다.

　이 모든 예측은 그야말로 예측이다. 미래의 일이기 때문에 확실한 건 없다. 그럼에도 학군이 탄생하는 과정을 역으로 상상해보면 미래 명품 학군을 유추해볼 수 있다. 아직은 신도시 입주 초기이므로 학군이 형성되기에는 이르다. 입주가 안정되는 4~6년 차가 되면 두각을 드러내는 학교들이 나타날 것이다. 그리고 10년 차쯤 되면 완전히 자리를 잡을 것이다. 물론, 학군이 완전히 자리 잡기 전 상위권 성적의 아이들이 서울시 강동구나 송파구 지역, 광남 학군으로 이동할 가능성이 크다. 하지만 미사강변도시 내에서 중상위권의 학력차가 크게 벌어지지 않은 상태에서 골고루 성장한다면, 그래서 평균적으로 이 지역 학교들이 학업성취도평가 점수 85점 이상을 거둔다면, 하남시 내 명문 학군이 탄생할 것이다.

##  엄마들의 욕망이 집결된 혁신도시

지방 활성화를 목적으로 기획된 행정수도 이전 정책으로, 여러 정부기관들이 전국 각지로 이주했다. 기업들도 움직였다. LH는 진주로 본사를 이전했고, 금융과 해양미디어 관련 기업들도 부산으로 이주했다. 정부는 공기업들을 지방으로 이전시키면서 '혁신도시'를 신설했으며 이주할 직원들의 거주지역까지 새로 만들어 공급했다.

부산의 대표적인 혁신도시로 꼽히는 대연동을 살펴보자. 원래 이곳은 군부대 자리였으나 군부대를 이전시킨 후 새 아파트를 지어 분양했다. 일부는 직원들에게 먼저 분양 기회를 주었고 나머지는 일반 분양했다. 부산 토박이들에게도 꽤 인기 있던 지역이라 일반 분양 당시 청약에서 떨어진 지인이 내게 특별히 부탁을 하기도 했다. 혹 회사에 아는 사람이 있다면 사내에 소문을 내서라도 전매하고 싶은 분을 소개해달라는 것이었다. 물건은 한정되어 있는데 수요가 많다 보니 벌어진 일이다.

입주 시점에는 프리미엄이 약 1억 원까지 치솟았다. 그중에는 가격이 꼭지인 것 같은 싶은 시점에 판 사람도 있고, 단순히 실거주 목적으로 산 지인도 있었다. 지인 두 명도 서울에서 살다가 이 아파트에 입주했다. 처음에는 지방으로 이사를 간다는 것이 탐탁지 않았다고 한다. 아이가 사투리를 배우게 되는 것도 그렇고, 대한민국 대도시에서 멀어진다는 기분도 들어 이 '강제 이사'가 썩 내키지 않았다는 것이다. 가족들과 터전을 벗어나 외지에 떨어져 살아야 했으니 오죽했을까? 그런데 실제 이주 후 큰 변화가 생겼다.

월급은 서울에서 받던 그대로인데 생활비는 체감상 절반 정도로 줄고, 집에서 30분만 나가도 산과 공원이 펼쳐지는 것이다. 팍팍한 도시 생활과는 달랐다. 특히 단지 내 거주자 대부분이 서울에서 이전해온 동료들이거나 타 기관 직원들이라, 막상 사투리를 쓸 일도 없었다. 이것이 혁신도시로 이주한 지인 부부들의 공통된 평이다.

이번엔 대연혁신지구의 아파트를 프리미엄까지 더해 매입한 지인의 이야기를 해보자. 그는 실제 좀 비싸긴 해도 새 아파트에서 살고 싶다는 생각에 프리미엄이 1억 원 정도 붙었을 때 실거주 목적으로 이사를 했다. 그런데 현재, 이 아파트 가격은 거기에서 추가로 1억 원이 더 올랐다(대연힐스테이트푸르지오 매매가는 2014년 33평 기준 평당 1,200만 원이었으나 2017년 3월 현재 평당 1,800만 원 선이다). 직접 살아보니 이 아파트는 '새 아파트' 그 이상의 무언가가 있었다. 현 시점에서 만약 그 지역 사람들에게 "왜 대연동 혁신 아파트가 좋나요?"라고 묻는다면 이구동성으로 이렇게 대답할 것이다. "초등학교 학군이 좋아서요!"

사실상 이곳은 입지적으로 볼 때 대학가 옆인 데다 학군이 좋을 이유가 전혀 없는 여건이다. 그럼에도 불구하고 학군이 좋아진 이유가 무엇일까? 그 해답은 그곳 거주민들에게 있다. 서울에서 강제 이주해온 부모들 중 대부분은 석박사 학력의 전문직을 가지고 있으며, 직업의 특성상 배우자가 교사인 경우도 많다. 명문 학군 탄생의 필수 요건인 단지 내 거주민들의 생활수준이 높은 것이다. 안정적인 직업과 고학력의 부모들. 게다가 이 동네는 놀이터에 가도 아이들이 서울말을 쓴다. 이와 같은 사소한 차이도 엄마들의 욕망을 자극한다. 그래서 이 아파트가 부산 엄마들의 욕망 단지가 된 것이다. 단지 내 커뮤니티와 상가 구성도 잘 되어 있어서 학원도 자체적으로 상가 내에서 해결된다. 특히 서울에서 아이를 가르쳤던 엄마들이라 자녀들의 숙제까지 꼼꼼하게 지도한다. 단지 부산에 들어온 새 아파트라서 가격이 그렇게 뛴 것은 아니라는 것이다. 그 이상의 무엇, 그 핵심 키<sup>Key</sup>는 그 안에 사는 사람들이다.

신서 혁신도시가 포함된 대구 동구의 아파트 매매가는 2015년 28.51%나 상승해 전국 1위를 기록했다. 이곳에는 한국감정원과 한국산업단지공단 그리고 한국정보화진흥원 등이 잇달아 둥지를 틀었다. 한국도로공사와 교통안전공단 등이 이전한 경북 김천 혁신도시의 아파트들 역시 2015년에 3년 전에 비해 23.7%까지 가격이 상승했다. 광주 전남의 나주도 대표적인 혁신도시다. 한국전력은 이 도시를 2020년까지 첨단기업 500여 개가 들어와 에너지 전문 인력만 1,000명이 근무하는 아시아 최대 에너지밸리로 육성할 계획이라고 밝혔다. 앞으로 항공첨단산업 지역으로 육성될 진주에는 LH본사가 이전

| 혁신도시 규모와 기업 |

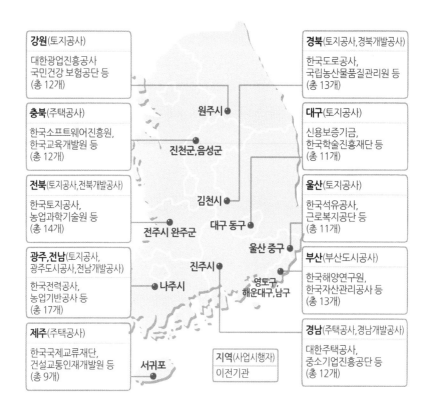

**강원**(토지공사)
대한광업진흥공사
국민건강 보험공단 등
(총 12개)

**충북**(주택공사)
한국소프트웨어진흥원,
한국교육개발원 등
(총 12개)

**전북**(토지공사,전북개발공사)
한국토지공사,
농업과학기술원 등
(총 14개)

**광주,전남**(토지공사,
광주도시공사,전남개발공사)
한국전력공사,
농업기반공사 등
(총 17개)

**제주**(주택공사)
한국국제교류재단,
건설교통인재개발원 등
(총 9개)

**경북**(토지공사,경북개발공사)
한국도로공사,
국립농산물품질관리원 등
(총 13개)

**대구**(토지공사)
신용보증기금,
한국학술진흥재단 등
(총 11개)

**울산**(토지공사)
한국석유공사,
근로복지공단 등
(총 11개)

**부산**(부산도시공사)
한국해양연구원,
한국자산관리공사 등
(총 13개)

**경남**(주택공사,경남개발공사)
대한주택공사,
중소기업진흥공단 등
(총 12개)

원주시
진천군,음성군
김천시
전주시 완주군
대구 동구
울산 중구
진주시
나주시
영도구,
해운대구,남구
서귀포

**지역**(사업시행자)
이전기관

**대표적 공공기관 이전 혁신도시 10곳**

부산, 대구 동구, 광주 전남 나주시, 울산 중구, 강원 원주시, 충북 진천과 음성, 전북
전주와 완주, 경북 김천시, 경남 진주시, 제주 서귀포시(이전 인원 전체 3만 7,329명, 113
개 기관)

자료원 : 국토해양부

했다. 최근 부동산 전세가가 무섭게 치솟고 있다. 앞으로 인근 사천의 항공 첨단산업이 더욱 가시화된다면 진주의 미래는 더욱 밝아질 것이다.

만약 지금 살고 있는 지역 인근에 혁신도시가 있다면 다시 한 번 살펴보자. 중요한 것은 직원들이 가족과 함께 이주해올 것인가 아닌가이다. 초기에는 처자식을 두고 아빠 혼자 내려오는 비율이 높았지만, 혁신도시가 자리를 잡고 나니 이제는 가족까지 함께 이사 오는 비율이 늘고 있다. 몇 가지 팁을 주자면, 어느 단지에 서울에서 이주해온 사람들이 많이 살고 있는지, 또 어느 단지에 대형 평수들이 많고 어느 단지의 초등학교가 인기 있는지 알아보라. 혁신도시가 들어서고 나서 그 지역에 영어 유치원 수가 어느 정도 되는지, CMS 같은 초등 전문 수학 학원들이 들어왔는지 잘 살펴보라.

사람의 생각은 거기서 거기다. 쾌적한 새 아파트에 살면서 회사 다니기도 좋고 거기에 아이 교육시키기에도 편하다면, 바로 거기가 사람들이 살고 싶어 하는 욕망 단지가 되는 것이다. 자연스럽게 사람이 몰리고 부동산 가격까지 오른다. 부동산 투자에서 기억해야 할 것은, '수요와 공급'이다. 다시 한 번 엄마들이 사랑하는 욕망 단지를 찾아, 똑똑하게 아이를 키우고 노후준비까지 하는 똘똘한 엄마들이 되기를 바란다.

부록

# 대한민국
# 주요 학군 지역
# 아파트 시세

| 동 | 아파트명 | 면적/전용면적 | 매매_MID | 전세_HIGH | 실제투자금 | 전세가율 | 평형계산 | 평당가 |
|---|---|---|---|---|---|---|---|---|
| 대치동 | 개포우성1차 | 102.48/84.8 | 160,000 | 85,000 | 75,000 | 53% | 31 | 5,161 |
| 대치동 | 개포우성1차 | 148.76/127.62 | 215,000 | 125,000 | 90,000 | 58% | 45 | 4,778 |
| 대치동 | 개포우성1차 | 181.82/158.54 | 240,000 | 130,000 | 110,000 | 54% | 55 | 4,364 |
| 대치동 | 개포우성1차 | 214.88/189.98 | 280,000 | 150,000 | 130,000 | 54% | 65 | 4,308 |
| 대치동 | 개포우성2차 | 101.09/94.74 | 160,000 | 85,000 | 75,000 | 53% | 31 | 5,232 |
| 대치동 | 개포우성2차 | 146.6/137.36 | 210,000 | 130,000 | 80,000 | 62% | 44 | 4,735 |
| 대치동 | 개포우성2차 | 180.54/159.86 | 242,500 | 140,000 | 102,500 | 58% | 55 | 4,440 |
| 대치동 | 대치삼성(래미안) | 85.68/59.88 | 87,000 | 64,500 | 22,500 | 74% | 26 | 3,357 |
| 대치동 | 대치삼성(래미안) | 108.21/84.58 | 114,000 | 94,000 | 20,000 | 82% | 33 | 3,483 |
| 대치동 | 대치삼성(래미안) | 124.57/97.35 | 131,500 | 104,000 | 27,500 | 79% | 38 | 3,490 |
| 대치동 | 대치삼성(래미안) | 133.46/108.52 | 130,000 | 111,000 | 19,000 | 85% | 40 | 3,220 |
| 대치동 | 대치삼성(래미안) | 139.27/109.04 | 130,000 | 111,000 | 19,000 | 85% | 42 | 3,086 |
| 대치동 | 대치아이파크 | 78.71/59.96 | 102,500 | 83,500 | 19,000 | 81% | 24 | 4,305 |
| 대치동 | 대치아이파크 | 109.32/84.95 | 132,500 | 107,500 | 25,000 | 81% | 33 | 4,007 |
| 대치동 | 대치아이파크 | 111.3/84.98 | 133,500 | 107,500 | 26,000 | 81% | 34 | 3,965 |
| 대치동 | 대치아이파크 | 147.99/114.97 | 170,000 | 145,000 | 25,000 | 85% | 45 | 3,797 |
| 대치동 | 대치아이파크 | 154.27/119.58 | 177,500 | 157,500 | 20,000 | 89% | 47 | 3,804 |
| 대치동 | 대치아이파크 | 179.41/149.78 | 202,500 | 175,000 | 27,500 | 86% | 54 | 3,731 |
| 대치동 | 대치현대 | 88.68/59.82 | 75,000 | 53,500 | 21,500 | 71% | 27 | 2,796 |
| 대치동 | 대치현대 | 111.62/85 | 106,000 | 85,000 | 21,000 | 80% | 34 | 3,139 |
| 대치동 | 대치현대 | 129.45/101.6 | 116,500 | 99,000 | 17,500 | 85% | 39 | 2,975 |
| 대치동 | 대치현대 | 143.66/114.59 | 131,500 | 105,000 | 26,500 | 80% | 43 | 3,026 |
| 대치동 | 래미안대치하이스턴(우성2차) | 142.54/110.39 | 136,500 | 120,000 | 16,500 | 88% | 43 | 3,166 |
| 대치동 | 선경(1차) | 102.47/94.89 | 157,500 | 82,500 | 75,000 | 52% | 31 | 5,081 |
| 대치동 | 선경(1차) | 138.84/128.32 | 187,500 | 100,000 | 87,500 | 53% | 42 | 4,464 |
| 대치동 | 선경(1차) | 158.67/136.67 | 212,500 | 115,000 | 97,500 | 54% | 48 | 4,427 |

**부록**

대한민국 주요 학군 지역 아파트 시세

| 동 | 아파트명 | 면적/전용면적 | 매매_MID | 전세_HIGH | 실제투자금 | 전세가율 | 평형계산 | 평당가 |
|---|---|---|---|---|---|---|---|---|
| 대치동 | 선경(1차) | 188.43/163.94 | 240,000 | 127,500 | 112,500 | 53% | 57 | 4,211 |
| 대치동 | 선경(2차) | 102.47/84.55 | 157,500 | 82,500 | 75,000 | 52% | 31 | 5,081 |
| 대치동 | 선경(2차) | 148.76/127.75 | 212,500 | 117,500 | 95,000 | 55% | 45 | 4,722 |
| 대치동 | 선경(2차) | 181.81/160.76 | 240,000 | 127,500 | 112,500 | 53% | 55 | 4,364 |
| 대치동 | 쌍용2차 | 102.47/95.48 | 127,500 | 61,500 | 66,000 | 48% | 31 | 4,113 |
| 대치동 | 쌍용2차 | 141.71/132.05 | 155,000 | 80,000 | 75,000 | 52% | 43 | 3,616 |
| 대치동 | 쌍용대치(1차) | 102.36/96.04 | 130,000 | 61,500 | 68,500 | 47% | 31 | 4,198 |
| 대치동 | 쌍용대치(1차) | 150.54/141.22 | 162,500 | 80,000 | 82,500 | 49% | 46 | 3,568 |
| 대치동 | 쌍용대치(1차) | 173.48/162.71 | 177,500 | 87,500 | 90,000 | 49% | 52 | 3,382 |
| 대치동 | 우성(1차) | 102.01/95.27 | 125,000 | 61,500 | 63,500 | 49% | 31 | 4,051 |
| 대치동 | 우성(1차) | 133.98/125.17 | 145,000 | 77,500 | 67,500 | 53% | 41 | 3,578 |
| 대치동 | 은마 | 101.52/76.79 | 118,000 | 49,500 | 68,500 | 42% | 31 | 3,842 |
| 대치동 | 은마 | 115.54/84.43 | 136,000 | 56,250 | 79,750 | 41% | 35 | 3,891 |
| 대치동 | 한보미도맨션(1차) | 112.39/84.48 | 140,000 | 73,500 | 66,500 | 53% | 34 | 4,118 |
| 대치동 | 한보미도맨션(1차) | 152.06/128.01 | 190,000 | 100,000 | 90,000 | 53% | 46 | 4,131 |
| 대치동 | 한보미도맨션(1차) | 188.43/161.36 | 220,000 | 119,000 | 101,000 | 54% | 57 | 3,860 |
| 대치동 | 한보미도맨션(1차) | 221.48/191.07 | 260,000 | 134,000 | 126,000 | 52% | 67 | 3,881 |
| 대치동 | 한보미도맨션(2차) | 115.7/84.96 | 137,500 | 73,500 | 64,000 | 53% | 35 | 3,929 |
| 대치동 | 한보미도맨션(2차) | 135.53/115.05 | 170,000 | 92,500 | 77,500 | 54% | 41 | 4,147 |
| 대치동 | 한보미도맨션(2차) | 148.76/126.33 | 190,000 | 100,000 | 90,000 | 53% | 45 | 4,222 |
| 대치동 | 한보미도맨션(2차) | 185.12/159.15 | 225,000 | 115,000 | 110,000 | 51% | 56 | 4,018 |
| 대치동 | 한보미도맨션(2차) | 218.18/190.47 | 262,500 | 125,000 | 137,500 | 48% | 66 | 3,977 |
| 도곡동 | 도곡렉슬 | 86.43A/59.97 | 90,000 | 70,000 | 20,000 | 78% | 26 | 3,442 |
| 도곡동 | 도곡렉슬 | 88.52A1/59.97 | 90,000 | 70,000 | 20,000 | 78% | 27 | 3,361 |
| 도곡동 | 도곡렉슬 | 88.72B/59.97 | 96,250 | 76,000 | 20,250 | 79% | 27 | 3,586 |
| 도곡동 | 도곡렉슬 | 88.72B1/59.98 | 97,250 | 76,500 | 20,750 | 79% | 27 | 3,632 |
| 도곡동 | 도곡렉슬 | 86.43C/59.92 | 93,500 | 70,000 | 23,500 | 75% | 26 | 3,576 |
| 도곡동 | 도곡렉슬 | 86.76D/59.99 | 91,500 | 68,750 | 22,750 | 75% | 26 | 3,486 |

| 동 | 아파트명 | 면적/전용면적 | 매매_MID | 전세_HIGH | 실제투자금 | 전세가율 | 평형계산 | 평당가 |
|---|---|---|---|---|---|---|---|---|
| 도곡동 | 도곡렉슬 | 111.08A/84.99 | 136,500 | 99,000 | 37,500 | 73% | 34 | 4,062 |
| 도곡동 | 도곡렉슬 | 111.08A1/84.99 | 131,500 | 96,500 | 35,000 | 73% | 27 | 4,911 |
| 도곡동 | 도곡렉슬 | 110.94B/84.92 | 129,500 | 97,000 | 32,500 | 75% | 34 | 3,859 |
| 도곡동 | 도곡렉슬 | 110.94B1/84.92 | 128,500 | 96,500 | 32,000 | 75% | 27 | 4,799 |
| 도곡동 | 도곡렉슬 | 143.06A/114.99 | 167,500 | 133,000 | 34,500 | 79% | 43 | 3,871 |
| 도곡동 | 도곡렉슬 | 143.87B/120.82 | 153,500 | 124,500 | 29,000 | 81% | 44 | 3,527 |
| 도곡동 | 도곡렉슬 | 143.26C/119.89 | 152,000 | 124,500 | 27,500 | 82% | 43 | 3,507 |
| 도곡동 | 도곡렉슬 | 167.32/134.9 | 191,500 | 157,500 | 34,000 | 82% | 51 | 3,784 |
| 도곡동 | 도곡렉슬 | 170.92/138.31 | 185,000 | 152,500 | 32,500 | 82% | 52 | 3,578 |
| 도곡동 | 도곡렉슬 | 225.29/176.99 | 249,000 | 187,500 | 61,500 | 75% | 68 | 3,654 |
| 역삼동 | 개나리래미안 | 77.59A/59.95 | 92,500 | 72,000 | 20,500 | 78% | 23 | 3,941 |
| 역삼동 | 개나리래미안 | 77.36B/59.7 | 92,500 | 72,000 | 20,500 | 78% | 23 | 3,953 |
| 역삼동 | 개나리래미안 | 77.64C/59.93 | 92,500 | 72,000 | 20,500 | 78% | 23 | 3,938 |
| 역삼동 | 개나리래미안 | 109.27A/84.93 | 120,000 | 92,500 | 27,500 | 77% | 33 | 3,630 |
| 역삼동 | 개나리래미안 | 146.56/114.65 | 141,500 | 108,500 | 33,000 | 77% | 44 | 3,192 |
| 역삼동 | 개나리래미안 | 165.44A/129.8 | 145,000 | 122,500 | 22,500 | 84% | 50 | 2,897 |
| 역삼동 | 개나리래미안 | 165.29B/129.96 | 145,000 | 122,500 | 22,500 | 84% | 50 | 2,900 |
| 역삼동 | 개나리래미안 | 183.09A/144.98 | 150,000 | 127,500 | 22,500 | 85% | 55 | 2,708 |
| 역삼동 | 개나리래미안 | 184.38B/144.55 | 150,000 | 127,500 | 22,500 | 85% | 56 | 2,689 |
| 역삼동 | 개나리푸르지오 | 79.97A/59.98 | 96,500 | 78,000 | 18,500 | 81% | 24 | 3,989 |
| 역삼동 | 개나리푸르지오 | 79.81B/59.68 | 96,500 | 78,000 | 18,500 | 81% | 24 | 3,997 |
| 역삼동 | 개나리푸르지오 | 109.39A/84.68 | 120,000 | 91,500 | 28,500 | 76% | 33 | 3,626 |
| 역삼동 | 개나리푸르지오 | 110.65B/84.99 | 122,500 | 93,000 | 29,500 | 76% | 33 | 3,660 |
| 역삼동 | 개나리푸르지오 | 166.7A/133.16 | 150,000 | 122,500 | 27,500 | 82% | 50 | 2,975 |
| 역삼동 | 개나리푸르지오 | 167.28B/132.83 | 150,000 | 122,500 | 27,500 | 82% | 51 | 2,964 |
| 역삼동 | 개나리푸르지오 | 184.18A/148.8 | 157,500 | 130,000 | 27,500 | 83% | 56 | 2,827 |
| 역삼동 | 개나리푸르지오 | 184.22B/147.96 | 157,500 | 130,000 | 27,500 | 83% | 56 | 2,826 |
| 역삼동 | 래미안그레이튼 | 85.64/59.97 | 89,000 | 71,000 | 18,000 | 80% | 26 | 3,435 |

**부록**

대한민국 주요 학군 지역 아파트 시세

| 역삼동 | 래미안그레이튼 | 97.47/70.98 | 102,500 | 85,000 | 17,500 | 83% | 29 | 3,476 |
|---|---|---|---|---|---|---|---|---|
| 역삼동 | 래미안그레이튼 | 97.47/70.98 | 102,500 | 85,000 | 17,500 | 83% | 29 | 3,476 |
| 역삼동 | 래미안그레이튼 | 113.47/84.97 | 120,000 | 96,500 | 23,500 | 80% | 34 | 3,496 |
| 역삼동 | 래미안그레이튼 | 172.22/142.06 | 168,500 | 129,000 | 39,500 | 77% | 52 | 3,234 |
| 역삼동 | 래미안그레이튼 (진달래2차) | 86A/59.78 | 90,500 | 70,500 | 20,000 | 78% | 26 | 3,479 |
| 역삼동 | 래미안그레이튼 (진달래2차) | 87.31B/59.91 | 89,000 | 69,000 | 20,000 | 78% | 26 | 3,370 |
| 역삼동 | 래미안그레이튼 (진달래2차) | 109.21B/84.87 | 119,000 | 93,500 | 25,500 | 79% | 33 | 3,602 |
| 역삼동 | 래미안그레이튼 (진달래2차) | 109.57A/84.81 | 116,500 | 92,000 | 24,500 | 79% | 33 | 3,515 |
| 역삼동 | 래미안그레이튼 (진달래2차) | 135.18/105.89 | 130,000 | 112,500 | 17,500 | 87% | 41 | 3,179 |
| 역삼동 | 래미안그레이튼 (진달래2차) | 154.96B/121.54 | 140,500 | 120,000 | 20,500 | 85% | 47 | 2,997 |
| 역삼동 | 래미안그레이튼 (진달래2차) | 154.89A/120.37 | 133,000 | 115,000 | 18,000 | 86% | 47 | 2,839 |
| 역삼동 | 역삼래미안 | 80.66A/59.4 | 91,500 | 70,000 | 21,500 | 77% | 24 | 3,750 |
| 역삼동 | 역삼래미안 | 81.4B/59.65 | 91,500 | 70,000 | 21,500 | 77% | 25 | 3,716 |
| 역삼동 | 역삼래미안 | 80.89C/59.53 | 91,500 | 70,000 | 21,500 | 77% | 24 | 3,739 |
| 역삼동 | 역삼래미안 | 81.24D/59.73 | 91,500 | 70,000 | 21,500 | 77% | 25 | 3,723 |
| 역삼동 | 역삼래미안 | 109.4/80.87 | 117,500 | 92,000 | 25,500 | 78% | 33 | 3,551 |
| 역삼동 | 역삼푸르지오 | 79.41/59.88 | 90,500 | 71,000 | 19,500 | 78% | 24 | 3,767 |
| 역삼동 | 역삼푸르지오 | 104.4/84.9 | 119,000 | 92,000 | 27,000 | 77% | 32 | 3,768 |

■ 서울시 양천구 목동 학군

| 동 | 아파트명 | 면적/전용면적 | 매매_MID | 전세_HIGH | 실제투자금 | 전세가율 | 평형계산 | 평당가 |
|---|---|---|---|---|---|---|---|---|
| 목동 | 목동신시가지 (1단지고층) | 66.11A/51.48 | 66,000 | 36,500 | 29,500 | 55% | 20 | 3,300 |
| 목동 | 목동신시가지 (1단지고층) | 66.11B/47.52 | 61,500 | 31,000 | 30,500 | 50% | 20 | 3,075 |
| 목동 | 목동신시가지 (1단지고층) | 66.11C/51.48 | 66,000 | 36,500 | 29,500 | 55% | 20 | 3,300 |
| 목동 | 목동신시가지 (1단지고층) | 66.11D/47.52 | 61,500 | 31,000 | 30,500 | 50% | 20 | 3,075 |

| 동 | 아파트명 | 면적/전용면적 | 매매_MID | 전세_HIGH | 실제투자금 | 전세가율 | 평형계산 | 평당가 |
|---|---|---|---|---|---|---|---|---|
| 목동 | 목동신시가지<br>(1단지고층) | 89.25/65.34 | 81,000 | 43,500 | 37,500 | 54% | 27 | 3,000 |
| 목동 | 목동신시가지<br>(1단지고층) | 115.72/91.26 | 108,000 | 66,000 | 42,000 | 61% | 35 | 3,085 |
| 목동 | 목동신시가지<br>(1단지고층) | 148.76/116.29 | 128,000 | 79,000 | 49,000 | 62% | 45 | 2,844 |
| 목동 | 목동신시가지<br>(1단지고층) | 191.73/154.44 | 151,000 | 90,000 | 61,000 | 60% | 58 | 2,604 |
| 목동 | 목동신시가지<br>(1단지저층) | 99.17/83.24 | 97,000 | 54,000 | 43,000 | 56% | 30 | 3,233 |
| 목동 | 목동신시가지<br>(1단지저층) | 115.7/98.08 | 109,000 | 66,000 | 43,000 | 61% | 35 | 3,114 |
| 목동 | 목동신시가지<br>(1단지저층) | 148.76/125.44 | 133,500 | 78,500 | 55,000 | 59% | 45 | 2,967 |
| 목동 | 목동신시가지(2단지) | 84.96/65.82 | 81,000 | 47,500 | 33,500 | 59% | 26 | 3,152 |
| 목동 | 목동신시가지(2단지) | 99.12/83.52 | 99,000 | 57,500 | 41,500 | 58% | 30 | 3,302 |
| 목동 | 목동신시가지(2단지) | 122.47/97.92 | 108,500 | 67,500 | 41,000 | 62% | 37 | 2,929 |
| 목동 | 목동신시가지(2단지) | 145.15/122.31 | 132,500 | 82,500 | 50,000 | 62% | 44 | 3,018 |
| 목동 | 목동신시가지(2단지) | 164.06/138.69 | 147,500 | 87,500 | 60,000 | 59% | 50 | 2,972 |
| 목동 | 목동신시가지(3단지) | 88.92/64.98 | 79,500 | 43,000 | 36,500 | 54% | 27 | 2,956 |
| 목동 | 목동신시가지(3단지) | 100.62/82.43 | 94,000 | 57,500 | 36,500 | 61% | 30 | 3,088 |
| 목동 | 목동신시가지(3단지) | 116.03/95.03 | 111,500 | 67,500 | 44,000 | 61% | 35 | 3,177 |
| 목동 | 목동신시가지(3단지) | 154.46/116.12 | 133,500 | 82,500 | 51,000 | 62% | 47 | 2,857 |
| 목동 | 목동신시가지(3단지) | 189.99A/145.13 | 157,500 | 88,500 | 69,000 | 56% | 57 | 2,740 |
| 목동 | 목동신시가지(3단지) | 168.95B/140.98 | 150,000 | 82,500 | 67,500 | 55% | 51 | 2,935 |
| 목동 | 목동신시가지(4단지) | 63.18/47.25 | 62,000 | 33,000 | 29,000 | 53% | 19 | 3,244 |
| 목동 | 목동신시가지(4단지) | 87.33/65.34 | 79,000 | 44,000 | 35,000 | 56% | 26 | 2,990 |
| 목동 | 목동신시가지(4단지) | 115.7/95.34 | 108,500 | 64,500 | 44,000 | 59% | 35 | 3,100 |
| 목동 | 목동신시가지(4단지) | 148.76/108.06 | 121,500 | 75,000 | 46,500 | 62% | 45 | 2,700 |
| 목동 | 목동신시가지(4단지) | 181.82/142.2 | 145,500 | 82,000 | 63,500 | 56% | 55 | 2,645 |
| 목동 | 목동신시가지(5단지) | 84.64/65.08 | 88,500 | 49,000 | 39,500 | 55% | 26 | 3,457 |

**부록**

대한민국 주요 학군 지역 아파트 시세

| 동 | 아파트명 | 면적/전용면적 | 매매_MID | 전세_HIGH | 실제투자금 | 전세가율 | 평형계산 | 평당가 |
|---|---|---|---|---|---|---|---|---|
| 목동 | 목동신시가지(5단지) | 99.39/83.47 | 98,750 | 57,500 | 41,250 | 58% | 30 | 3,284 |
| 목동 | 목동신시가지(5단지) | 118.66/95.28 | 119,000 | 70,750 | 48,250 | 59% | 36 | 3,315 |
| 목동 | 목동신시가지(5단지) | 142.71/122.46 | 140,750 | 80,250 | 60,500 | 57% | 43 | 3,260 |
| 목동 | 목동신시가지(5단지) | 177.78/142.51 | 168,000 | 89,000 | 79,000 | 53% | 54 | 3,124 |
| 목동 | 목동신시가지(6단지) | 65.01/47.94 | 62,000 | 32,000 | 30,000 | 52% | 20 | 3,153 |
| 목동 | 목동신시가지(6단지) | 88.32/65.1 | 81,500 | 49,000 | 32,500 | 60% | 27 | 3,051 |
| 목동 | 목동신시가지(6단지) | 115.7/95.3 | 112,500 | 70,500 | 42,000 | 63% | 35 | 3,214 |
| 목동 | 목동신시가지(6단지) | 150.06/115.19 | 130,000 | 82,500 | 47,500 | 63% | 45 | 2,864 |
| 목동 | 목동신시가지(6단지) | 179.54/142.39 | 145,000 | 87,000 | 58,000 | 60% | 54 | 2,670 |
| 목동 | 목동신시가지(7단지고층) | 66.11/53.88 | 71,500 | 34,500 | 37,000 | 48% | 20 | 3,575 |
| 목동 | 목동신시가지(7단지고층) | 89.25/66.6 | 86,500 | 45,500 | 41,000 | 53% | 27 | 3,204 |
| 목동 | 목동신시가지(7단지고층) | 115.7B/89.05 | 104,500 | 65,000 | 39,500 | 62% | 35 | 2,986 |
| 목동 | 목동신시가지(7단지고층) | 115.7/101.2 | 122,500 | 74,500 | 48,000 | 61% | 35 | 3,500 |
| 목동 | 목동신시가지(7단지저층) | 66.11/59.39 | 77,000 | 36,000 | 41,000 | 47% | 20 | 3,850 |
| 목동 | 목동신시가지(7단지저층) | 89.25B/74.12 | 100,000 | 55,000 | 45,000 | 55% | 27 | 3,704 |
| 목동 | 목동신시가지(7단지저층) | 89.25C/64.4 | 84,500 | 44,500 | 40,000 | 53% | 27 | 3,130 |
| 신정동 | 목동신시가지(8단지) | 75.55/54.94 | 57,000 | 33,250 | 23,750 | 58% | 23 | 2,494 |
| 신정동 | 목동신시가지(8단지) | 98.7/71.77 | 74,000 | 45,500 | 28,500 | 61% | 30 | 2,479 |
| 신정동 | 목동신시가지(8단지) | 112.79/92.9 | 82,500 | 52,500 | 30,000 | 64% | 34 | 2,418 |
| 신정동 | 목동신시가지(8단지) | 127.89/105.35 | 102,500 | 66,000 | 36,500 | 64% | 39 | 2,649 |
| 신정동 | 목동신시가지(9단지) | 66.12/53.82 | 57,500 | 34,750 | 22,750 | 60% | 20 | 2,875 |
| 신정동 | 목동신시가지(9단지) | 89.26A/71.37 | 76,500 | 45,500 | 31,000 | 59% | 27 | 2,833 |
| 신정동 | 목동신시가지(9단지) | 89.26B/71.37 | 76,000 | 45,500 | 30,500 | 60% | 27 | 2,815 |

| 동 | 아파트명 | 면적/전용면적 | 매매_MID | 전세_HIGH | 실제투자금 | 전세가율 | 평형계산 | 평당가 |
|---|---|---|---|---|---|---|---|---|
| 신정동 | 목동신시가지(9단지) | 99.17/84.99 | 94,000 | 55,000 | 39,000 | 59% | 30 | 3,133 |
| 신정동 | 목동신시가지(9단지) | 115.7A/100.33 | 100,000 | 65,000 | 35,000 | 65% | 35 | 2,857 |
| 신정동 | 목동신시가지(9단지) | 115.7B/90.72 | 99,500 | 62,000 | 37,500 | 62% | 35 | 2,843 |
| 신정동 | 목동신시가지(9단지) | 125.62A/106.39 | 106,500 | 69,500 | 37,000 | 65% | 38 | 2,803 |
| 신정동 | 목동신시가지(9단지) | 125.62B/106.93 | 106,500 | 70,500 | 36,000 | 66% | 38 | 2,803 |
| 신정동 | 목동신시가지(9단지) | 148.76/126.02 | 125,000 | 78,000 | 47,000 | 62% | 45 | 2,778 |
| 신정동 | 목동신시가지(9단지) | 181.82A/158.7 | 141,000 | 87,000 | 54,000 | 62% | 55 | 2,564 |
| 신정동 | 목동신시가지(9단지) | 181.82B/146.04 | 137,000 | 87,000 | 50,000 | 64% | 55 | 2,491 |
| 신정동 | 목동신시가지(9단지) | 181.82C/156.84 | 145,500 | 89,000 | 56,500 | 61% | 55 | 2,645 |
| 신정동 | 목동신시가지(10단지) | 74.93/53.82 | 57,000 | 33,000 | 24,000 | 58% | 23 | 2,515 |
| 신정동 | 목동신시가지(10단지) | 96.02/70.22 | 73,500 | 44,000 | 29,500 | 60% | 29 | 2,530 |
| 신정동 | 목동신시가지(10단지) | 102.49A/85 | 83,500 | 51,000 | 32,500 | 61% | 31 | 2,693 |
| 신정동 | 목동신시가지(10단지) | 110.24B/79.55 | 80,500 | 50,000 | 30,500 | 62% | 33 | 2,414 |
| 신정동 | 목동신시가지(10단지) | 127.38/105.58 | 104,500 | 64,000 | 40,500 | 61% | 39 | 2,712 |
| 신정동 | 목동신시가지(10단지) | 152.74/124.51 | 116,000 | 71,500 | 44,500 | 62% | 46 | 2,511 |
| 신정동 | 목동신시가지(10단지) | 185.12/156.24 | 132,000 | 78,000 | 54,000 | 59% | 56 | 2,357 |

■ 서울시 노원구 중계동 학군

| 동 | 아파트명 | 면적/전용면적 | 매매_MID | 전세_HIGH | 실제투자금 | 전세가율 | 평형계산 | 평당가 |
|---|---|---|---|---|---|---|---|---|
| 중계동 | 건영(3차) | 105.77/84.9 | 58,000 | 50,000 | 8,000 | 86% | 32 | 1,813 |
| 중계동 | 대림벽산 | 136.09/114.39 | 72,000 | 55,000 | 17,000 | 76% | 41 | 1,749 |
| 중계동 | 대림벽산 | 166.33/141.45 | 82,000 | 62,500 | 19,500 | 76% | 50 | 1,630 |
| 중계동 | 동진,신안 | 124.34/101.99 | 63,000 | 54,000 | 9,000 | 86% | 38 | 1,675 |
| 중계동 | 동진,신안 | 157.6/134.74 | 75,500 | 64,000 | 11,500 | 85% | 48 | 1,584 |
| 중계동 | 롯데우성 | 122.83/101.88 | 61,000 | 51,000 | 10,000 | 84% | 37 | 1,642 |
| 중계동 | 롯데우성 | 137.58/115.26 | 67,000 | 57,500 | 9,500 | 86% | 42 | 1,610 |
| 중계동 | 성원(1차) | 81.87/59.75 | 37,500 | 33,750 | 3,750 | 90% | 25 | 1,514 |
| 중계동 | 성원(1차) | 109.39/84.78 | 49,000 | 43,000 | 6,000 | 88% | 33 | 1,481 |

**부록**

대한민국 주요 학군 지역 아파트 시세

| 동 | 아파트명 | 면적/전용면적 | 매매_MID | 전세_HIGH | 실제투자금 | 전세가율 | 평형계산 | 평당가 |
|---|---|---|---|---|---|---|---|---|
| 중계동 | 성원(1차) | 164.41/134.78 | 61,500 | 48,500 | 13,000 | 79% | 50 | 1,237 |
| 중계동 | 신동아중계동 | 122.31/101.94 | 59,500 | 52,000 | 7,500 | 87% | 37 | 1,608 |
| 중계동 | 신동아중계동 | 138.84/115.35 | 65,500 | 57,500 | 8,000 | 88% | 42 | 1,560 |
| 중계동 | 신안(양지) | 87.25/59.97 | 35,500 | 33,500 | 2,000 | 94% | 26 | 1,345 |
| 중계동 | 신안(양지) | 109.93/84.93 | 48,000 | 45,000 | 3,000 | 94% | 33 | 1,443 |
| 중계동 | 양지대림(1차) | 81.57/59.88 | 38,000 | 33,500 | 4,500 | 88% | 25 | 1,540 |
| 중계동 | 양지대림(1차) | 108.86/84.9 | 51,000 | 45,000 | 6,000 | 88% | 33 | 1,549 |
| 중계동 | 양지대림(1차) | 142.63/114.96 | 57,500 | 50,500 | 7,000 | 88% | 43 | 1,333 |
| 중계동 | 중계10단지주공 | 79.12/58.14 | 37,500 | 32,500 | 5,000 | 87% | 24 | 1,567 |
| 중계동 | 중계3차우성 | 78.68/59.94 | 30,500 | 29,000 | 1,500 | 95% | 24 | 1,281 |
| 중계동 | 중계3차우성 | 111.41/84.87 | 44,500 | 41,500 | 3,000 | 93% | 34 | 1,320 |
| 중계동 | 중계5단지주공 | 50.4/38.64 | 18,500 | 13,750 | 4,750 | 74% | 15 | 1,213 |
| 중계동 | 중계5단지주공 | 58.61/44.94 | 21,000 | 15,500 | 5,500 | 74% | 18 | 1,184 |
| 중계동 | 중계5단지주공 | 59.2/44.52 | 21,250 | 16,000 | 5,250 | 75% | 18 | 1,187 |
| 중계동 | 중계5단지주공 | 80.31/58.46 | 34,000 | 28,500 | 5,500 | 84% | 24 | 1,400 |
| 중계동 | 중계5단지주공 | 94.25/76.51 | 43,500 | 36,500 | 7,000 | 84% | 29 | 1,526 |
| 중계동 | 중계5단지주공 | 104.45/84.79 | 47,500 | 41,000 | 6,500 | 86% | 32 | 1,503 |
| 중계동 | 중계6단지주공 | 60.41/44.1 | 20,500 | 16,000 | 4,500 | 78% | 18 | 1,122 |
| 중계동 | 중계8단지주공 | 70.89/49.72 | 26,750 | 21,000 | 5,750 | 79% | 21 | 1,247 |
| 중계동 | 청구(3차) | 104.64/84.77 | 59,000 | 50,500 | 8,500 | 86% | 32 | 1,864 |

■ 경기도 안양시 평촌

| 동 | 아파트명 | 면적/전용면적 | 매매_MID | 전세_HIGH | 실제투자금 | 전세가율 | 평형계산 | 평당가 |
|---|---|---|---|---|---|---|---|---|
| 평촌동 | 귀인마을현대홈타운 | 81.36/56.06 | 43,000 | 37,000 | 6,000 | 86% | 25 | 1,747 |
| 평촌동 | 귀인마을현대홈타운 | 92.11/65.32 | 48,500 | 41,000 | 7,500 | 85% | 28 | 1,741 |
| 평촌동 | 귀인마을현대홈타운 | 109.13/80.37 | 55,000 | 49,000 | 6,000 | 89% | 33 | 1,666 |
| 평촌동 | 초원(LG) | 77.51/59.79 | 37,250 | 33,500 | 3,750 | 90% | 23 | 1,589 |
| 평촌동 | 초원(LG) | 106.3/84.9 | 46,500 | 41,500 | 5,000 | 89% | 32 | 1,446 |

| 동 | 아파트명 | 면적/전용면적 | 매매_MID | 전세_HIGH | 실제투자금 | 전세가율 | 평형계산 | 평당가 |
|---|---|---|---|---|---|---|---|---|
| 평촌동 | 초원(대림) | 81.52/59.74 | 35,250 | 32,000 | 3,250 | 91% | 25 | 1,429 |
| 평촌동 | 초원(대림) | 106.77/84.92 | 50,000 | 43,000 | 7,000 | 86% | 32 | 1,548 |
| 평촌동 | 초원(대원) | 76.65/59.94 | 37,500 | 35,000 | 2,500 | 93% | 23 | 1,617 |
| 평촌동 | 초원(대원) | 103.95/84.97 | 48,500 | 43,500 | 5,000 | 90% | 31 | 1,542 |
| 평촌동 | 초원(대원) | 105.99/84.97 | 48,500 | 43,500 | 5,000 | 90% | 32 | 1,513 |
| 평촌동 | 초원(부영) | 51.81/37.85 | 24,750 | 19,000 | 5,750 | 77% | 16 | 1,579 |
| 평촌동 | 초원(부영) | 68.23/50 | 30,250 | 26,000 | 4,250 | 86% | 21 | 1,466 |
| 평촌동 | 초원(부영) | 81.73/60 | 37,250 | 31,000 | 6,250 | 83% | 25 | 1,507 |
| 평촌동 | 초원(성원) | 75.13/59.94 | 37,500 | 34,000 | 3,500 | 91% | 23 | 1,650 |
| 평촌동 | 초원(성원) | 102.69/84.99 | 46,500 | 43,000 | 3,500 | 92% | 31 | 1,497 |
| 평촌동 | 초원(한양) | 77.86/59.4 | 32,000 | 30,000 | 2,000 | 94% | 24 | 1,359 |
| 평촌동 | 초원(한양) | 97.99/79.05 | 36,750 | 33,250 | 3,500 | 90% | 30 | 1,240 |
| 평촌동 | 초원(한양) | 105.27/84.9 | 43,250 | 38,000 | 5,250 | 88% | 32 | 1,358 |
| 평촌동 | 초원마을세경 | 64.05/49.68 | 30,500 | 26,500 | 4,000 | 87% | 19 | 1,574 |
| 평촌동 | 향촌(롯데) | 77.18/59.76 | 40,000 | 35,500 | 4,500 | 89% | 23 | 1,713 |
| 평촌동 | 향촌(롯데) | 110.13/84.84 | 55,000 | 46,500 | 8,500 | 85% | 33 | 1,651 |
| 평촌동 | 향촌(현대4차) | 78.67/59.94 | 39,250 | 36,000 | 3,250 | 92% | 24 | 1,649 |
| 평촌동 | 향촌(현대4차) | 106.96/84.99 | 53,000 | 46,500 | 6,500 | 88% | 32 | 1,638 |
| 평촌동 | 향촌(현대5차) | 75.89/59.76 | 40,250 | 36,000 | 4,250 | 89% | 23 | 1,753 |
| 평촌동 | 향촌(현대5차) | 105.63/84.75 | 54,500 | 46,500 | 8,000 | 85% | 32 | 1,706 |
| 호계동 | 경남(무궁화) | 81.38/59.91 | 33,500 | 30,500 | 3,000 | 91% | 25 | 1,361 |
| 호계동 | 경남(무궁화) | 106.73/84.9 | 46,250 | 40,250 | 6,000 | 87% | 32 | 1,433 |
| 호계동 | 목련(경남) | 119/99.02 | 58,000 | 51,500 | 6,500 | 89% | 36 | 1,611 |
| 호계동 | 목련(경남) | 152.06/127.29 | 64,000 | 56,500 | 7,500 | 88% | 46 | 1,391 |
| 호계동 | 목련(경남) | 195.04/164.4 | 67,500 | 59,000 | 8,500 | 87% | 59 | 1,144 |
| 호계동 | 목련(대우,선경) | 46.27/34.44 | 25,750 | 18,000 | 7,750 | 70% | 14 | 1,840 |
| 호계동 | 목련(대우,선경) | 77.13/58.32 | 43,500 | 31,000 | 12,500 | 71% | 23 | 1,864 |
| 호계동 | 목련(동아) | 119/99.02 | 62,500 | 52,500 | 10,000 | 84% | 36 | 1,736 |

**부록**

대한민국 주요 학군 지역 아파트 시세

| 동 | 아파트명 | 면적/전용면적 | 매매_MID | 전세_HIGH | 실제투자금 | 전세가율 | 평형계산 | 평당가 |
|---|---|---|---|---|---|---|---|---|
| 호계동 | 목련(동아) | 152.06/127.29 | 66,500 | 58,000 | 8,500 | 87% | 46 | 1,446 |
| 호계동 | 목련(동아) | 195.04/164.4 | 68,000 | 59,000 | 9,000 | 87% | 59 | 1,153 |
| 호계동 | 목련(두산) | 123.11/101.94 | 67,000 | 55,000 | 12,000 | 82% | 37 | 1,799 |
| 호계동 | 목련(두산) | 158.79/131.85 | 76,000 | 61,000 | 15,000 | 80% | 48 | 1,582 |
| 호계동 | 목련(두산) | 193.34/161.76 | 86,000 | 64,500 | 21,500 | 75% | 58 | 1,470 |
| 호계동 | 목련(선경) | 117.27/98.9 | 65,000 | 52,000 | 13,000 | 80% | 35 | 1,832 |
| 호계동 | 목련(선경) | 141.92/122.44 | 67,500 | 54,500 | 13,000 | 81% | 43 | 1,572 |
| 호계동 | 목련(선경) | 156.63/134.59 | 71,500 | 58,000 | 13,500 | 81% | 47 | 1,509 |
| 호계동 | 목련(선경) | 176.22/152.99 | 77,500 | 62,500 | 15,000 | 81% | 53 | 1,454 |
| 호계동 | 목련(선경) | 194.82/172.06 | 80,500 | 62,500 | 18,000 | 78% | 59 | 1,366 |
| 호계동 | 목련(신동아) | 120.13/100.77 | 64,500 | 54,500 | 10,000 | 84% | 36 | 1,775 |
| 호계동 | 목련(신동아) | 151.68/128.19 | 73,500 | 59,000 | 14,500 | 80% | 46 | 1,602 |
| 호계동 | 목련(신동아) | 176.97/150.18 | 78,500 | 60,000 | 18,500 | 76% | 54 | 1,466 |
| 호계동 | 목련(우성3단지) | 56.18/41.62 | 27,500 | 21,000 | 6,500 | 76% | 17 | 1,618 |
| 호계동 | 목련(우성3단지) | 68.44/50.73 | 32,250 | 25,000 | 7,250 | 78% | 21 | 1,558 |
| 호계동 | 목련(우성3단지) | 74.83A/56.7 | 37,500 | 28,000 | 9,500 | 75% | 23 | 1,657 |
| 호계동 | 목련(우성3단지) | 74.83B/56.7 | 38,500 | 29,000 | 9,500 | 75% | 23 | 1,701 |
| 호계동 | 목련(우성5단지) | 54.27/41.85 | 28,000 | 22,000 | 6,000 | 79% | 16 | 1,706 |
| 호계동 | 목련(우성5단지) | 76.57/58.44 | 36,500 | 28,000 | 8,500 | 77% | 23 | 1,576 |
| 호계동 | 목련(우성5단지) | 78.61/60 | 36,500 | 28,000 | 8,500 | 77% | 24 | 1,535 |
| 호계동 | 목련(우성7단지) | 122.79/101.31 | 61,000 | 53,500 | 7,500 | 88% | 37 | 1,642 |
| 호계동 | 목련(우성7단지) | 155.67/133.74 | 76,500 | 60,500 | 16,000 | 79% | 47 | 1,625 |
| 호계동 | 목련(우성7단지) | 187.27/158.91 | 80,000 | 63,000 | 17,000 | 79% | 57 | 1,412 |
| 호계동 | 무궁화(건영) | 66.69/53.58 | 26,500 | 24,000 | 2,500 | 91% | 20 | 1,314 |
| 호계동 | 무궁화(건영) | 95.05/76.36 | 33,900 | 31,500 | 2,400 | 93% | 29 | 1,179 |
| 호계동 | 무궁화(건영) | 102.44/84.84 | 37,400 | 35,500 | 1,900 | 95% | 31 | 1,207 |
| 호계동 | 무궁화(금호) | 74.04/59.82 | 35,500 | 31,000 | 4,500 | 87% | 22 | 1,585 |
| 호계동 | 무궁화(금호) | 88.93/72.89 | 40,000 | 36,000 | 4,000 | 90% | 27 | 1,487 |

| 동 | 아파트명 | 면적/전용면적 | 매매_MID | 전세_HIGH | 실제투자금 | 전세가율 | 평형계산 | 평당가 |
|---|---|---|---|---|---|---|---|---|
| 호계동 | 무궁화(금호) | 103.08/84.9 | 45,500 | 40,500 | 5,000 | 89% | 31 | 1,459 |
| 호계동 | 무궁화(진흥) | 74.9/56.76 | 28,000 | 26,000 | 2,000 | 93% | 23 | 1,236 |
| 호계동 | 무궁화(진흥) | 103.74/84.63 | 37,400 | 35,500 | 1,900 | 95% | 31 | 1,192 |
| 호계동 | 무궁화(코오롱) | 82.76/59.34 | 30,500 | 28,000 | 2,500 | 92% | 25 | 1,218 |
| 호계동 | 무궁화(코오롱) | 93.51/76.64 | 36,500 | 34,000 | 2,500 | 93% | 28 | 1,290 |
| 호계동 | 무궁화(코오롱) | 104.54/84.96 | 39,250 | 36,000 | 3,250 | 92% | 32 | 1,241 |
| 호계동 | 무궁화(태영) | 80.3/59.76 | 28,750 | 26,000 | 2,750 | 90% | 24 | 1,184 |
| 호계동 | 무궁화(태영) | 93.76/76.23 | 34,000 | 31,500 | 2,500 | 93% | 28 | 1,199 |
| 호계동 | 무궁화(태영) | 104.43/84.9 | 38,500 | 34,500 | 4,000 | 90% | 32 | 1,219 |
| 호계동 | 무궁화(한양) | 79.33/59.4 | 32,000 | 29,750 | 2,250 | 93% | 24 | 1,333 |
| 호계동 | 무궁화(한양) | 99.17/79.05 | 34,000 | 33,000 | 1,000 | 97% | 30 | 1,133 |
| 호계동 | 무궁화(한양) | 105.78/84.9 | 42,250 | 39,500 | 2,750 | 93% | 32 | 1,320 |
| 호계동 | 무궁화(효성) | 79.33/59.76 | 32,000 | 29,750 | 2,250 | 93% | 24 | 1,333 |
| 호계동 | 무궁화(효성) | 105.78/84.51 | 42,500 | 39,750 | 2,750 | 94% | 32 | 1,328 |
| 호계동 | 샘마을(대우) | 109.09/88.78 | 41,500 | 37,000 | 4,500 | 89% | 33 | 1,258 |
| 호계동 | 샘마을(대우) | 125.62/101.94 | 47,500 | 41,000 | 6,500 | 86% | 38 | 1,250 |
| 호계동 | 샘마을(대우) | 165.29/134.64 | 53,250 | 45,000 | 8,250 | 85% | 50 | 1,065 |
| 호계동 | 샘마을(대우) | 201.65/164.46 | 58,000 | 46,500 | 11,500 | 80% | 61 | 951 |
| 호계동 | 샘마을(쌍용) | 122.93/101.91 | 45,500 | 40,000 | 5,500 | 88% | 37 | 1,224 |
| 호계동 | 샘마을(쌍용) | 158.18/132.6 | 52,000 | 44,000 | 8,000 | 85% | 48 | 1,087 |
| 호계동 | 샘마을(쌍용) | 205.66/175.41 | 60,000 | 45,000 | 15,000 | 75% | 62 | 964 |
| 호계동 | 샘마을(우방) | 121.3/101.96 | 48,750 | 40,000 | 8,750 | 82% | 37 | 1,329 |
| 호계동 | 샘마을(우방) | 160.65/133.86 | 53,500 | 44,000 | 9,500 | 82% | 49 | 1,101 |
| 호계동 | 샘마을(임광) | 110.03/91.14 | 43,000 | 37,000 | 6,000 | 86% | 33 | 1,292 |
| 호계동 | 샘마을(임광) | 138.47/118.92 | 50,500 | 41,000 | 9,500 | 81% | 42 | 1,206 |
| 호계동 | 샘마을(임광) | 191.8/165.33 | 57,000 | 45,000 | 12,000 | 79% | 58 | 982 |
| 호계동 | 샘마을(한양) | 109.09/88.73 | 40,000 | 36,500 | 3,500 | 91% | 33 | 1,212 |
| 호계동 | 샘마을(한양) | 125.62/101.95 | 45,000 | 40,500 | 4,500 | 90% | 38 | 1,184 |

**부록**

대한민국 주요 학군 지역 아파트 시세

| 동 | 아파트명 | 면적/전용면적 | 매매_MID | 전세_HIGH | 실제투자금 | 전세가율 | 평형계산 | 평당가 |
|---|---|---|---|---|---|---|---|---|
| 호계동 | 샘마을(한양) | 165.29/134.58 | 52,500 | 45,000 | 7,500 | 86% | 50 | 1,050 |
| 호계동 | 샘마을(한양) | 201.65/164.44 | 58,000 | 46,500 | 11,500 | 80% | 61 | 951 |

■ 경기도 고양시 일산 학군

| 동 | 아파트명 | 면적/전용면적 | 매매_MID | 전세_HIGH | 실제투자금 | 전세가율 | 평형계산 | 평당가 |
|---|---|---|---|---|---|---|---|---|
| 마두동 | 강촌마을(동아) | 105.68/84.87 | 40,000 | 37,000 | 3,000 | 93% | 32 | 1,251 |
| 마두동 | 강촌마을(동아) | 109.68/84.96 | 43,500 | 37,500 | 6,000 | 86% | 33 | 1,311 |
| 마두동 | 강촌마을(동아) | 186.36/154.02 | 64,000 | 49,000 | 15,000 | 77% | 56 | 1,135 |
| 마두동 | 강촌마을(라이프) | 47.27/36.54 | 19,750 | 15,250 | 4,500 | 77% | 14 | 1,381 |
| 마두동 | 강촌마을(라이프) | 63.08/47.55 | 27,750 | 22,750 | 5,000 | 82% | 19 | 1,454 |
| 마두동 | 강촌마을(라이프) | 65.19/49.14 | 27,750 | 22,750 | 5,000 | 82% | 20 | 1,407 |
| 마두동 | 강촌마을(라이프) | 105.07/84.93 | 43,750 | 37,000 | 6,750 | 85% | 32 | 1,376 |
| 마두동 | 강촌마을(선경) | 122.31/101.76 | 51,500 | 45,000 | 6,500 | 87% | 37 | 1,392 |
| 마두동 | 강촌마을(선경) | 161.98/134.68 | 57,000 | 46,500 | 10,500 | 82% | 49 | 1,163 |
| 마두동 | 강촌마을(우방) | 106.05/84.94 | 43,000 | 38,000 | 5,000 | 88% | 32 | 1,340 |
| 마두동 | 강촌마을(우방) | 159.76/134.99 | 55,500 | 48,000 | 7,500 | 86% | 48 | 1,148 |
| 마두동 | 강촌마을(우방) | 195.99/164.37 | 76,500 | 50,000 | 26,500 | 65% | 59 | 1,290 |
| 마두동 | 강촌마을(우방) | 225.46/189.98 | 86,500 | 54,000 | 32,500 | 62% | 68 | 1,268 |
| 마두동 | 강촌마을(코오롱) | 122.31/101.94 | 50,000 | 43,500 | 6,500 | 87% | 37 | 1,351 |
| 마두동 | 강촌마을(코오롱) | 148.76/123.75 | 56,500 | 47,000 | 9,500 | 83% | 45 | 1,256 |
| 마두동 | 강촌마을(코오롱) | 165.29/134.88 | 57,750 | 47,500 | 10,250 | 82% | 50 | 1,155 |
| 마두동 | 강촌마을(한신) | 113.34/94.05 | 46,250 | 38,000 | 8,250 | 82% | 34 | 1,349 |
| 마두동 | 강촌마을(한신) | 159.3/134.8 | 54,500 | 48,500 | 6,000 | 89% | 48 | 1,131 |
| 마두동 | 강촌마을(한신) | 206.11/173.58 | 61,000 | 49,500 | 11,500 | 81% | 62 | 978 |
| 마두동 | 강촌마을(한양) | 50.79/35.1 | 19,250 | 15,250 | 4,000 | 79% | 15 | 1,253 |
| 마두동 | 강촌마을(훼미리) | 124.43/101.88 | 46,500 | 37,000 | 9,500 | 80% | 38 | 1,235 |
| 마두동 | 강촌마을(훼미리) | 160.26/134.67 | 54,000 | 45,500 | 8,500 | 84% | 48 | 1,114 |
| 마두동 | 강촌마을(훼미리) | 181.45/153.12 | 57,000 | 46,000 | 11,000 | 81% | 55 | 1,038 |

| 동 | 아파트명 | 면적/전용면적 | 매매_MID | 전세_HIGH | 실제투자금 | 전세가율 | 평형계산 | 평당가 |
|---|---|---|---|---|---|---|---|---|
| 마두동 | 강촌마을(훼미리) | 196.7/165.99 | 61,500 | 46,500 | 15,000 | 76% | 60 | 1,034 |
| 마두동 | 백마(쌍용) | 72.72/50.16 | 24,500 | 21,500 | 3,000 | 88% | 22 | 1,114 |
| 마두동 | 백마(쌍용) | 89.25/70.43 | 34,500 | 30,500 | 4,000 | 88% | 27 | 1,278 |
| 마두동 | 백마(쌍용) | 105.78/84.88 | 38,000 | 34,500 | 3,500 | 91% | 32 | 1,188 |
| 마두동 | 백마(쌍용) | 122.31/101.76 | 42,500 | 39,000 | 3,500 | 92% | 37 | 1,149 |
| 마두동 | 백마(쌍용) | 161.98/134.73 | 50,000 | 42,500 | 7,500 | 85% | 49 | 1,020 |
| 마두동 | 백마(청구4단지) | 122.31/101 | 45,500 | 38,750 | 6,750 | 85% | 37 | 1,230 |
| 마두동 | 백마(청구4단지) | 161.98/134.87 | 51,500 | 42,750 | 8,750 | 83% | 49 | 1,051 |
| 마두동 | 백마마을(3단지금호) | 56.19/41.85 | 20,650 | 15,650 | 5,000 | 76% | 17 | 1,215 |
| 마두동 | 백마마을(3단지금호) | 102.47/83.77 | 38,750 | 33,750 | 5,000 | 87% | 31 | 1,250 |
| 마두동 | 백마마을(3단지한양) | 52.89/41.13 | 19,125 | 15,750 | 3,375 | 82% | 16 | 1,195 |
| 마두동 | 백마마을(3단지한양) | 102.47/84.94 | 38,650 | 34,150 | 4,500 | 88% | 31 | 1,247 |
| 마두동 | 백마마을(4단지한양) | 122.31/101.82 | 45,250 | 38,250 | 7,000 | 85% | 37 | 1,223 |
| 마두동 | 백마마을(4단지한양) | 161.98/134.96 | 51,000 | 42,000 | 9,000 | 82% | 49 | 1,041 |
| 마두동 | 백마마을(극동삼환) | 121.24/101.91 | 45,000 | 43,500 | 1,500 | 97% | 37 | 1,227 |
| 마두동 | 백마마을(극동삼환) | 136.58/114.81 | 49,500 | 46,750 | 2,750 | 94% | 41 | 1,198 |
| 마두동 | 백마마을(극동삼환) | 157.97/132.8 | 55,000 | 49,000 | 6,000 | 89% | 48 | 1,151 |
| 마두동 | 백마마을(벽산) | 76.72/59.92 | 28,500 | 25,500 | 3,000 | 89% | 23 | 1,228 |
| 마두동 | 백마마을(벽산) | 103.61/84.9 | 38,750 | 35,500 | 3,250 | 92% | 31 | 1,236 |
| 마두동 | 백마마을(벽산) | 123.43/101.88 | 45,000 | 39,500 | 5,500 | 88% | 37 | 1,205 |
| 마두동 | 백마마을(벽산) | 162.85/134.9 | 53,500 | 45,000 | 8,500 | 84% | 49 | 1,086 |
| 마두동 | 백마마을(삼성) | 122.15/101.91 | 49,000 | 42,000 | 7,000 | 86% | 37 | 1,326 |
| 마두동 | 백마마을(삼성) | 158.34/133.47 | 57,500 | 47,500 | 10,000 | 83% | 48 | 1,200 |
| 마두동 | 백마마을(한성) | 72.72/50.16 | 24,500 | 21,500 | 3,000 | 88% | 22 | 1,114 |
| 마두동 | 백마마을(한성) | 91.53/70.43 | 34,250 | 30,000 | 4,250 | 88% | 28 | 1,237 |
| 마두동 | 백마마을(한성) | 105.78/84.88 | 38,000 | 34,500 | 3,500 | 91% | 32 | 1,188 |
| 마두동 | 백마마을(한성) | 122.31/101.76 | 42,500 | 39,000 | 3,500 | 92% | 37 | 1,149 |
| 마두동 | 백마마을(한성) | 161.98/134.73 | 50,000 | 43,250 | 6,750 | 87% | 49 | 1,020 |

**부록**

대한민국 주요 학군 지역 아파트 시세

| 동 | 아파트명 | 면적/전용면적 | 매매_MID | 전세_HIGH | 실제투자금 | 전세가율 | 평형계산 | 평당가 |
|---|---|---|---|---|---|---|---|---|
| 일산동 | 후곡(1단지대우,벽산) | 79.79/59.37 | 22,500 | 20,000 | 2,500 | 89% | 24 | 932 |
| 일산동 | 후곡(1단지대우,벽산) | 89.37/70.44 | 28,500 | 25,000 | 3,500 | 88% | 27 | 1,054 |
| 일산동 | 후곡(1단지대우,벽산) | 107.26/84.96 | 32,000 | 28,750 | 3,250 | 90% | 32 | 986 |
| 일산동 | 후곡(2단지동양,대창) | 72.01/53.82 | 23,000 | 20,000 | 3,000 | 87% | 22 | 1,056 |
| 일산동 | 후곡(2단지동양,대창) | 88.7/71.08 | 29,000 | 26,500 | 2,500 | 91% | 27 | 1,081 |
| 일산동 | 후곡(2단지동양,대창) | 105.76/84.96 | 35,500 | 30,500 | 5,000 | 86% | 32 | 1,110 |
| 일산동 | 후곡(3단지현대) | 119.11/101.86 | 43,500 | 38,000 | 5,500 | 87% | 36 | 1,207 |
| 일산동 | 후곡(3단지현대) | 156.02/133.42 | 50,250 | 41,000 | 9,250 | 82% | 47 | 1,065 |
| 일산동 | 후곡(3단지현대) | 199.56/170.66 | 56,500 | 43,000 | 13,500 | 76% | 60 | 936 |
| 일산동 | 후곡(4단지금호,한양) | 57.46/41.85 | 19,300 | 16,250 | 3,050 | 84% | 17 | 1,110 |
| 일산동 | 후곡(4단지금호,한양) | 104.46/84.95 | 39,000 | 34,000 | 5,000 | 87% | 32 | 1,234 |
| 일산동 | 후곡(5단지영풍,한진) | 123.51/101.64 | 42,500 | 38,500 | 4,000 | 91% | 37 | 1,138 |
| 일산동 | 후곡(5단지영풍,한진) | 151.36/128.82 | 46,500 | 40,500 | 6,000 | 87% | 46 | 1,016 |
| 일산동 | 후곡(5단지영풍,한진) | 182.72/157.65 | 47,500 | 41,500 | 6,000 | 87% | 55 | 859 |
| 일산동 | 후곡(6단지건영) | 66.11/50.55 | 21,000 | 18,750 | 2,250 | 89% | 20 | 1,050 |
| 일산동 | 후곡(6단지건영) | 92.56/72.56 | 27,000 | 24,250 | 2,750 | 90% | 28 | 964 |
| 일산동 | 후곡(6단지건영) | 109.09/84.5 | 34,500 | 29,750 | 4,750 | 86% | 33 | 1,045 |
| 일산동 | 후곡(6단지동부) | 69.42/51.06 | 21,000 | 18,750 | 2,250 | 89% | 21 | 1,000 |
| 일산동 | 후곡(6단지동부) | 89.25/65.8 | 27,000 | 24,250 | 2,750 | 90% | 27 | 1,000 |
| 일산동 | 후곡(6단지동부) | 105.78/84.93 | 34,000 | 29,750 | 4,250 | 88% | 32 | 1,063 |
| 일산동 | 후곡(7단지동성) | 76.79/59.4 | 24,000 | 20,500 | 3,500 | 85% | 23 | 1,033 |
| 일산동 | 후곡(7단지동성) | 88.43/69.39 | 31,000 | 26,750 | 4,250 | 86% | 27 | 1,159 |
| 일산동 | 후곡(7단지동성) | 104.55/84.27 | 36,500 | 31,000 | 5,500 | 85% | 32 | 1,154 |
| 일산동 | 후곡(8단지동신) | 124.43/101.73 | 38,500 | 36,000 | 2,500 | 94% | 38 | 1,023 |
| 일산동 | 후곡(8단지동신) | 142.89/116.85 | 44,500 | 41,000 | 3,500 | 92% | 43 | 1,030 |
| 일산동 | 후곡(8단지동신) | 159.98/134.88 | 47,500 | 43,000 | 4,500 | 91% | 48 | 982 |
| 일산동 | 후곡(8단지동신) | 196.29/164.52 | 59,000 | 42,000 | 17,000 | 71% | 59 | 994 |
| 일산동 | 후곡(9단지LG,롯데) | 66.81/49.5 | 24,500 | 20,750 | 3,750 | 85% | 20 | 1,212 |

| 동 | 아파트명 | 면적/전용면적 | 매매_MID | 전세_HIGH | 실제투자금 | 전세가율 | 평형계산 | 평당가 |
|---|---|---|---|---|---|---|---|---|
| 일산동 | 후곡(9단지LG,롯데) | 68.58/51.16 | 24,500 | 20,750 | 3,750 | 85% | 21 | 1,181 |
| 일산동 | 후곡(9단지LG,롯데) | 89.28/70.71 | 35,000 | 31,000 | 4,000 | 89% | 27 | 1,296 |
| 일산동 | 후곡(9단지LG,롯데) | 90.94/72.26 | 35,000 | 31,000 | 4,000 | 89% | 28 | 1,272 |
| 일산동 | 후곡(9단지LG,롯데) | 103.72/84.63 | 43,500 | 36,000 | 7,500 | 83% | 31 | 1,386 |
| 일산동 | 후곡(10단지임광동아서안) | 125.62/101.24 | 43,500 | 39,000 | 4,500 | 90% | 38 | 1,145 |
| 일산동 | 후곡(10단지임광동아서안) | 155.37/130.23 | 50,250 | 41,250 | 9,000 | 82% | 47 | 1,069 |
| 일산동 | 후곡(10단지임광동아서안) | 188.43/158.76 | 53,500 | 41,750 | 11,750 | 78% | 57 | 939 |
| 일산동 | 후곡(11단지주공) | 83.31/59.31 | 26,000 | 22,000 | 4,000 | 85% | 25 | 1,032 |
| 일산동 | 후곡(11단지주공) | 90.88/68.13 | 28,250 | 23,500 | 4,750 | 83% | 27 | 1,028 |
| 일산동 | 후곡(12단지주공) | 83.31/59.31 | 26,250 | 22,250 | 4,000 | 85% | 25 | 1,042 |
| 일산동 | 후곡(12단지주공) | 92.63/68.13 | 28,250 | 24,500 | 3,750 | 87% | 28 | 1,008 |
| 일산동 | 후곡(13단지태영) | 77.7/57.76 | 23,500 | 20,750 | 2,750 | 88% | 24 | 1,000 |
| 일산동 | 후곡(13단지태영) | 90.72/72.28 | 28,750 | 25,500 | 3,250 | 89% | 27 | 1,048 |
| 일산동 | 후곡(13단지태영) | 102.99/83.77 | 35,500 | 31,500 | 4,000 | 89% | 31 | 1,139 |
| 일산동 | 후곡(14단지청구) | 123.71/101 | 44,000 | 39,000 | 5,000 | 89% | 37 | 1,176 |
| 일산동 | 후곡(14단지청구) | 158.8/134.87 | 50,000 | 43,000 | 7,000 | 86% | 48 | 1,041 |
| 일산동 | 후곡(15단지건영) | 74.86/58.83 | 29,250 | 25,500 | 3,750 | 87% | 23 | 1,292 |
| 일산동 | 후곡(15단지건영) | 87.82/70.98 | 32,500 | 29,250 | 3,250 | 90% | 27 | 1,223 |
| 일산동 | 후곡(15단지건영) | 102.7/84.9 | 40,000 | 34,750 | 5,250 | 87% | 31 | 1,288 |
| 일산동 | 후곡(16단지동아,코오롱) | 67.01/48.84 | 24,250 | 20,500 | 3,750 | 85% | 20 | 1,196 |
| 일산동 | 후곡(16단지동아,코오롱) | 89.58/71.31 | 35,000 | 30,000 | 5,000 | 86% | 27 | 1,292 |
| 일산동 | 후곡(16단지동아,코오롱) | 104.74/84.78 | 41,500 | 35,500 | 6,000 | 86% | 32 | 1,310 |
| 일산동 | 후곡(17단지태영) | 121.96/101.93 | 44,500 | 37,500 | 7,000 | 84% | 37 | 1,206 |
| 일산동 | 후곡(17단지태영) | 157.1/134.58 | 49,750 | 42,000 | 7,750 | 84% | 48 | 1,047 |
| 일산동 | 후곡(18단지현대) | 75.91/59.92 | 24,500 | 21,000 | 3,500 | 86% | 23 | 1,067 |
| 일산동 | 후곡(18단지현대) | 91.67/72.36 | 31,500 | 27,000 | 4,500 | 86% | 28 | 1,136 |

**부록**

대한민국 주요 학군 지역 아파트 시세

| 동 | 아파트명 | 면적/전용면적 | 매매_MID | 전세_HIGH | 실제투자금 | 전세가율 | 평형계산 | 평당가 |
|---|---|---|---|---|---|---|---|---|
| 일산동 | 후곡(18단지현대) | 107.44/84.81 | 37,500 | 30,500 | 7,000 | 81% | 33 | 1,154 |
| 주엽동 | 문촌(1단지우성) | 73.87/50.55 | 22,250 | 18,250 | 4,000 | 82% | 22 | 996 |
| 주엽동 | 문촌(1단지우성) | 87.35/69.09 | 31,000 | 26,750 | 4,250 | 86% | 26 | 1,173 |
| 주엽동 | 문촌(1단지우성) | 104.08/84.91 | 35,750 | 31,500 | 4,250 | 88% | 31 | 1,135 |
| 주엽동 | 문촌(2단지라이프) | 119.56/99.52 | 42,000 | 38,000 | 4,000 | 90% | 36 | 1,161 |
| 주엽동 | 문촌(2단지라이프) | 150.32/127.14 | 47,500 | 41,000 | 6,500 | 86% | 45 | 1,045 |
| 주엽동 | 문촌(2단지라이프) | 202.5/171.93 | 53,000 | 44,000 | 9,000 | 83% | 61 | 865 |
| 주엽동 | 문촌(3단지우성) | 123.4/101.98 | 47,500 | 40,000 | 7,500 | 84% | 37 | 1,272 |
| 주엽동 | 문촌(3단지우성) | 158.3/134.97 | 56,500 | 47,000 | 9,500 | 83% | 48 | 1,180 |
| 주엽동 | 문촌(3단지우성) | 191.56/163.02 | 61,000 | 47,000 | 14,000 | 77% | 58 | 1,053 |
| 주엽동 | 문촌(3단지우성) | 226.93/197.04 | 68,000 | 47,000 | 21,000 | 69% | 69 | 991 |
| 주엽동 | 문촌(4단지삼익) | 122.07/100.84 | 46,500 | 40,000 | 6,500 | 86% | 37 | 1,259 |
| 주엽동 | 문촌(4단지삼익) | 153.34/130.38 | 51,000 | 41,000 | 10,000 | 80% | 46 | 1,099 |
| 주엽동 | 문촌(4단지삼익) | 217.04/189.66 | 68,500 | 46,000 | 22,500 | 67% | 66 | 1,043 |
| 주엽동 | 문촌(5단지쌍용) | 122.31/101.88 | 39,000 | 34,500 | 4,500 | 88% | 37 | 1,054 |
| 주엽동 | 문촌(5단지쌍용) | 135.53/113.28 | 43,000 | 37,000 | 6,000 | 86% | 41 | 1,049 |
| 주엽동 | 문촌(5단지쌍용) | 161.98/134.07 | 50,000 | 40,000 | 10,000 | 80% | 49 | 1,020 |
| 주엽동 | 문촌(5단지쌍용) | 185.12/152.2 | 50,500 | 41,000 | 9,500 | 81% | 56 | 902 |
| 주엽동 | 문촌(5단지쌍용) | 221.48/183.57 | 62,500 | 45,000 | 17,500 | 72% | 67 | 933 |
| 주엽동 | 문촌(5단지한일) | 122.31/101.89 | 39,000 | 36,000 | 3,000 | 92% | 37 | 1,054 |
| 주엽동 | 문촌(5단지한일) | 142.14/117.52 | 45,000 | 39,500 | 5,500 | 88% | 43 | 1,047 |
| 주엽동 | 문촌(5단지한일) | 158.67/130.51 | 48,250 | 41,000 | 7,250 | 85% | 48 | 1,005 |
| 주엽동 | 문촌(5단지한일) | 191.73/157.72 | 52,500 | 41,000 | 11,500 | 78% | 58 | 905 |
| 주엽동 | 문촌(5단지한일) | 211.57/175.87 | 62,500 | 46,500 | 16,000 | 74% | 64 | 977 |
| 주엽동 | 문촌(6단지기산쌍용) | 79.82/59.76 | 24,500 | 22,000 | 2,500 | 90% | 24 | 1,015 |
| 주엽동 | 문촌(6단지기산쌍용) | 88.68/70.16 | 31,250 | 26,500 | 4,750 | 85% | 27 | 1,165 |
| 주엽동 | 문촌(6단지기산쌍용) | 107.26/84.86 | 36,000 | 31,500 | 4,500 | 88% | 32 | 1,110 |
| 주엽동 | 문촌(7단지주공) | 63.7/42.75 | 21,500 | 18,000 | 3,500 | 84% | 19 | 1,116 |

| 동 | 아파트명 | 면적/전용면적 | 매매_MID | 전세_HIGH | 실제투자금 | 전세가율 | 평형계산 | 평당가 |
|---|---|---|---|---|---|---|---|---|
| 주엽동 | 문촌(7단지주공) | 68.93/49.69 | 24,000 | 20,000 | 4,000 | 83% | 21 | 1,151 |
| 주엽동 | 문촌(8단지동아) | 74.63A/59.92 | 28,000 | 23,000 | 5,000 | 82% | 23 | 1,240 |
| 주엽동 | 문촌(8단지동아) | 73.84B/59.28 | 28,000 | 23,000 | 5,000 | 82% | 22 | 1,254 |
| 주엽동 | 문촌(8단지동아) | 89.23/71.64 | 32,750 | 29,000 | 3,750 | 89% | 27 | 1,213 |
| 주엽동 | 문촌(8단지동아) | 105.86/84.99 | 40,500 | 33,500 | 7,000 | 83% | 32 | 1,265 |
| 주엽동 | 문촌(9단지주공) | 63.7/42.75 | 24,500 | 17,750 | 6,750 | 72% | 19 | 1,271 |
| 주엽동 | 문촌(9단지주공) | 68.93/49.69 | 26,750 | 20,000 | 6,750 | 75% | 21 | 1,283 |
| 주엽동 | 문촌(10단지동부) | 82.18/59.7 | 26,000 | 24,000 | 2,000 | 92% | 25 | 1,046 |
| 주엽동 | 문촌(10단지동부) | 97.5/73.71 | 31,250 | 26,500 | 4,750 | 85% | 29 | 1,060 |
| 주엽동 | 문촌(11단지건영) | 67.58/52.59 | 22,000 | 19,500 | 2,500 | 89% | 20 | 1,076 |
| 주엽동 | 문촌(11단지건영) | 75.24/58.53 | 23,250 | 20,250 | 3,000 | 87% | 23 | 1,022 |
| 주엽동 | 문촌(11단지건영) | 76.95/59.88 | 27,000 | 23,250 | 3,750 | 86% | 23 | 1,160 |
| 주엽동 | 문촌(11단지건영) | 95.2/74.08 | 27,750 | 23,500 | 4,250 | 85% | 29 | 964 |
| 주엽동 | 문촌(11단지건영) | 109.07/84.88 | 35,000 | 27,750 | 7,250 | 79% | 33 | 1,061 |
| 주엽동 | 문촌(12단지유승) | 79.21/57.6 | 24,750 | 21,500 | 3,250 | 87% | 24 | 1,033 |
| 주엽동 | 문촌(12단지유승) | 102.22/77.63 | 30,250 | 25,500 | 4,750 | 84% | 31 | 978 |
| 주엽동 | 문촌(13단지대우) | 78.27/58.68 | 24,750 | 21,500 | 3,250 | 87% | 24 | 1,045 |
| 주엽동 | 문촌(13단지대우) | 99.33/74.46 | 30,000 | 25,500 | 4,500 | 85% | 30 | 998 |
| 주엽동 | 문촌(14단지세경) | 43.67/33.92 | 18,000 | 14,500 | 3,500 | 81% | 13 | 1,363 |
| 주엽동 | 문촌(14단지세경) | 63.94/49.68 | 25,500 | 18,750 | 6,750 | 74% | 19 | 1,318 |
| 주엽동 | 문촌(15단지부영) | 56.56/40.27 | 20,500 | 15,500 | 5,000 | 76% | 17 | 1,198 |
| 주엽동 | 문촌(15단지부영) | 69.83/49.72 | 25,000 | 18,500 | 6,500 | 74% | 21 | 1,184 |
| 주엽동 | 문촌(16단지뉴삼익) | 73.35/58.13 | 32,750 | 26,750 | 6,000 | 82% | 22 | 1,476 |
| 주엽동 | 문촌(16단지뉴삼익) | 86.12/67.38 | 38,500 | 31,000 | 7,500 | 81% | 26 | 1,478 |
| 주엽동 | 문촌(16단지뉴삼익) | 104.14/84.02 | 46,750 | 35,500 | 11,250 | 76% | 32 | 1,484 |
| 주엽동 | 문촌(17단지신안) | 125.4/101.98 | 52,500 | 40,500 | 12,000 | 77% | 38 | 1,384 |
| 주엽동 | 문촌(17단지신안) | 140.84/117.9 | 54,250 | 43,000 | 11,250 | 79% | 43 | 1,273 |
| 주엽동 | 문촌(17단지신안) | 158.12/134.79 | 60,250 | 44,500 | 15,750 | 74% | 48 | 1,260 |

**부록**

대한민국 주요 학군 지역 아파트 시세

| 동 | 아파트명 | 면적/전용면적 | 매매_MID | 전세_HIGH | 실제투자금 | 전세가율 | 평형계산 | 평당가 |
|---|---|---|---|---|---|---|---|---|
| 주엽동 | 문촌(17단지신안) | 204.67/172.55 | 68,000 | 44,750 | 23,250 | 66% | 62 | 1,098 |
| 주엽동 | 문촌(18단지대원) | 122.67/101.67 | 47,000 | 38,000 | 9,000 | 81% | 37 | 1,267 |
| 주엽동 | 문촌(18단지대원) | 154.49/130.44 | 55,000 | 42,500 | 12,500 | 77% | 47 | 1,177 |
| 주엽동 | 문촌(18단지대원) | 186.15/159.21 | 61,000 | 42,500 | 18,500 | 70% | 56 | 1,083 |
| 주엽동 | 문촌(19단지신우) | 77.44/59.97 | 31,000 | 24,500 | 6,500 | 79% | 23 | 1,323 |
| 주엽동 | 문촌(19단지신우) | 91.72/73.08 | 36,000 | 27,500 | 8,500 | 76% | 28 | 1,298 |
| 주엽동 | 문촌(19단지신우) | 104.52/84.99 | 43,000 | 33,500 | 9,500 | 78% | 32 | 1,360 |
| 주엽동 | 문촌(19단지신우) | 122.62/99.69 | 47,500 | 35,000 | 12,500 | 74% | 37 | 1,281 |
| 주엽동 | 문촌(19단지신우) | 152.99/126.66 | 53,000 | 39,000 | 14,000 | 74% | 46 | 1,145 |
| 주엽동 | 문촌(19단지신우) | 180.23/150.54 | 55,000 | 40,500 | 14,500 | 74% | 55 | 1,009 |

■ 경기도 성남시 분당 학군

| 동 | 아파트명 | 면적/전용면적 | 매매_MID | 전세_HIGH | 실제투자금 | 전세가율 | 평형계산 | 평당가 |
|---|---|---|---|---|---|---|---|---|
| 서현동 | 우성 | 57.2/45.99 | 34,250 | 28,500 | 5,750 | 83% | 17 | 1,979 |
| 서현동 | 우성 | 72.64/59.73 | 42,000 | 35,000 | 7,000 | 83% | 22 | 1,911 |
| 서현동 | 우성 | 84.65/64.8 | 43,500 | 36,500 | 7,000 | 84% | 26 | 1,699 |
| 서현동 | 우성 | 96.9/75.9 | 54,000 | 46,500 | 7,500 | 86% | 29 | 1,842 |
| 서현동 | 우성 | 106.43A/84.6 | 62,500 | 52,500 | 10,000 | 84% | 32 | 1,941 |
| 서현동 | 우성 | 105.97B/84.88 | 56,500 | 49,500 | 7,000 | 88% | 32 | 1,763 |
| 서현동 | 우성 | 155.08/129.21 | 77,000 | 64,000 | 13,000 | 83% | 47 | 1,641 |
| 서현동 | 우성 | 166.39/132.1 | 73,500 | 62,000 | 11,500 | 84% | 50 | 1,460 |
| 서현동 | 우성 | 176.16/134.04 | 81,000 | 66,000 | 15,000 | 81% | 53 | 1,520 |
| 서현동 | 우성 | 197.63/164.79 | 81,500 | 66,000 | 15,500 | 81% | 60 | 1,363 |
| 서현동 | 우성 | 208.79/164.4 | 84,500 | 67,500 | 17,000 | 80% | 63 | 1,338 |
| 서현동 | 우성 | 240.19/193.99 | 85,500 | 69,000 | 16,500 | 81% | 73 | 1,177 |
| 서현동 | 효자촌(LG) | 76.03/53.82 | 35,500 | 30,500 | 5,000 | 86% | 23 | 1,544 |
| 서현동 | 효자촌(LG) | 92.56/70.68 | 45,500 | 40,000 | 5,500 | 88% | 28 | 1,625 |

| 동 | 아파트명 | 면적/전용면적 | 매매_MID | 전세_HIGH | 실제투자금 | 전세가율 | 평형계산 | 평당가 |
|---|---|---|---|---|---|---|---|---|
| 서현동 | 효자촌(LG) | 109.09/84.69 | 51,750 | 44,750 | 7,000 | 86% | 33 | 1,568 |
| 서현동 | 효자촌(대우) | 76.03/53.82 | 35,000 | 29,500 | 5,500 | 84% | 23 | 1,522 |
| 서현동 | 효자촌(대우) | 92.56/70.68 | 45,000 | 36,500 | 8,500 | 81% | 28 | 1,607 |
| 서현동 | 효자촌(대우) | 109.09/84.69 | 51,250 | 43,250 | 8,000 | 84% | 33 | 1,553 |
| 서현동 | 효자촌(대창) | 76.03/53.82 | 34,500 | 30,000 | 4,500 | 87% | 23 | 1,500 |
| 서현동 | 효자촌(대창) | 92.56/70.68 | 44,500 | 38,000 | 6,500 | 85% | 28 | 1,589 |
| 서현동 | 효자촌(대창) | 109.09/84.69 | 52,000 | 41,750 | 10,250 | 80% | 33 | 1,576 |
| 서현동 | 효자촌(동아) | 72.39/59.78 | 39,500 | 35,000 | 4,500 | 89% | 22 | 1,804 |
| 서현동 | 효자촌(동아) | 106.09/84.72 | 54,500 | 46,000 | 8,500 | 84% | 32 | 1,698 |
| 서현동 | 효자촌(동아) | 125.01/101.82 | 61,000 | 50,500 | 10,500 | 83% | 38 | 1,613 |
| 서현동 | 효자촌(동아) | 153.53/128.28 | 65,000 | 55,000 | 10,000 | 85% | 46 | 1,400 |
| 서현동 | 효자촌(동아) | 165.41/134.73 | 66,000 | 56,500 | 9,500 | 86% | 50 | 1,319 |
| 서현동 | 효자촌(동아) | 198.41/166.8 | 74,000 | 56,000 | 18,000 | 76% | 60 | 1,233 |
| 서현동 | 효자촌(미래타운) | 122.03/101.94 | 57,500 | 47,500 | 10,000 | 83% | 37 | 1,558 |
| 서현동 | 효자촌(미래타운) | 157.21/134.64 | 62,500 | 51,750 | 10,750 | 83% | 48 | 1,314 |
| 서현동 | 효자촌(삼환) | 60.91/46.06 | 32,500 | 28,500 | 4,000 | 88% | 18 | 1,764 |
| 서현동 | 효자촌(삼환) | 101.56/84.15 | 53,500 | 47,000 | 6,500 | 88% | 31 | 1,741 |
| 서현동 | 효자촌(삼환) | 112.64/94.48 | 58,500 | 49,000 | 9,500 | 84% | 34 | 1,717 |
| 서현동 | 효자촌(삼환) | 121.59/101.64 | 60,000 | 52,500 | 7,500 | 88% | 37 | 1,631 |
| 서현동 | 효자촌(삼환) | 149.79/129.76 | 66,000 | 55,000 | 11,000 | 83% | 45 | 1,457 |
| 서현동 | 효자촌(삼환) | 190.94/164.79 | 69,500 | 58,000 | 11,500 | 83% | 58 | 1,203 |
| 서현동 | 효자촌(삼환) | 219.77/195.37 | 77,500 | 58,500 | 19,000 | 75% | 66 | 1,166 |
| 서현동 | 효자촌(임광) | 70.82/59.73 | 35,500 | 31,500 | 4,000 | 89% | 21 | 1,657 |
| 서현동 | 효자촌(임광) | 103.99/84.99 | 53,000 | 45,500 | 7,500 | 86% | 31 | 1,685 |
| 서현동 | 효자촌(임광) | 122.17/101.34 | 58,000 | 48,500 | 9,500 | 84% | 37 | 1,569 |
| 서현동 | 효자촌(임광) | 132.41/111.51 | 61,000 | 51,500 | 9,500 | 84% | 40 | 1,523 |
| 서현동 | 효자촌(임광) | 151.83/129.88 | 63,500 | 54,500 | 9,000 | 86% | 46 | 1,383 |
| 서현동 | 효자촌(임광) | 194.5/165.33 | 71,500 | 58,500 | 13,000 | 82% | 59 | 1,215 |

**부록**

대한민국 주요 학군 지역 아파트 시세

| 동 | 아파트명 | 면적/전용면적 | 매매_MID | 전세_HIGH | 실제투자금 | 전세가율 | 평형계산 | 평당가 |
|---|---|---|---|---|---|---|---|---|
| 서현동 | 효자촌(임광) | 201.42/172.3 | 73,000 | 58,500 | 14,500 | 80% | 61 | 1,198 |
| 서현동 | 효자촌(현대) | 74.88/59.82 | 46,250 | 39,500 | 6,750 | 85% | 23 | 2,042 |
| 서현동 | 효자촌(현대) | 103.66/84.6 | 56,500 | 48,500 | 8,000 | 86% | 31 | 1,802 |
| 서현동 | 효자촌(현대) | 122.01/101.64 | 63,000 | 53,500 | 9,500 | 85% | 37 | 1,707 |
| 서현동 | 효자촌(현대) | 154.52/128.04 | 70,000 | 57,000 | 13,000 | 81% | 47 | 1,498 |
| 서현동 | 효자촌(현대) | 185.18/160.2 | 77,500 | 62,500 | 15,000 | 81% | 56 | 1,384 |
| 서현동 | 효자촌(현대) | 192.58/163.02 | 82,000 | 63,500 | 18,500 | 77% | 58 | 1,408 |
| 서현동 | 효자촌(현대) | 224.31/195.96 | 84,500 | 65,000 | 19,500 | 77% | 68 | 1,245 |
| 서현동 | 효자촌(화성) | 76.03/53.82 | 35,500 | 30,500 | 5,000 | 86% | 23 | 1,544 |
| 서현동 | 효자촌(화성) | 92.56/70.68 | 45,500 | 40,000 | 5,500 | 88% | 28 | 1,625 |
| 서현동 | 효자촌(화성) | 109.09/84.69 | 51,750 | 44,750 | 7,000 | 86% | 33 | 1,568 |
| 서현동 | 효자촌대명연립 | 70.04/57.63 | 31,000 | 26,500 | 4,500 | 85% | 21 | 1,463 |
| 서현동 | 효자촌대명연립 | 71.64/58.95 | 32,750 | 27,250 | 5,500 | 83% | 22 | 1,511 |
| 수내동 | 수내동파크타운<br>(대림) | 77.57/59.32 | 42,500 | 36,000 | 6,500 | 85% | 23 | 1,811 |
| 수내동 | 수내동파크타운<br>(대림) | 105.14/84.6 | 66,750 | 57,250 | 9,500 | 86% | 32 | 2,099 |
| 수내동 | 수내동파크타운<br>(대림) | 110.87/84.78 | 57,250 | 52,500 | 4,750 | 92% | 34 | 1,707 |
| 수내동 | 수내동파크타운<br>(대림) | 124.58/101.91 | 75,000 | 61,750 | 13,250 | 82% | 38 | 1,990 |
| 수내동 | 수내동파크타운<br>(대림) | 125.44/101.83 | 75,500 | 61,750 | 13,750 | 82% | 38 | 1,990 |
| 수내동 | 수내동파크타운<br>(대림) | 157.54/131.49 | 83,250 | 69,500 | 13,750 | 83% | 48 | 1,747 |
| 수내동 | 수내동파크타운<br>(대림) | 162.3/134.41 | 86,500 | 70,000 | 16,500 | 81% | 49 | 1,762 |
| 수내동 | 수내동파크타운<br>(대림) | 166.75/134.91 | 79,000 | 68,750 | 10,250 | 87% | 50 | 1,566 |
| 수내동 | 수내동파크타운<br>(대림) | 167.42/134.71 | 84,500 | 68,750 | 15,750 | 81% | 51 | 1,668 |
| 수내동 | 수내동파크타운<br>(대림) | 217.87/186.1 | 96,000 | 76,500 | 19,500 | 80% | 66 | 1,457 |
| 수내동 | 수내동파크타운<br>(대림) | 229.26/189.85 | 97,000 | 74,000 | 23,000 | 76% | 69 | 1,399 |
| 수내동 | 파크타운(롯데) | 105.14/84.6 | 63,000 | 52,500 | 10,500 | 83% | 32 | 1,981 |

| 동 | 아파트명 | 면적/전용면적 | 매매_MID | 전세_HIGH | 실제투자금 | 전세가율 | 평형계산 | 평당가 |
|---|---|---|---|---|---|---|---|---|
| 수내동 | 파크타운(롯데) | 124.58/101.91 | 69,000 | 59,000 | 10,000 | 86% | 38 | 1,831 |
| 수내동 | 파크타운(롯데) | 125.44/101.83 | 69,000 | 59,000 | 10,000 | 86% | 38 | 1,818 |
| 수내동 | 파크타운(롯데) | 157.54/131.49 | 78,500 | 66,000 | 12,500 | 84% | 48 | 1,647 |
| 수내동 | 파크타운(롯데) | 162.3/134.41 | 79,500 | 66,500 | 13,000 | 84% | 49 | 1,619 |
| 수내동 | 파크타운(롯데) | 166.75/134.91 | 78,000 | 65,500 | 12,500 | 84% | 50 | 1,546 |
| 수내동 | 파크타운(롯데) | 167.42/134.71 | 74,000 | 63,000 | 11,000 | 85% | 51 | 1,461 |
| 수내동 | 파크타운(롯데) | 217.87/186.1 | 90,000 | 68,000 | 22,000 | 76% | 66 | 1,366 |
| 수내동 | 파크타운(롯데) | 229.26/189.85 | 93,000 | 66,500 | 26,500 | 72% | 69 | 1,341 |
| 수내동 | 파크타운(삼익) | 105.14/84.6 | 60,000 | 52,500 | 7,500 | 88% | 32 | 1,887 |
| 수내동 | 파크타운(삼익) | 124.58/101.91 | 69,500 | 60,000 | 9,500 | 86% | 38 | 1,844 |
| 수내동 | 파크타운(삼익) | 125.44/101.83 | 70,500 | 60,000 | 10,500 | 85% | 38 | 1,858 |
| 수내동 | 파크타운(삼익) | 157.54/131.49 | 79,000 | 67,500 | 11,500 | 85% | 48 | 1,658 |
| 수내동 | 파크타운(삼익) | 162.3/134.41 | 81,000 | 68,500 | 12,500 | 85% | 49 | 1,650 |
| 수내동 | 파크타운(삼익) | 166.75/134.91 | 76,500 | 65,500 | 11,000 | 86% | 50 | 1,517 |
| 수내동 | 파크타운(삼익) | 167.42/134.71 | 71,000 | 62,500 | 8,500 | 88% | 51 | 1,402 |
| 수내동 | 파크타운(삼익) | 217.87/186.09 | 87,500 | 69,000 | 18,500 | 79% | 66 | 1,328 |
| 수내동 | 파크타운(삼익) | 219.83/184.78 | 86,000 | 69,000 | 17,000 | 80% | 66 | 1,293 |
| 수내동 | 파크타운(삼익) | 229.26/189.85 | 90,500 | 69,500 | 21,000 | 77% | 69 | 1,305 |
| 수내동 | 파크타운(서안) | 77.57/59.32 | 42,000 | 34,750 | 7,250 | 83% | 23 | 1,790 |
| 수내동 | 파크타운(서안) | 105.14/84.6 | 60,500 | 54,000 | 6,500 | 89% | 32 | 1,902 |
| 수내동 | 파크타운(서안) | 110.87/84.78 | 56,000 | 52,750 | 3,250 | 94% | 34 | 1,670 |
| 수내동 | 파크타운(서안) | 124.58/101.91 | 73,000 | 60,500 | 12,500 | 83% | 38 | 1,937 |
| 수내동 | 파크타운(서안) | 125.44/101.83 | 74,000 | 60,500 | 13,500 | 82% | 38 | 1,950 |
| 수내동 | 파크타운(서안) | 157.54/131.49 | 79,500 | 69,000 | 10,500 | 87% | 48 | 1,668 |
| 수내동 | 파크타운(서안) | 162.3/134.41 | 85,500 | 70,000 | 15,500 | 82% | 49 | 1,741 |
| 수내동 | 파크타운(서안) | 166.75/134.91 | 80,000 | 68,750 | 11,250 | 86% | 50 | 1,586 |
| 수내동 | 파크타운(서안) | 167.42/134.71 | 78,750 | 68,500 | 10,250 | 87% | 51 | 1,555 |
| 수내동 | 파크타운(서안) | 217.87/186.09 | 95,500 | 76,500 | 19,000 | 80% | 66 | 1,449 |

**부록**

대한민국 주요 학군 지역 아파트 시세

| 동 | 아파트명 | 면적/전용면적 | 매매_MID | 전세_HIGH | 실제투자금 | 전세가율 | 평형계산 | 평당가 |
|---|---|---|---|---|---|---|---|---|
| 수내동 | 파크타운(서안) | 219.83/184.78 | 85,000 | 72,500 | 12,500 | 85% | 66 | 1,278 |
| 수내동 | 파크타운(서안) | 229.47/191.52 | 95,500 | 72,500 | 23,000 | 76% | 69 | 1,376 |
| 수내동 | 양지마을(금호) | 85.95/59.62 | 42,000 | 37,500 | 4,500 | 89% | 26 | 1,615 |
| 수내동 | 양지마을(금호) | 103.43/84.9 | 64,500 | 55,500 | 9,000 | 86% | 31 | 2,062 |
| 수내동 | 양지마을(금호) | 128.93/101.91 | 66,750 | 57,000 | 9,750 | 85% | 39 | 1,711 |
| 수내동 | 양지마을(금호) | 157.98/134.48 | 84,500 | 68,500 | 16,000 | 81% | 48 | 1,768 |
| 수내동 | 양지마을(금호) | 185.12/154.07 | 74,000 | 58,000 | 16,000 | 78% | 56 | 1,321 |
| 수내동 | 양지마을(금호) | 192.83/164.25 | 92,500 | 70,000 | 22,500 | 76% | 58 | 1,586 |
| 수내동 | 양지마을(금호) | 228.84/193.85 | 99,500 | 68,000 | 31,500 | 68% | 69 | 1,437 |
| 수내동 | 양지마을(금호) | 227.27/198.45 | 103,500 | 71,500 | 32,000 | 69% | 69 | 1,505 |
| 수내동 | 양지마을(청구) | 79.34/55.44 | 42,500 | 37,500 | 5,000 | 88% | 24 | 1,771 |
| 수내동 | 양지마을(청구) | 92.56/65.09 | 48,000 | 40,500 | 7,500 | 84% | 28 | 1,714 |
| 수내동 | 양지마을(청구) | 104.1/84.6 | 66,000 | 55,000 | 11,000 | 83% | 31 | 2,096 |
| 수내동 | 양지마을(청구) | 107.3/84.99 | 65,000 | 55,000 | 10,000 | 85% | 32 | 2,003 |
| 수내동 | 양지마을(청구) | 160.5/134.8 | 87,000 | 68,500 | 18,500 | 79% | 49 | 1,792 |
| 수내동 | 양지마을(청구) | 206.16/173.96 | 94,500 | 71,500 | 23,000 | 76% | 62 | 1,515 |
| 수내동 | 양지마을(청구) | 231.92/197.77 | 101,000 | 72,500 | 28,500 | 72% | 70 | 1,440 |
| 수내동 | 양지마을(한양) | 38.72/28.16 | 24,000 | 16,500 | 7,500 | 69% | 12 | 2,049 |
| 수내동 | 양지마을(한양) | 48.24/35.1 | 30,500 | 21,000 | 9,500 | 69% | 15 | 2,090 |
| 수내동 | 양지마을(한양) | 58.52/42.56 | 34,000 | 24,500 | 9,500 | 72% | 18 | 1,921 |
| 수내동 | 양지마을(한양) | 59.86/48.51 | 42,500 | 31,500 | 11,000 | 74% | 18 | 2,347 |
| 수내동 | 양지마을(한양) | 79.14/59.4 | 42,750 | 35,000 | 7,750 | 82% | 24 | 1,786 |
| 수내동 | 양지마을(한양) | 79.62/59.76 | 43,000 | 35,000 | 8,000 | 81% | 24 | 1,785 |
| 수내동 | 양지마을(한양) | 106.64/84.9 | 67,000 | 54,500 | 12,500 | 81% | 32 | 2,077 |
| 수내동 | 양지마을(한양) | 126.36/101.93 | 69,500 | 57,250 | 12,250 | 82% | 38 | 1,818 |
| 수내동 | 양지마을(한양) | 138.87/114.48 | 67,000 | 55,500 | 11,500 | 83% | 42 | 1,595 |
| 수내동 | 양지마을(한양) | 163.22/134.55 | 82,000 | 65,000 | 17,000 | 79% | 49 | 1,661 |
| 수내동 | 양지마을(한양) | 198.84/164.4 | 89,500 | 68,500 | 21,000 | 77% | 60 | 1,488 |

| 동 | 아파트명 | 면적/전용면적 | 매매_MID | 전세_HIGH | 실제투자금 | 전세가율 | 평형계산 | 평당가 |
|---|---|---|---|---|---|---|---|---|
| 수내동 | 양지마을(한양) | 238.08/200.61 | 98,250 | 70,500 | 27,750 | 72% | 72 | 1,364 |
| 수내동 | 푸른마을(벽산) | 71.56/59.78 | 41,500 | 33,500 | 8,000 | 81% | 22 | 1,917 |
| 수내동 | 푸른마을(벽산) | 103.36/84.72 | 62,500 | 54,500 | 8,000 | 87% | 31 | 1,999 |
| 수내동 | 푸른마을(벽산) | 123.27/101.82 | 65,500 | 57,000 | 8,500 | 87% | 37 | 1,757 |
| 수내동 | 푸른마을(벽산) | 152.72/131.4 | 74,500 | 63,500 | 11,000 | 85% | 46 | 1,613 |
| 수내동 | 푸른마을(벽산) | 169.11/139.68 | 75,000 | 63,500 | 11,500 | 85% | 51 | 1,466 |
| 수내동 | 푸른마을(벽산) | 193.03/163.83 | 80,000 | 65,000 | 15,000 | 81% | 58 | 1,370 |
| 수내동 | 푸른마을(벽산) | 208.28/176.77 | 82,000 | 64,500 | 17,500 | 79% | 63 | 1,301 |
| 수내동 | 푸른마을(신성) | 71.56/59.78 | 41,750 | 34,000 | 7,750 | 81% | 22 | 1,929 |
| 수내동 | 푸른마을(신성) | 103.83/84.72 | 62,500 | 54,000 | 8,500 | 86% | 31 | 1,990 |
| 수내동 | 푸른마을(신성) | 123.27/101.82 | 66,500 | 55,000 | 11,500 | 83% | 37 | 1,783 |
| 수내동 | 푸른마을(신성) | 154.82/131.4 | 74,500 | 63,500 | 11,000 | 85% | 47 | 1,591 |
| 수내동 | 푸른마을(신성) | 169.11/139.68 | 74,500 | 61,000 | 13,500 | 82% | 51 | 1,456 |
| 수내동 | 푸른마을(신성) | 208.28/176.77 | 82,000 | 64,000 | 18,000 | 78% | 63 | 1,301 |
| 수내동 | 푸른마을(쌍용) | 71.56/59.78 | 42,250 | 33,500 | 8,750 | 79% | 22 | 1,952 |
| 수내동 | 푸른마을(쌍용) | 103.36/84.72 | 63,500 | 55,000 | 8,500 | 87% | 31 | 2,031 |
| 수내동 | 푸른마을(쌍용) | 123.27/101.82 | 67,000 | 56,000 | 11,000 | 84% | 37 | 1,797 |
| 수내동 | 푸른마을(쌍용) | 154.82/131.4 | 75,500 | 65,000 | 10,500 | 86% | 47 | 1,612 |
| 수내동 | 푸른마을(쌍용) | 169.11/139.68 | 75,250 | 63,500 | 11,750 | 84% | 51 | 1,471 |
| 수내동 | 푸른마을(쌍용) | 192/163.83 | 80,000 | 65,000 | 15,000 | 81% | 58 | 1,377 |
| 수내동 | 푸른마을(쌍용) | 208.28/176.77 | 84,000 | 65,000 | 19,000 | 77% | 63 | 1,333 |
| 이매동 | 아름마을(건영) | 124.5/101.85 | 64,500 | 46,500 | 18,000 | 72% | 38 | 1,713 |
| 이매동 | 아름마을(건영) | 161.62/133.89 | 68,000 | 54,000 | 14,000 | 79% | 49 | 1,391 |
| 이매동 | 아름마을(건영) | 193.41/163.44 | 75,000 | 56,000 | 19,000 | 75% | 59 | 1,282 |
| 이매동 | 아름마을(건영) | 227.87/195.08 | 79,500 | 57,000 | 22,500 | 72% | 69 | 1,153 |
| 이매동 | 아름마을(두산) | 72.72/59.79 | 42,500 | 35,000 | 7,500 | 82% | 22 | 1,932 |
| 이매동 | 아름마을(두산) | 102.47/84.84 | 55,750 | 46,000 | 9,750 | 83% | 31 | 1,799 |
| 이매동 | 아름마을(두산) | 125.62/101.82 | 65,000 | 49,500 | 15,500 | 76% | 38 | 1,711 |

**부록**

대한민국 주요 학군 지역 아파트 시세

| 동 | 아파트명 | 면적/전용면적 | 매매_MID | 전세_HIGH | 실제투자금 | 전세가율 | 평형계산 | 평당가 |
|---|---|---|---|---|---|---|---|---|
| 이매동 | 아름마을(두산) | 158.67/132.72 | 70,500 | 55,000 | 15,500 | 78% | 48 | 1,469 |
| 이매동 | 아름마을(두산) | 191.73/158.4 | 77,000 | 61,500 | 15,500 | 80% | 58 | 1,328 |
| 이매동 | 아름마을(두산) | 214.87/178.23 | 84,000 | 64,500 | 19,500 | 77% | 65 | 1,292 |
| 이매동 | 아름마을(삼호) | 72.72/59.79 | 42,500 | 35,000 | 7,500 | 82% | 22 | 1,932 |
| 이매동 | 아름마을(삼호) | 102.47/84.84 | 55,750 | 46,000 | 9,750 | 83% | 31 | 1,799 |
| 이매동 | 아름마을(삼호) | 125.62/101.82 | 64,250 | 49,500 | 14,750 | 77% | 38 | 1,691 |
| 이매동 | 아름마을(삼호) | 158.67/132.72 | 70,500 | 55,000 | 15,500 | 78% | 48 | 1,469 |
| 이매동 | 아름마을(삼호) | 191.73/158.4 | 78,500 | 61,500 | 17,000 | 78% | 58 | 1,353 |
| 이매동 | 아름마을(삼호) | 214.87/178.23 | 84,000 | 63,500 | 20,500 | 76% | 65 | 1,292 |
| 이매동 | 아름마을(선경) | 55.88/41.76 | 36,500 | 27,000 | 9,500 | 74% | 17 | 2,159 |
| 이매동 | 아름마을(선경) | 104.38/83.58 | 67,000 | 47,500 | 19,500 | 71% | 32 | 2,122 |
| 이매동 | 아름마을(태영) | 125.04/101.85 | 62,500 | 46,500 | 16,000 | 74% | 38 | 1,652 |
| 이매동 | 아름마을(태영) | 161.49/134.79 | 68,000 | 54,000 | 14,000 | 79% | 49 | 1,392 |
| 이매동 | 아름마을(태영) | 195.54/164.67 | 75,000 | 56,000 | 19,000 | 75% | 59 | 1,268 |
| 이매동 | 아름마을(풍림) | 76.62/59.55 | 50,250 | 38,500 | 11,750 | 77% | 23 | 2,168 |
| 이매동 | 아름마을(풍림) | 95.77/75.15 | 61,000 | 47,500 | 13,500 | 78% | 29 | 2,106 |
| 이매동 | 아름마을(풍림) | 123/101.97 | 70,000 | 50,500 | 19,500 | 72% | 37 | 1,881 |
| 이매동 | 아름마을(풍림) | 158/134.22 | 80,000 | 59,500 | 20,500 | 74% | 48 | 1,674 |
| 이매동 | 아름마을(풍림) | 192.19/163.62 | 89,000 | 63,500 | 25,500 | 71% | 58 | 1,531 |
| 이매동 | 아름마을(한성) | 68.99/59.46 | 43,000 | 34,500 | 8,500 | 80% | 21 | 2,060 |
| 이매동 | 아름마을(한성) | 97.34/83.64 | 56,000 | 40,000 | 16,000 | 71% | 29 | 1,902 |
| 이매동 | 아름마을(한성) | 98.79/84.89 | 56,000 | 40,000 | 16,000 | 71% | 30 | 1,874 |
| 이매동 | 아름마을(효성) | 122.27/101.76 | 71,000 | 51,000 | 20,000 | 72% | 37 | 1,920 |
| 이매동 | 아름마을(효성) | 154.38/130.35 | 85,500 | 60,000 | 25,500 | 70% | 47 | 1,831 |
| 이매동 | 아름마을(효성) | 190.45/163.95 | 96,500 | 65,000 | 31,500 | 67% | 58 | 1,675 |
| 이매동 | 이매촌(금강) | 70.47/50.82 | 42,000 | 33,500 | 8,500 | 80% | 21 | 1,970 |
| 이매동 | 이매촌(금강) | 101.97/84.42 | 60,000 | 48,500 | 11,500 | 81% | 31 | 1,945 |
| 이매동 | 이매촌(금강) | 119.79/99.17 | 66,000 | 53,000 | 13,000 | 80% | 36 | 1,821 |

| 동 | 아파트명 | 면적/전용면적 | 매매_MID | 전세_HIGH | 실제투자금 | 전세가율 | 평형계산 | 평당가 |
|---|---|---|---|---|---|---|---|---|
| 이매동 | 이매촌(동부코오롱) | 123.5/101.41 | 67,750 | 54,500 | 13,250 | 80% | 37 | 1,813 |
| 이매동 | 이매촌(동부코오롱) | 152.33/123.48 | 78,000 | 59,000 | 19,000 | 76% | 46 | 1,693 |
| 이매동 | 이매촌(동부코오롱) | 196.27/163.83 | 82,000 | 63,000 | 19,000 | 77% | 59 | 1,381 |
| 이매동 | 이매촌(삼환) | 76.6/59.87 | 44,250 | 38,500 | 5,750 | 87% | 23 | 1,910 |
| 이매동 | 이매촌(삼환) | 103.91/84.93 | 58,500 | 48,500 | 10,000 | 83% | 31 | 1,861 |
| 이매동 | 이매촌(삼환) | 121.7/101.9 | 63,500 | 52,500 | 11,000 | 83% | 37 | 1,725 |
| 이매동 | 이매촌(삼환) | 138.73/116.82 | 67,000 | 54,000 | 13,000 | 81% | 42 | 1,597 |
| 이매동 | 이매촌(삼환) | 154.37/132.37 | 71,500 | 57,000 | 14,500 | 80% | 47 | 1,531 |
| 이매동 | 이매촌(성지) | 102.99/84.9 | 67,000 | 54,500 | 12,500 | 81% | 31 | 2,151 |
| 이매동 | 이매촌(성지) | 124.26/101.91 | 77,500 | 58,500 | 19,000 | 75% | 38 | 2,062 |
| 이매동 | 이매촌(진흥) | 75.16/59.58 | 49,000 | 42,000 | 7,000 | 86% | 23 | 2,155 |
| 이매동 | 이매촌(진흥) | 102.32/84.63 | 64,000 | 54,000 | 10,000 | 84% | 31 | 2,068 |
| 이매동 | 이매촌(진흥) | 122.45/101.89 | 69,500 | 57,000 | 12,500 | 82% | 37 | 1,876 |
| 이매동 | 이매촌(진흥) | 156.08/134.91 | 80,500 | 65,000 | 15,500 | 81% | 47 | 1,705 |
| 이매동 | 이매촌(청구) | 80.14/59.92 | 48,000 | 40,000 | 8,000 | 83% | 24 | 1,980 |
| 이매동 | 이매촌(청구) | 106.75/84.99 | 67,000 | 54,000 | 13,000 | 81% | 32 | 2,075 |
| 이매동 | 이매촌(청구) | 110.54/92.53 | 62,500 | 50,000 | 12,500 | 80% | 33 | 1,869 |
| 이매동 | 이매촌(청구) | 121.69/101.89 | 71,000 | 58,000 | 13,000 | 82% | 37 | 1,929 |
| 이매동 | 이매촌(청구) | 142.72/122.27 | 67,500 | 57,500 | 10,000 | 85% | 43 | 1,563 |
| 이매동 | 이매촌(청구) | 155.46/133.15 | 80,000 | 62,500 | 17,500 | 78% | 47 | 1,701 |
| 이매동 | 이매촌(청구) | 221.75/194.98 | 95,000 | 69,000 | 26,000 | 73% | 67 | 1,416 |
| 이매동 | 이매촌(한신) | 67.44/50.1 | 40,500 | 33,500 | 7,000 | 83% | 20 | 1,985 |
| 이매동 | 이매촌(한신) | 84.77/66.27 | 51,500 | 41,000 | 10,500 | 80% | 26 | 2,008 |
| 이매동 | 이매촌(한신) | 104.77/84.9 | 59,500 | 49,000 | 10,500 | 82% | 32 | 1,877 |
| 이매동 | 이매촌동신(3차) | 75.73/59.5 | 48,000 | 41,000 | 7,000 | 85% | 23 | 2,095 |
| 이매동 | 이매촌동신(3차) | 106.11/84.6 | 61,000 | 50,000 | 11,000 | 82% | 32 | 1,900 |
| 이매동 | 이매촌동신(3차) | 124.14/101.79 | 61,500 | 52,500 | 9,000 | 85% | 38 | 1,638 |
| 이매동 | 이매촌동신(3차) | 140.33/117.12 | 67,750 | 57,500 | 10,250 | 85% | 42 | 1,596 |

**부록**

대한민국 주요 학군 지역 아파트 시세

| 동 | 아파트명 | 면적/전용면적 | 매매_MID | 전세_HIGH | 실제투자금 | 전세가율 | 평형계산 | 평당가 |
|---|---|---|---|---|---|---|---|---|
| 이매동 | 이매촌동신(3차) | 195.44/167.9 | 76,000 | 61,000 | 15,000 | 80% | 59 | 1,286 |
| 이매동 | 이매촌동신(9차) | 77.04/59.49 | 46,500 | 40,500 | 6,000 | 87% | 23 | 1,995 |
| 이매동 | 이매촌동신(9차) | 103.76/84.6 | 64,000 | 51,500 | 12,500 | 80% | 31 | 2,039 |
| 이매동 | 이매촌동신(9차) | 124.18/101.79 | 70,500 | 54,500 | 16,000 | 77% | 38 | 1,877 |
| 이매동 | 이매촌동신(9차) | 140.75/117.12 | 70,500 | 53,500 | 17,000 | 76% | 43 | 1,656 |
| 이매동 | 이매촌동신(9차) | 160.17/134.88 | 79,000 | 59,500 | 19,500 | 75% | 48 | 1,630 |
| 이매동 | 이매촌삼성 | 74.3/59.53 | 44,500 | 38,500 | 6,000 | 87% | 22 | 1,980 |
| 이매동 | 이매촌삼성 | 91.23/73.25 | 52,000 | 44,500 | 7,500 | 86% | 28 | 1,884 |
| 이매동 | 이매촌삼성 | 106.05/84.94 | 60,500 | 51,000 | 9,500 | 84% | 32 | 1,886 |
| 이매동 | 이매촌삼성 | 124.54/101.91 | 64,500 | 53,500 | 11,000 | 83% | 38 | 1,712 |
| 이매동 | 이매촌삼성 | 153.23/127.83 | 71,500 | 55,500 | 16,000 | 78% | 46 | 1,543 |
| 이매동 | 이매촌삼성 | 201.91/174.67 | 83,500 | 64,000 | 19,500 | 77% | 61 | 1,367 |
| 정자동 | 느티마을경남연립 | 158.67/134.97 | 72,500 | 54,500 | 18,000 | 75% | 48 | 1,510 |
| 정자동 | 느티마을경남연립 | 198.34/164.84 | 81,500 | 60,000 | 21,500 | 74% | 60 | 1,358 |
| 정자동 | 느티마을공무원(3단지) | 84.55/58.71 | 48,000 | 34,500 | 13,500 | 72% | 26 | 1,877 |
| 정자동 | 느티마을공무원(3단지) | 90.93/66.6 | 53,000 | 37,000 | 16,000 | 70% | 28 | 1,927 |
| 정자동 | 느티마을공무원(3단지) | 92.56/67.43 | 53,000 | 37,000 | 16,000 | 70% | 28 | 1,893 |
| 정자동 | 느티마을공무원(4단지) | 80.13/58.19 | 41,000 | 31,000 | 10,000 | 76% | 24 | 1,691 |
| 정자동 | 느티마을공무원(4단지) | 83.98/58.71 | 47,500 | 34,750 | 12,750 | 73% | 25 | 1,870 |
| 정자동 | 느티마을공무원(4단지) | 90.93/66.6 | 51,500 | 37,000 | 14,500 | 72% | 28 | 1,872 |
| 정자동 | 느티마을공무원(4단지) | 92.07/67.43 | 51,500 | 37,000 | 14,500 | 72% | 28 | 1,849 |
| 정자동 | 느티마을선경연립 | 158.67/134.97 | 72,500 | 54,500 | 18,000 | 75% | 48 | 1,510 |
| 정자동 | 느티마을선경연립 | 198.34/164.84 | 81,500 | 60,000 | 21,500 | 74% | 60 | 1,358 |
| 정자동 | 상록마을(라이프) | 66.38/49.14 | 39,000 | 32,000 | 7,000 | 82% | 20 | 1,942 |
| 정자동 | 상록마을(라이프) | 91.61/71.61 | 48,250 | 43,000 | 5,250 | 89% | 28 | 1,741 |
| 정자동 | 상록마을(라이프) | 105.26/84.78 | 61,500 | 52,500 | 9,000 | 85% | 32 | 1,931 |
| 정자동 | 상록마을(라이프) | 123.79/101.76 | 65,000 | 56,000 | 9,000 | 86% | 37 | 1,736 |
| 정자동 | 상록마을(라이프) | 152.47/128.7 | 72,000 | 60,000 | 12,000 | 83% | 46 | 1,561 |

| 동 | 아파트명 | 면적/전용면적 | 매매_MID | 전세_HIGH | 실제투자금 | 전세가율 | 평형계산 | 평당가 |
|---|---|---|---|---|---|---|---|---|
| 정자동 | 상록마을(라이프) | 187.43/159.26 | 79,500 | 63,500 | 16,000 | 80% | 57 | 1,402 |
| 정자동 | 상록마을(우성) | 74.18/55.14 | 43,000 | 34,500 | 8,500 | 80% | 22 | 1,916 |
| 정자동 | 상록마을(우성) | 86.51/69.12 | 57,000 | 44,500 | 12,500 | 78% | 26 | 2,178 |
| 정자동 | 상록마을(우성) | 103.54/84.97 | 64,500 | 54,000 | 10,500 | 84% | 31 | 2,059 |
| 정자동 | 상록마을(우성) | 122.71/101.98 | 70,000 | 59,000 | 11,000 | 84% | 37 | 1,886 |
| 정자동 | 상록마을(우성) | 153.81/129.72 | 77,500 | 63,000 | 14,500 | 81% | 47 | 1,666 |
| 정자동 | 상록마을(우성) | 188.47/162.57 | 84,000 | 64,500 | 19,500 | 77% | 57 | 1,473 |
| 정자동 | 상록마을(임광.보성) | 65.87/48.84 | 37,500 | 29,250 | 8,250 | 78% | 20 | 1,882 |
| 정자동 | 상록마을(임광.보성) | 86.01/67.43 | 49,250 | 41,000 | 8,250 | 83% | 26 | 1,893 |
| 정자동 | 상록마을(임광.보성) | 106.03/84.97 | 57,250 | 47,000 | 10,250 | 82% | 32 | 1,785 |
| 정자동 | 정든마을(동아) | 64.69/48.84 | 32,500 | 28,000 | 4,500 | 86% | 20 | 1,661 |
| 정자동 | 정든마을(동아) | 89.26/69.05 | 45,000 | 39,000 | 6,000 | 87% | 27 | 1,667 |
| 정자동 | 정든마을(동아) | 104.22/84.97 | 51,250 | 45,500 | 5,750 | 89% | 32 | 1,626 |
| 정자동 | 정든마을(동아) | 122.3/101.99 | 54,500 | 50,000 | 4,500 | 92% | 37 | 1,473 |
| 정자동 | 정든마을(동아) | 146.16/124.26 | 60,500 | 52,000 | 8,500 | 86% | 44 | 1,368 |
| 정자동 | 정든마을(동아) | 185.12/154.89 | 66,500 | 53,000 | 13,500 | 80% | 56 | 1,188 |
| 정자동 | 정든마을(동아) | 195.04/164.77 | 68,500 | 54,000 | 14,500 | 79% | 59 | 1,161 |
| 정자동 | 정든마을(신화) | 70.42/52.44 | 37,000 | 33,000 | 4,000 | 89% | 21 | 1,737 |
| 정자동 | 정든마을(신화) | 91.41/69.93 | 45,500 | 41,500 | 4,000 | 91% | 28 | 1,645 |
| 정자동 | 정든마을(신화) | 107.66/84.93 | 56,500 | 50,000 | 6,500 | 88% | 33 | 1,735 |
| 정자동 | 정든마을(신화) | 126.18/101.82 | 62,000 | 52,500 | 9,500 | 85% | 38 | 1,624 |
| 정자동 | 정든마을(신화) | 141.54/115.77 | 65,500 | 54,000 | 11,500 | 82% | 43 | 1,530 |
| 정자동 | 정든마을(신화) | 161.69/134.31 | 69,500 | 58,000 | 11,500 | 83% | 49 | 1,421 |
| 정자동 | 정든마을(신화) | 194.29/163.55 | 71,500 | 58,000 | 13,500 | 81% | 59 | 1,217 |
| 정자동 | 정든마을(우성) | 64.69/48.84 | 33,250 | 27,500 | 5,750 | 83% | 20 | 1,699 |
| 정자동 | 정든마을(우성) | 88.33/69.05 | 45,500 | 39,000 | 6,500 | 86% | 27 | 1,703 |
| 정자동 | 정든마을(우성) | 104.22/84.97 | 54,750 | 47,500 | 7,250 | 87% | 32 | 1,737 |
| 정자동 | 정든마을(우성) | 123.14/101.98 | 58,000 | 50,000 | 8,000 | 86% | 37 | 1,557 |

**부록**

대한민국 주요 학군 지역 아파트 시세

| 동 | 아파트명 | 면적/전용면적 | 매매_MID | 전세_HIGH | 실제투자금 | 전세가율 | 평형계산 | 평당가 |
|---|---|---|---|---|---|---|---|---|
| 정자동 | 정든마을(우성) | 156.68/129.72 | 64,500 | 52,500 | 12,000 | 81% | 47 | 1,361 |
| 정자동 | 정든마을(우성) | 191.64/162.57 | 66,500 | 54,500 | 12,000 | 82% | 58 | 1,147 |
| 정자동 | 정든마을(한진6단지) | 121.35/99.6 | 61,000 | 53,500 | 7,500 | 88% | 37 | 1,662 |
| 정자동 | 정든마을(한진6단지) | 135.17/112.2 | 68,000 | 55,500 | 12,500 | 82% | 41 | 1,663 |
| 정자동 | 정든마을(한진6단지) | 156.8/134.97 | 71,000 | 57,000 | 14,000 | 80% | 47 | 1,497 |
| 정자동 | 정든마을(한진6단지) | 197.24/162.36 | 76,500 | 59,500 | 17,000 | 78% | 60 | 1,282 |
| 정자동 | 정든마을(한진7단지) | 66.91/49.5 | 37,000 | 32,250 | 4,750 | 87% | 20 | 1,828 |
| 정자동 | 정든마을(한진7단지) | 88.19/68.04 | 49,250 | 43,750 | 5,500 | 89% | 27 | 1,846 |
| 정자동 | 정든마을(한진7단지) | 106.68/84.69 | 59,250 | 50,500 | 8,750 | 85% | 32 | 1,836 |
| 정자동 | 정든마을(한진8단지) | 67.74/49.5 | 36,500 | 33,500 | 3,000 | 92% | 20 | 1,781 |
| 정자동 | 정든마을(한진8단지) | 88.45/68.04 | 47,750 | 44,000 | 3,750 | 92% | 27 | 1,785 |
| 정자동 | 정든마을(한진8단지) | 105.38/84.69 | 54,750 | 49,000 | 5,750 | 89% | 32 | 1,718 |
| 정자동 | 정든마을(한진8단지) | 120.54/99.6 | 60,000 | 51,500 | 8,500 | 86% | 36 | 1,645 |
| 정자동 | 정든마을(한진8단지) | 133.54/112.2 | 64,000 | 53,500 | 10,500 | 84% | 40 | 1,584 |
| 정자동 | 정든마을(한진8단지) | 158.63/134.97 | 69,500 | 55,000 | 14,500 | 79% | 48 | 1,448 |
| 정자동 | 정든마을(한진8단지) | 193.84/162.36 | 74,000 | 56,500 | 17,500 | 76% | 59 | 1,262 |
| 정자동 | 한솔마을(4단지) | 50.04/35.28 | 29,000 | 19,750 | 9,250 | 68% | 15 | 1,916 |
| 정자동 | 한솔마을(4단지) | 57.53/41.85 | 32,500 | 21,000 | 11,500 | 65% | 17 | 1,868 |
| 정자동 | 한솔마을(4단지) | 61.84/42.75 | 33,750 | 22,750 | 11,000 | 67% | 19 | 1,804 |
| 정자동 | 한솔마을(6단지) | 53.15/37.67 | 28,500 | 21,000 | 7,500 | 74% | 16 | 1,773 |
| 정자동 | 한솔마을(6단지) | 57.9/39.87 | 32,500 | 23,000 | 9,500 | 71% | 18 | 1,856 |
| 정자동 | 한솔마을(6단지) | 80.13/58.19 | 43,500 | 32,500 | 11,000 | 75% | 24 | 1,795 |
| 정자동 | 한솔마을(6단지) | 83.99/58.71 | 45,000 | 33,000 | 12,000 | 73% | 25 | 1,771 |
| 정자동 | 한솔마을(LG) | 124.38/101.85 | 59,500 | 54,000 | 5,500 | 91% | 38 | 1,581 |
| 정자동 | 한솔마을(LG) | 160.91/134.94 | 66,000 | 57,500 | 8,500 | 87% | 49 | 1,356 |
| 정자동 | 한솔마을(LG) | 193.27/164.99 | 73,000 | 59,500 | 13,500 | 82% | 58 | 1,249 |
| 정자동 | 한솔마을(두산5단지) | 57.4/41.85 | 29,250 | 20,500 | 8,750 | 70% | 17 | 1,685 |
| 정자동 | 한솔마을(두산5단지) | 60.27/41.85 | 29,250 | 20,500 | 8,750 | 70% | 18 | 1,604 |

| 동 | 아파트명 | 면적/전용면적 | 매매_MID | 전세_HIGH | 실제투자금 | 전세가율 | 평형계산 | 평당가 |
|---|---|---|---|---|---|---|---|---|
| 정자동 | 한솔마을(두산5단지) | 61.79/42.75 | 31,000 | 21,500 | 9,500 | 69% | 19 | 1,659 |
| 정자동 | 한솔마을(두산5단지) | 74.39/51.66 | 35,500 | 27,000 | 8,500 | 76% | 23 | 1,578 |
| 정자동 | 한솔마을(두산5단지) | 100.1/74.16 | 45,500 | 35,000 | 10,500 | 77% | 30 | 1,503 |
| 정자동 | 한솔마을(청구) | 64.18/49.35 | 32,500 | 28,000 | 4,500 | 86% | 19 | 1,674 |
| 정자동 | 한솔마을(청구) | 106.06/84.96 | 55,500 | 48,000 | 7,500 | 86% | 32 | 1,730 |
| 정자동 | 한솔마을(청구) | 122.73/101.99 | 60,000 | 52,000 | 8,000 | 87% | 37 | 1,616 |
| 정자동 | 한솔마을(청구) | 159.95/134.95 | 65,500 | 55,000 | 10,500 | 84% | 48 | 1,354 |
| 정자동 | 한솔마을(한일) | 77.84/59.96 | 43,000 | 38,000 | 5,000 | 88% | 24 | 1,826 |
| 정자동 | 한솔마을(한일) | 108.18/84.92 | 53,500 | 47,500 | 6,000 | 89% | 33 | 1,635 |
| 정자동 | 한솔마을(한일) | 126.44/101.95 | 60,500 | 52,500 | 8,000 | 87% | 38 | 1,582 |
| 정자동 | 한솔마을(한일) | 157.35/130.51 | 65,500 | 56,000 | 9,500 | 85% | 48 | 1,376 |

■ 서울시 광진구 광남 학군

| 동 | 아파트명 | 면적/전용면적 | 매매_MID | 전세_HIGH | 실제투자금 | 전세가율 | 평형계산 | 평당가 |
|---|---|---|---|---|---|---|---|---|
| 광장동 | 광장11차현대홈타운 | 109.51/84.94 | 96,250 | 83,250 | 13,000 | 86% | 33 | 2,906 |
| 광장동 | 광장12차현대홈타운 | 180.11/143.87 | 109,500 | 87,000 | 22,500 | 79% | 54 | 2,010 |
| 광장동 | 광장12차현대홈타운 | 185.57/147.24 | 115,000 | 88,000 | 27,000 | 77% | 56 | 2,049 |
| 광장동 | 광장극동(2차) | 92.51/75.55 | 65,750 | 44,750 | 21,000 | 68% | 28 | 2,350 |
| 광장동 | 광장극동(2차) | 103.66/84.55 | 73,750 | 48,750 | 25,000 | 66% | 31 | 2,352 |
| 광장동 | 광장극동(2차) | 120.96/102.61 | 83,500 | 55,000 | 28,500 | 66% | 37 | 2,282 |
| 광장동 | 광장극동(2차) | 149.64/126.94 | 96,500 | 60,500 | 36,000 | 63% | 45 | 2,132 |
| 광장동 | 광장극동(2차) | 179.36/156.91 | 105,500 | 62,000 | 43,500 | 59% | 54 | 1,944 |
| 광장동 | 광장동금호베스트빌 | 81.14/59.93 | 52,500 | 44,750 | 7,750 | 85% | 25 | 2,139 |
| 광장동 | 광장동금호베스트빌 | 108.34/84.91 | 62,500 | 54,500 | 8,000 | 87% | 33 | 1,907 |
| 광장동 | 광장동신동아파밀리에 | 107.26/84.92 | 68,500 | 60,250 | 8,250 | 88% | 32 | 2,111 |
| 광장동 | 광장자이 | 157.52/125.89 | 118,500 | 97,500 | 21,000 | 82% | 48 | 2,487 |
| 광장동 | 광장자이 | 198.55/158.26 | 142,500 | 107,500 | 35,000 | 75% | 60 | 2,373 |

**부록**

대한민국 주요 학군 지역 아파트 시세

| 동 | 아파트명 | 면적/전용면적 | 매매_MID | 전세_HIGH | 실제투자금 | 전세가율 | 평형계산 | 평당가 |
|---|---|---|---|---|---|---|---|---|
| 광장동 | 광장현대(5단지) | 73.68/59.67 | 52,000 | 40,500 | 11,500 | 78% | 22 | 2,333 |
| 광장동 | 광장현대(5단지) | 92.46/74.88 | 65,500 | 52,500 | 13,000 | 80% | 28 | 2,342 |
| 광장동 | 광장현대(5단지) | 104.99/84.56 | 75,500 | 58,000 | 17,500 | 77% | 32 | 2,377 |
| 광장동 | 광장현대3단지 | 73.22/59.67 | 50,750 | 39,000 | 11,750 | 77% | 22 | 2,291 |
| 광장동 | 광장현대3단지 | 91.94/74.92 | 62,000 | 49,000 | 13,000 | 79% | 28 | 2,229 |
| 광장동 | 광장현대3단지 | 106.3/84.97 | 72,000 | 57,000 | 15,000 | 79% | 32 | 2,239 |
| 광장동 | 광장현대파크빌(10차) | 75.33A/59.76 | 59,750 | 48,750 | 11,000 | 82% | 23 | 2,622 |
| 광장동 | 광장현대파크빌(10차) | 75.12C/59.55 | 61,250 | 50,000 | 11,250 | 82% | 23 | 2,695 |
| 광장동 | 광장현대파크빌(10차) | 99.82/84.81 | 78,250 | 64,000 | 14,250 | 82% | 30 | 2,591 |
| 광장동 | 광장힐스테이트 | 82.75/59.99 | 75,000 | 68,000 | 7,000 | 91% | 25 | 2,996 |
| 광장동 | 광장힐스테이트 | 115.03/84.96 | 100,000 | 84,500 | 15,500 | 85% | 35 | 2,874 |
| 광장동 | 광장힐스테이트 | 157.45/130.17 | 125,000 | 105,000 | 20,000 | 84% | 48 | 2,624 |
| 광장동 | 광장힐스테이트 | 161.33/131.96 | 152,500 | 117,500 | 35,000 | 77% | 49 | 3,125 |
| 광장동 | 극동광장(1차) | 105.26/84.55 | 78,500 | 49,250 | 29,250 | 63% | 32 | 2,465 |
| 광장동 | 극동광장(1차) | 150.57/126.94 | 97,750 | 61,250 | 36,500 | 63% | 46 | 2,146 |
| 광장동 | 극동광장(1차) | 181.72/156.92 | 110,750 | 62,500 | 48,250 | 56% | 55 | 2,015 |
| 광장동 | 삼성(2차) | 79.48/58.62 | 42,500 | 35,250 | 7,250 | 83% | 24 | 1,768 |
| 광장동 | 삼성(2차) | 91.4/69.06 | 50,500 | 40,250 | 10,250 | 80% | 28 | 1,827 |
| 광장동 | 삼성(2차) | 103.03/84.66 | 62,500 | 45,500 | 17,000 | 73% | 31 | 2,005 |
| 광장동 | 삼성(2차) | 106.12/84.93 | 62,500 | 45,500 | 17,000 | 73% | 32 | 1,947 |
| 광장동 | 삼성광장(1차) | 89.88/66.03 | 54,500 | 38,500 | 16,000 | 71% | 27 | 2,005 |
| 광장동 | 삼성광장(1차) | 108.25/79.53 | 66,500 | 47,500 | 19,000 | 71% | 33 | 2,031 |
| 광장동 | 워커힐 | 185.12/162.41 | 135,000 | 75,000 | 60,000 | 56% | 56 | 2,411 |
| 광장동 | 워커힐 | 188.43/166.91 | 146,500 | 75,000 | 71,500 | 51% | 57 | 2,570 |
| 광장동 | 워커힐 | 221.49/196 | 155,000 | 79,000 | 76,000 | 51% | 67 | 2,313 |
| 광장동 | 워커힐 | 254.55/226.45 | 160,000 | 79,000 | 81,000 | 49% | 77 | 2,078 |
| 광장동 | 워커힐푸르지오 | 89.25탑층/65.63 | 56,000 | 49,000 | 7,000 | 88% | 27 | 2,074 |
| 광장동 | 워커힐푸르지오 | 91.33/65.63 | 50,500 | 46,000 | 4,500 | 91% | 28 | 1,828 |

| 동 | 아파트명 | 면적/전용면적 | 매매_MID | 전세_HIGH | 실제투자금 | 전세가율 | 평형계산 | 평당가 |
|---|---|---|---|---|---|---|---|---|
| 광장동 | 워커힐푸르지오 | 95.86탑층/69 | 56,000 | 49,000 | 7,000 | 88% | 29 | 1,931 |
| 광장동 | 워커힐푸르지오 | 96.98/69 | 50,500 | 46,000 | 4,500 | 91% | 29 | 1,721 |
| 광장동 | 워커힐푸르지오 | 119.59탑층/92.4 | 78,000 | 64,000 | 14,000 | 82% | 36 | 2,156 |
| 광장동 | 워커힐푸르지오 | 118.91/92.4 | 73,000 | 60,000 | 13,000 | 82% | 36 | 2,029 |
| 광장동 | 청구 | 91.7/59.95 | 46,500 | 39,000 | 7,500 | 84% | 28 | 1,676 |
| 광장동 | 청구 | 109.1/84.86 | 62,500 | 55,000 | 7,500 | 88% | 33 | 1,894 |
| 광장동 | 현대(광장8단지) | 95.86/59.94 | 49,500 | 43,000 | 6,500 | 87% | 29 | 1,707 |
| 광장동 | 현대(광장8단지) | 112.39/84.95 | 68,000 | 57,000 | 11,000 | 84% | 34 | 2,000 |
| 광장동 | 현대(광장8단지) | 122.31/84.92 | 70,000 | 57,500 | 12,500 | 82% | 37 | 1,892 |
| 광장동 | 현대(광장9단지) | 81.15/59.97 | 53,000 | 44,750 | 8,250 | 84% | 25 | 2,159 |
| 광장동 | 현대(광장9단지) | 108.95/84.96 | 64,000 | 55,000 | 9,000 | 86% | 33 | 1,942 |
| 구의동 | 구의7단지조합현대 | 93.64/59.97 | 45,500 | 38,000 | 7,500 | 84% | 28 | 1,606 |
| 구의동 | 구의7단지조합현대 | 118.94/84.99 | 55,000 | 48,500 | 6,500 | 88% | 36 | 1,529 |
| 구의동 | 구의동강변우성 | 98.48/84.76 | 56,500 | 47,500 | 9,000 | 84% | 30 | 1,897 |
| 구의동 | 구의동새한 | 79.24/59.88 | 41,000 | 35,000 | 6,000 | 85% | 24 | 1,710 |
| 구의동 | 구의동새한 | 112.84/84.91 | 55,000 | 45,000 | 10,000 | 82% | 34 | 1,611 |
| 구의동 | 구의현대2단지 | 107.57T1/84.75 | 62,500 | 53,000 | 9,500 | 85% | 33 | 1,921 |
| 구의동 | 구의현대2단지 | 107.75T2/84.88 | 62,500 | 53,000 | 9,500 | 85% | 33 | 1,918 |
| 구의동 | 구의현대2단지 | 104/84.91 | 65,500 | 53,500 | 12,000 | 82% | 31 | 2,082 |
| 구의동 | 현대프라임 | 82.65/59.82 | 51,500 | 41,500 | 10,000 | 81% | 25 | 2,060 |
| 구의동 | 현대프라임 | 85.95/59.82 | 51,500 | 41,500 | 10,000 | 81% | 26 | 1,981 |
| 구의동 | 현대프라임 | 104.38/84.99 | 70,000 | 56,000 | 14,000 | 80% | 32 | 2,217 |
| 구의동 | 현대프라임 | 155.37/126.66 | 102,000 | 77,500 | 24,500 | 76% | 47 | 2,170 |
| 구의동 | 현대프라임 | 221.49/183.87 | 110,000 | 81,500 | 28,500 | 74% | 67 | 1,642 |

● 실제투자금 = 매매가격 중간 값 − 전세가격 높은 값
● 전세가율 = 전세가격 높은 값÷매매가격 중간 값×100
● 평형계산 = 공급면적×0.3025
● 평당가 = 매매가격 중간 값÷평형

**부록**

대한민국 주요 학군 지역 아파트 시세

# 나는 부동산으로 아이 학비 번다

ⓒ 이주현 2017

2017년 4월 15일 초판 1쇄 발행
2017년 7월  3일 초판 4쇄 발행

지은이 | 이주현
발행인 | 이원주
책임편집 | 박나미
책임마케팅 | 조아라

발행처 | (주)시공사
출판등록 | 1989년 5월 10일(제3-248호)
브랜드 | 알키

주소 | 서울시 서초구 사임당로 82(우편번호 06641)
전화 | 편집(02)2046-2896 · 마케팅(02)2046-2883
팩스 | 편집 · 마케팅(02)585-1755
홈페이지 | www.sigongsa.com

ISBN 978-89-527-7827-7    03320

알키는 ㈜시공사의 브랜드입니다.

부모는 아이의 희망이다!
아이를 위한 투자가 나를 위한 투자가 된다.